自控力教养

自控力

教养

如何温和而有效地
陪伴孩子成长

〔韩〕吴恩瑛 著

李桂花、金海兰 译

深圳出版社

版权登记号 图字：19-2023-188 号

图书在版编目（CIP）数据

自控力教养 ： 如何温和而有效地陪伴孩子成长 /
（韩）吴恩瑛著 ； 李桂花，金海兰译. -- 深圳 ： 深圳出
版社，2024.3
　　ISBN 978-7-5507-3926-0

　　Ⅰ．①自… Ⅱ．①吴… ②李… ③金… Ⅲ．①自我控
制—儿童教育—家庭教育 Ⅳ．①B842.6②G782

中国国家版本馆CIP数据核字(2023)第212262号

自控力教养：如何温和而有效地陪伴孩子成长
ZIKONG LI JIAOYANG: RUHE WENHE ER YOUXIAO DE PEIBAN HAIZI CHENGZHANG

出 品 人　聂雄前
责任编辑　邬丛阳　邱玉鑫　杨华妮
责任技编　陈洁霞
责任校对　黄　腾
封面设计　米克凯伦

出版发行　深圳出版社
地　　址　深圳市彩田南路海天综合大厦（518033）
网　　址　www. htph. com. cn
订购电话　0755-83460239（邮购、团购）
设计制作　米克凯伦（深圳）文化传媒有限公司
印　　刷　深圳市新联美术印刷有限公司
开　　本　787mm×1092mm　1/16
印　　张　20.5
字　　数　225 千
版　　次　2024 年 3 月第 1 版
印　　次　2024 年 3 月第 1 次
定　　价　68.00 元

版权所有，侵权必究。凡有印装质量问题，我社负责调换。
法律顾问: 苑景会律师 502039234@qq.com

我不想让孩子成为暴躁的大人

　　自从成为一名医生，尤其是关注孩子与家长心理健康的医生之后，每当听到家长诉说"我控制不住自己的暴脾气，动不动就发火"时，我都能透过言语感受到家长的那份懊恼和痛苦。前来咨询的患者十有八九是因为"控制不住脾气"。

　　我曾参加过韩国的一档家庭教育类电视节目——《我的孩子改变了》。节目开播 11 年以来，关注的主题可以说是丰富多样，但基本都围绕着家长或孩子情绪失控的问题。孩子表现出来的问题可能是耍赖撒泼、不懂得忍耐，甚至有暴力倾向，以自我为中心，希望大家把他放在第一位，一旦不如意就翻了天。其实一些家长身上也存在同样的问题。

　　为什么孩子显得特别没耐心，什么事都不懂得忍耐呢？

　　为什么平日里爸爸妈妈对孩子各种宠溺，有时候却忍不住突然发脾气呢？

　　对于这些问题，我一直想找机会深入研究一番。加上近年来社会上因为冲动、易怒导致的暴力事件频繁发生，我更感到责无旁贷和时间紧迫，便开始撰写这本书。

时间一晃过了 3 年。我原本是抱着尽快让这本书与广大读者见面的初衷开始创作，但随着写作日益深入和系统化，我的心情也沉重起来，感觉要补充的内容也越来越多，这就使得当初尽快完稿的计划不得不一再延期，我甚至担心已经错过了最佳上市时期。始料未及的是，因为鸡毛蒜皮的事情发生口角、斗殴伤人的事件越来越多，社会环境相比 3 年前更加恶化。

2016 年人工智能阿尔法狗（AlphaGo）对决围棋九段高手李世石，阿尔法狗获胜，业内哗然。如果再早 3 年，这种事情都不敢想象。毕竟围棋不是单纯的计算程序而是考验战术的复杂工程，所以机器人战胜李世石就更具历史性意义了。如今已是手机不离手的年代，智能手机的功能不断丰富。一切都在瞬息间更新换代，我们的生活也变得更为便利和优质。

但是，人们的脾气却变得越来越暴躁，新闻里频频报道的暴力事件、恶性案件让人惶恐不安。电视剧的题材或剧中的角色塑造，也多有关于冲动或暴躁的极端情况。这让人不禁产生一种错觉，好像情绪原本就不需要任何掩饰和隐藏，可以随意发泄。就像前不久我看到的一部电视剧，这部剧原本想传递的价值观是"用金钱亵渎法律者必遭谴责"，但剧中人物无论是主角还是配角、正面人物还是反面人物，只要稍微有不顺心的事情就乱发脾气、歇斯底里、咆哮、砸东西、大打出手。

面对问题没有一点儿耐心，随意发泄，这怎么能叫情绪的自然流露呢？乱发脾气只能说明情绪调节能力不强，属于情绪调节障碍、情绪发育问题。

当今社会，冲动引发的悲剧比比皆是。我们的情绪究竟出现了什么问题？我想有必要做一番深入分析和总结，探究背后的原因。我决定从育儿领域着手，因为这个领域是受暴怒影响最为强烈也最为危险的领域。如果家长在育儿阶段不能让孩子学会很好地控制冲动和愤怒的情绪，不能促成良好的情绪发育，后果会不堪设想。

如果一个人在儿童时期、少年时期不能养成良好的情绪调节能力，那么他长大后就会出现情绪调节障碍。在暴躁的父母的影响下，孩子也会变成一样暴怒的大人，毕竟他们的模仿能力是非常强的。孩子从父母那里学到的就是随心所欲地发泄负面情绪，不分场合、不分对象地乱发脾气。

孩子在成长过程中，会不断地去观察和模仿身边的人，尤其是父母处理负面情绪的样子，直到他练就独立认识和把控自我情绪的能力。这期间如果孩子通过家庭、电视剧、综艺节目接触到随意发泄暴脾气的人和事，那么无疑会照搬照学。特别是当家长由于管教和养育孩子身心疲惫时，很容易情绪失控，冲孩子大吼大叫，这是对孩子极为危险的事情。

冲动是负面情绪堆积在一起，在某个瞬间爆发的情绪现象。人们在日常生活中很容易酝酿出负面情绪。不舒服、尴尬、悲伤等各种负面情绪没能及时得到有效化解时，人们就会急于随便找个出口把它们发泄出来。于是所有的负面情绪犹如浓缩的危险化学品一样，在某个瞬间突然爆炸。

在撰写这本书时，我对日常生活中每天都可能发生的易怒场景进行了分类，针对现象做了深入分析，以便了解这些负面情绪背后隐藏的父母与孩子的情绪本质。

同时，针对不同个体的各种典型表现，我也给出了相应解决建议，比如如何好言好语对待没有耐心的孩子、如何让孩子学会耐心等待、如何让孩子积极应对负面情绪、如何调节冲动的情绪、如何与易怒的伴侣相处等。如果你的生活犹如年久失修的收音机，时不时地重复暴怒、冲动等不悦耳的声音，而你又苦恼于找不到出路和答案，那么这本书将为你指点迷津，安抚你疲惫不堪的心灵。

当孩子能够适时地控制自我欲望时，育儿会显得简单许多。当孩子懂得忍耐和等待时，亲子间磕磕碰碰的状况就会减少许多。

想要达到这种理想的境界，做父母的首先要努力做一个不暴怒、情绪不失控的人。当父母很好地控制脾气时，孩子身上存在的问题也就迎刃而解，对于将来可能出现的问题也可以防患于未然，看似棘手的问题解决起来远比想象的顺利许多。有的家长可能会问，孩子不听话也不是一天两天的事情了，谁也不是"佛系"父母，哪能不发脾气啊？我说：能！确切地说，必须能！脾气暴躁的原因不在于孩子，而在于家长自己。家长的自我情绪调节能力弱、情商不高才会导致这种局面。几乎所有人的暴怒都源于情绪失控。如果家长对来到这个世界尚不到 10 年、正处于成长阶段的小孩子动不动就发脾气，实在是不应该。

给孩子提供最好的食物、最好的服装、最好的教育……这大概是每个家长的心愿，也是激励家长们在职场努力奋斗的动力。倘若不是这样，这本书也不可能与家长朋友们见面。但如果事与愿违，家长未能给孩子诸多美好的事物，反而把自己的坏脾气传给了孩子，那将多么遗憾。

我希望这本书至少能让家长朋友们从习以为常的暴怒、易怒情绪中抽离出来，认识到自身存在的问题，并摆脱它们的控制。希望天下所有的父母和孩子都能感受到亲子关系的温馨和美好。

愿我们的家庭和社会多一分安宁与和谐。

吴恩瑛

目 录

PART 01 今天，你又在孩子面前
发火了吗？

PART 02 当孩子忍耐不了时的 6种教养方法

- 孩子也不容易，适当迁就一下
- 为了营养均衡，反而坏了孩子脾气
- 父母的态度，孩子都放在心上

→ "当孩子做事拖泥带水时"
- 先审视一下父母所谓的标准
- 标准过于严苛的父母，背后是悲惨的童年
- 做事务必干净利落，究竟是为了谁？
- 孩子做得不好时，只需以身作则地教导

→ "当孩子做错事，需要管教时"
- 无论是因为暴怒而管教，还是在管教时暴怒，都是暴力！
- 何谓管教？管教是"不行就是不行"
- 如何管教 3 岁以上的孩子
- 管教不奏效的几个原因

→ "父母想休息，孩子却不停地要这要那时"
- 爸爸带孩子好不过 3 秒，就变得抓狂暴躁
- 儿时的依赖需求未得到满足，让妈妈不愿亲近孩子
- 当孩子感知不到被爱包围时，就会不停地找父母
- 孩子不够自信时，也会动不动就找父母

→ "当孩子不肯尝试、拖拖拉拉，连简单的事情也不会时"
- 孩子很聪明，但就是不肯尝试
- 当孩子犯错时发火，只会养成不愿尝试的孩子
- 如果孩子过于拖拉，必须限定一条底线
- 青蛙莫忘蝌蚪时

PART 04

如何避免孩子成为暴躁的大人

今天，你又在孩子
面前发火了吗?

CHAPTER 1

教孩子，让我感到
心力交瘁

今天又是恶性循环——
生气、反省、生气、反省

　　上午孩子去了托儿所（或幼儿园、学校），手忙脚乱的时光总算告一段落。妈妈冲上一杯咖啡坐在餐桌或办公桌前，享受着片刻的安静。人一静下来就开始反思自己："刚才要是再稍微有点儿耐心就好了。"而这种冲动和事后懊悔，差不多每天都会重复。

　　其实多数家庭都会有相似的情形。每当清晨时，时钟就好像被悄悄拨快了一样。尽管走针是静音的，但妈妈们仿佛总能清晰地听到秒针走动的"嘀嗒嘀嗒"声，人也突然变得焦虑起来。

　　"不抓紧就迟到了！"于是妈妈快速转动大脑，思考给孩子做什么早餐，便开始一系列忙碌的操作——淘米做饭，叫醒孩子，给孩子摆好早餐，帮孩子洗漱、准备书包，确认天气，帮孩子穿衣服、梳头……如果孩子感冒生病了，那这一天就更加手忙脚乱了。尽管忙得团团转，但时间总是可恶地跑在妈妈的前面。这时妈妈真是恨不得自己能有三头六臂。

而往往这个时候，孩子就偏偏磨蹭着不怎么配合。眼看着时间快到了，孩子却不管不顾地磨磨蹭蹭，吃饭、洗漱、穿衣服都是慢腾腾的。妈妈越着急就越觉得"这孩子怎么这么磨蹭"，压住脾气，心想孩子还小，不够麻利也正常，于是上手去帮忙，但孩子根本不配合。这样催促几次依然不见孩子抓紧时间时，妈妈忍了一个早晨的脾气终于爆发了。

"你是第一次刷牙吗？啊，嘴巴张大一些，妈妈才能帮你刷，不是吗？"

其实这句话不必说。

"快点儿吃。细嚼慢咽。现在该出门了。你看看几点了？好了，别吃了！"

这句话也多余。

"哎，每天早晨忙得要死，也指望不了谁能帮上一把。"

这句话，更没必要跟孩子说。

妈妈抿着咖啡，内心懊悔不已，一只手翻看着手机相册，心想："明天可千万不能这样发脾气了。"看到孩子可爱的照片，就更加重了愧疚感，"我怎么会对这么可爱的宝宝发脾气呢，我真是疯了，发脾气的样子肯定是吓到宝宝了……等宝宝回家一定要好好抱抱他。"

但等到下午孩子放学回来，早晨那一幕瞬间又重新上演了。到了晚上时妈妈已经越来越抓狂和暴躁了。因为相比早晨，下午还要操心孩子的游戏和功课，而且在与孩子的"对决"中，妈妈的体力和精神早已双双耗尽。

这样折腾一天，等到孩子熟睡时，稍稍恢复理性的妈妈看着熟睡的孩子又忍不住懊悔起来："唉，我怎么就不能再忍忍呢？非得冲孩子发脾气！"抚摸着孩子的头发，妈妈回想起这一天里责骂孩子的种种理由：跟弟弟妹妹吵架、把屋子弄得乱七八糟、只顾着看电视不做练习题、不按时睡觉……

"还是个孩子，事情做不好也是正常的啊……"夜深人静时，人大概会变得感性。"对不起，是妈妈不好……以后一定改。"这完全成了睡前忏悔。

那么，第二天妈妈真的会改变吗？只能说，独处时的自我反省也仅仅是一个人勾勒的美好幻境。一旦和孩子共处，必定是重复昨天的故事。在孩子眼里，妈妈总是爱发脾气、大吼大叫。为什么妈妈面对孩子时就像一个坏掉的收音机，无限循环着刺耳的声音？在这样的环境中，孩子真的能健康成长吗？

面对孩子，理智经常不在线

有一位前来咨询的妈妈非常美丽，有着一张女明星般的面孔，言谈举止间都透着优雅。她对丈夫、孩子也十分有耐心，亲切又和蔼。对小朋友说话，语气很温柔平缓，对于我的分析和建议也用心倾听并适时地点头附和。所以我有点儿想不通，如此完美、有教养的人，特意来向我咨询，为的是什么呢？

这位完美妈妈拉着我的手哭诉，说自己平时好好的，但是一旦脾气上来就会突然变成"魔鬼"。这种现象并不是很频繁，问题是一旦发脾气就会失去理性，自己也无法控制。我无法想象眼前这位优雅体面的妈妈发脾气时面目狰狞的样子，更想象不出她会恶语伤人和粗暴地扔东西。

她有个刚升入小学的女儿。妈妈希望孩子能干脆利落地把作业写完，但孩子总会磨蹭和拖延。对此，这位妈妈是零容忍的。她开始时也试过心平气和地督促孩子："秀晶，抓紧写作业，别磨蹭。"孩子回答："我一会儿再写嘛，休息一会儿。"于是妈妈继续忍耐和等待，但三番五次好言提醒仍不见效时，语气开始严厉起来："已经过了5分钟，赶紧坐好。"孩子坐到书桌前开始做题，但刚做几道题就又拿起玩偶玩起来。妈妈顿时火冒三丈。

孩子犯一些幼稚的错误时，她也会忍不住发脾气，无关事情轻重。从她的诉说中，我大概知道了这位妈妈的脾气爆发点在于孩子做事不够干脆利落。

孩子表示妈妈发脾气的样子很可怕，而这让妈妈更是气上加气。

"你觉得妈妈为什么发脾气呢？"

"因为我不听妈妈的话。"

"那你能理解妈妈发脾气吗？"

"不理解。我觉得没有什么很糟糕的事情发生，能让妈妈发那么大脾气。"孩子如是说。在孩子心里，妈妈一直是无可挑剔的好妈妈，除了她发脾气时。

这位妈妈有轻微的抑郁倾向，但是还不至于到焦虑症的程度，只是无法控制瞬间爆发的火气。外人不可能懂得，只有家人才会看到她发脾气时失控的可怕样子。有时候她也会冲丈夫发脾气，而爆发点同样也是看不惯他做事拖拉粗心的样子。比如，丈夫没有按时缴纳税款等资费，导致不得不缴纳滞纳金；或者因为他的疏忽而没有履行一些小约定……每当这些该做的事情没有做好时，这位妈妈的脾气就会被点燃。

在这种环境下，孩子慢慢学会察言观色，深怕又会被妈妈各种挑剔。孩子做什么都垂头丧气，完全没有小孩子该有的欢乐明朗的样子，尤其是在面临一些抉择时，表现得优柔寡断。这位妈妈很清楚孩子的状态是自己乱发脾气导致的，甚至在发脾气时能清晰地察觉到孩子在惊恐中瑟瑟发抖。但知道归知道，她就是无法控制那一瞬间点燃的暴脾气。说到这里，她大概是又产生了深深的愧疚，忍不住潸然泪下。到底是哪个"恶魔"拨乱了这位妈妈内心的那根弦呢？

周末带孩子，爸爸特别爱发火

刚才讲述的都是妈妈们的负面例子，好像有点儿不太公平。其实相比女人，男人更容易出现暴躁情绪和冲动行为。冲动的范畴很广，从不耐烦到歇斯底里地尖叫、暴怒、带有攻击性的泄愤、突然表现出暴力倾向……这些都属于冲动。

冲动看似是一种脾气的发泄，但实际上是当事人缺乏自控力的表现。虽然不是所有的男性都有这一面，但忍耐力不够、脾气暴躁确实在男性身上表现得更为明显。大部分家庭里，妈妈在育儿方面付出的时间和精力远超爸爸的付出，所以大多数人认为在育儿中妈妈们表现出的暴躁倾向更为普遍，但事实上如果让爸爸们承担同样的育儿责任，其暴怒倾向必然会比妈妈们表现得更为明显。这一点毋庸置疑。

爸爸们偶尔带孩子时，往往过不了多久暴脾气就会突然上来。因为对于孩子们接二连三的要求，爸爸们没有足够的耐心去忍受和面对。举个例子，爸爸可能正在看电视或者玩手机，完全沉迷其中。这时孩子过来央求爸爸一起玩耍，爸爸会暂停手中的事情，拿出热情和诚意来陪孩子。但是孩子不可能就此满足，会没完没了地提出各种要求。爸爸刚要喘口气歇会儿，孩子却不肯罢休地恳请爸爸继续玩。于是爸爸的忍耐力达到了极限，脾气爆发。这种情况往往是爸爸还没能很好地进入父亲和看护人的角色状态，而将自己的需求放在第一位导致的心理失衡的表现。

除了陪孩子玩耍时，爸爸在教孩子做某件事情时也会突然爆发脾气。孩子不肯乖乖学习，总是各种顶撞和不配合，动作又不够麻利。要是稍微大点儿的孩子在很简单的事情上出错，那么爸爸简直无法容忍，脾气"噌"地就上来了。

孩子在公共场合做一些出格的行为时，同样也会点燃爸爸的暴脾气。爸爸可能已经不止一次制止了孩子的某个调皮行为，但是孩子并没有听进去，丝毫不肯收敛，照样我行我素，这已经引来了周围人们异样的目光。妈妈觉察出不妙，也及时提醒和告诫了孩子，但依然无济于事。而这一幕在爸爸眼里，很像是自己的妻子被孩子牵着鼻子走，孩子没有孩子的样，妻子又驾驭不住孩子……爸爸就会觉得很丢面子，无法忍受，感觉周围人们异样的目光都投向自己。于是爸爸的负面情绪迅速积攒，很快就达到爆发点。其实他心里也不是丝毫没有对于影响到他人的愧疚感，但是由于恼羞成怒，会脱口而出："谁家没有孩子！看什么看！"然后气急败坏地扯着孩子离开。等到了没人注意的地方，爸爸就开启了训孩子模式："你看看你！让我丢尽了脸。以后看我还带不带你出门！"甚至会忍不住打孩子的小屁股。

前来咨询的爸爸们经常会诉苦："院长，我在外面从来都不是脾气暴躁、跟别人吵架的人。但是带孩子去儿童乐园，就经常会跟别的爸爸发生口角。"

爸爸在外面辛苦一天，疲惫地推开家门，看到满屋凌乱不堪。他原本是想好好休息的，结果眼前的凌乱让人心烦意乱。卧室散落着各种玩具，收好的衣服也没有叠放整齐，被随手堆在了地板上。餐桌上杯盘狼藉，洗碗池也堆满了要洗的杯盘碗碟。而妻子正在对孩子发脾气，言语间透露着烦躁。眼前的一幕根本就让人没心思休息，最终爸爸也控制不住自己，在孩子面前爆发脾气。

有些爸爸面在下列情况下尤其易怒：楼下的邻居因为楼层噪声上来摁门铃时；开车被后面的车突然超车时；在餐厅排号的人太多时；电视上出现讨厌的人时……爸爸气势汹汹的样子刚好被孩子看在眼里。在孩子看来，爸爸这种易怒的样子，充斥在生活中的任何地方、任何时刻。

对很多家庭来说，每个周末都免不了上演"爸爸发脾气"专场。有些爸爸平时很少带孩子，只是周末照看一会儿，各种烦躁和发脾气的情况却通通上演。偶尔在孩子面前发脾气，是不是就罪过小一些了呢？

教孩子，为何如此辛苦？

育儿经常被比作是一场战争，让人身心俱疲、情绪崩溃。越是养育低龄的宝宝，越是这样。日复一日的劳累和负面情绪的累积真的很容易压垮一个人。所以把育儿比作战争一点儿也不夸张。

但育儿现场可不能像战场一样，必须赢了对方才能活下去，搞成你死我活的局面。育儿如果到了这种地步，就是很严峻的问题了。对任何人来说，育儿都是个难题。育儿之所以让我们疲惫不堪，是因为我们没有事先演练的机会，育儿过程更需要不断地舍弃自我。

并不是有过养育头胎孩子的经历，二胎的育儿任务就更轻松简单。每个孩子都是与众不同的特殊的存在。第一个孩子好带不意味着养育第二个孩子就轻车熟路。

老大可能性格有些敏感，而老二很老实，那是不是养育老二就能更轻松一些？这也未必。每个孩子身上的问题类型各不相同，性格也不一样，所以无论是一个孩子、两个孩子还是三个孩子，家长对待每个孩子的方式，对这个孩子来说都是全新且唯一的体验。

对父母来说，给孩子洗澡、做辅食、换衣服这些育儿技能，确实会比第一次熟练许多。但是和孩子互动，每次都是没有提前排练的第一次。从这一点来说，就算是养育十个孩子也是一个道理。

不断地舍弃自我，全身心投入到育儿中，并不是简单的事情。我们在育儿中舍弃自我，意味着给孩子更多的爱、更多的理解、更多的忍耐。家长不仅要把时间投入到照顾孩子中，也要把精力和体力投入到育儿中来。小时候没有过创伤和阴影、健康成长的人，在成为父母之后，会认为割舍自己的时间和精力照顾孩子很正常，不会觉得这样做是为孩子牺牲自己，更不会觉得养一个孩子就是把自己的人生搭进去了。因为他们自己从小也是这样长大的，所以认为付出时间和精力照顾和陪伴孩子是非常自然的事情。

但并不是所有人都能做好这种角色转换。确实有一些人无法坦然接受"自己照顾自己的孩子"这件事，在他们看来，这不是孩子和父母的关系，而是人与人的关系。他们如此界定这种关系，并不是出自故意，而是在潜意识中形成这样的想法，所以会冲着孩子发火："竟敢这样对爸爸！"如果家长不能坦然接受这种关系，情绪管理就会变得非常困难。不擅长情绪管理的人，面对这种状况会无所适从。

让家长头疼的孩子确实存在，以至于家长常常会自我怀疑："是上天为了考验我，才会这样的吧？"有些孩子敏感、挑剔、爱哭、不好哄、厌食、不听话，让家长伤透了脑筋。对此，有些人专门创造了个新词——"妈妈杀手"，但"妈妈杀手"有点儿言重了。也许人们发明这个词的初衷是想告诉家长们："这一切不是妈妈们的错。"但很容易让人误解为亲子关系中产生的所有问题责任都在孩子。

养育孩子令人感到身心疲惫，并不是因为家长没有抚养好孩子。孩子身上的问题再严重，只要父母多努力一些就都能够得到改变。虽然有些家长倾注了所有心血，为孩子操碎了心，但是只要问题还客观存在，就应该想方设法去面对和解决。

很多人会说："以前没觉得，但是自从养育孩子之后才发现，原来我是这么易怒、暴躁的人。"然后把自己脾气变坏的原因简单地归结于孩子。其实，育儿对每个人来说都是艰难的，这与养育的孩子数量没有太大关系，也跟生的是男孩还是女孩没有太大关系。育儿对任何人来说都是一件不轻松的事，但如果自己感到特别疲惫和痛苦，其中肯定有什么原因。这时需要认真做一番分析和总结，查找出原因，这样才能让孩子和大人都找到突破口。

CHAPTER 2

第二章

发脾气，让亲子关系瞬间搞砸

父母发脾气会让孩子有样学样

每个人心中都有一个"情绪口袋"。在这个"情绪口袋"里，负面情绪积攒得越来越多时，在某个瞬间就会突然爆发出来，这就是暴怒。暴怒通常伴随着攻击对方的冲动行为。家长易怒的原因可以分为两种：一种是他们的"情绪口袋"过小，稍微有不开心的情绪就会立刻发泄出来，这类人平时也经常烦躁和发脾气；另一种是他们的"情绪口袋"还算比较大，平时和和气气，凡事也能容忍，但会在某个瞬间被"最后一根稻草"压倒，变成邪恶的"海德先生"*。问题是我们不知道负面情绪具体会在哪个时间点爆发，也不知道哪件事情将会是那一根"稻草"，所以常常会让身边的人感到不安。

在"情绪口袋"溢出来之前，人们应该主动将负面情绪倒出来一些，或者少装一些。这个过程就是情绪调节。情绪控制力好的人能够有效调节情绪，因为他们可以认清自我情绪的本来面目，所以

---

*出自英国作家罗伯特·路易斯·史蒂文森的小说《化身博士》。在这部小说中，体面的绅士亨利·杰基尔医生喝了自己配制的药剂后，分裂出了邪恶的人格"海德先生"。

懂得做相应的调节。对于将"情绪口袋"填满或清空,他们都操纵自如。

有些人喜欢说:"我脾气不好,我脾气急。"其实这样的人都是情绪发育有问题,不擅长情绪管理。情绪管理是后天行为,大多是从父母那里学来,可以是家长直接教孩子情绪管理的方法,也可以是孩子从家庭成员处理矛盾的诸多例子中观察和学习而获得。如果做父母的自身情绪发育有问题,情绪管理能力很差,孩子也很容易变成那样。

暴怒是负面情绪凝结而成的产物,它会像炸弹一样突然炸开,伤到对方。它并不是由单一的情绪组成,而是多样又具体的。愤怒、担忧、歉疚、慌张、痛苦、不开心、饥饿、不舒服……各种情绪、感觉和原因交错在一起。当这些具体的因素不能及时准确地被认识和表达而积攒得越来越多时,就很容易变为"情绪炸弹",在某个瞬间突然冲向对方。

在育儿过程中,除了遇到孩子生气的状况,还会遇到陌生、慌张、尴尬、难过、揪心等各种状况、各种情绪,而有的家长往往只以暴怒的形式来回应。当家长简单直接地去表达情绪时,孩子将无法发展出丰富多样的情绪。易怒型家长的情绪表达方式单一、直接、粗暴。如果孩子经常看到家长这样表达情绪,会不利于情绪的正常发育。

大脑中调节各种情绪的系统被称为边缘系统。从小在父母冲动暴躁的情绪下长大的孩子,他们的边缘系统会变得麻木,对于各种情绪反应迟钝。如果遇到不开心或糟糕的事情,他们以为就应该用冲动、发脾气的方式来解决。

丈夫冲着妻子喊："怎么还不开饭？"妻子也不甘示弱，跟着吼起来："饭还没熟，怎么开饭！"这些通通被孩子看到。于是孩子在面对危机、紧急状况或者需要尽快处理的问题时，会发脾气、大吼大叫，以为这些情况下就应该是这种表现。由于攻击性质的情绪表现带有强烈的气势，相比于其他的情绪表现更容易被孩子学到。

这种情绪一旦发泄就足够"重磅"。破口大骂、大声尖叫、用力摔东西，一通发泄后会觉得很痛快、很解压。所以人会上瘾，一次又一次发脾气。平时习惯了发脾气的人如果把火气强压下来，会觉得很憋屈和不痛快，就像去了一趟洗手间又直接走出来一样，总感觉有些意犹未尽，不解气！所以他们下次还是会用发脾气、摔东西等同样的方式来处理问题。

无论如何，请千万不要在孩子面前发脾气。因为孩子很容易"复刻"家长的这一面，而他们一旦开始用发脾气来表达情绪，是很难改掉的。如果家长不想让孩子变成暴怒的大人，就要从小给孩子树立好榜样。

暴怒，造成亲子关系永远的伤

"我是脾气暴躁一些，但我从来不记仇，也不翻旧账啊。"这是那些爱冲动的人常用来开脱的理由。他们错以为爱发脾气是在正常表达自我情绪。但"不记仇、不翻旧账"这样的话对于对方而言，显得有些缺乏体谅之心，不懂得换位思考。冲动是在与对方的交流过程中引发的情绪状态。那些用冲动、发脾气来发泄情绪的人都是自私自利、只顾自我感受的人，在意的只有自己的情绪。这样的人在每次面对新的情境时，首先想到的都是自我情绪和感受，所以考虑不到自己的话将给对方带来怎样的内心感受。而一个情绪健全的人，不但善于及时捕捉自己的内心感受，也懂得顾及对方的感受，所以在交流过程中会尽可能收敛自己的情绪。

爸爸正在开车，即将进入拥堵路段。孩子却因为鞋子太紧，抱怨脚疼，哇哇大哭起来。如果考虑到孩子难受，爸爸肯定会回应："鞋子把脚给挤疼了吧？宝贝再等会儿好吗？前面这么堵，现在没法马上开到别的车道。等开过去这一段，咱们就回家换双宽松的鞋子。你可以先把鞋子脱下来。"如果不能回去换鞋，可以说："把脚挤疼了吧？咱们到前面看看有没有卖鞋的商店，爸爸给你买一双舒服的新鞋。"

但是急性子的爸爸可能会说："能不能不哭了？没看到爸爸在开车吗？"爸爸本来就因为路况复杂感到烦心，孩子哭闹便一下子点爆了他的脾气。孩子一直哭、无法平静时，他就开始怪罪孩子："那你让爸爸怎么办？现在在路上呢！所以干吗在家时没挑好鞋子就出门了？"然后强迫孩子，"今天就先忍忍吧。"

这位急性子的爸爸并没有考虑到孩子当前的状况和情绪，而是完全深陷于自己的处境或情绪之中。

不知道这位爸爸是否认真考虑过，他发脾气的对象只是个孩子。

那些经常在孩子面前表现暴躁的家长，在旁人看来有时会显得缺乏同理心："当父母的怎么能这么对孩子？"在咨询过程中，有不少孩子表示："爸爸总是只考虑自己的情绪，根本就不在乎我的感受。"年幼一些的孩子虽然无法准确表达这种担忧和烦恼，但是对于父母未能照顾他们的情绪也会感到难过。

这很容易让孩子"继承"家长的这种性格，变得越来越暴躁，只是程度和具体呈现方式不同。孩子为了捍卫自己的情绪，会在每件事情上都开始跟父母对抗和顶撞。有些孩子小学时很乖巧听话，而一旦进入青春期，就变得冲动和暴躁。孩子小时候由于不懂得如何表现由家长所引发的不满，情绪一直积压在内心，等到了青春期就突然爆发出来。而一旦到了这时，家长再怎么训斥也已经无法管束孩子了。

那些在外面动不动就发脾气的人，大多是欺软怕硬的人。如果他们意识到自己的冲动可能会导致关系恶化或者吃亏，就会忍忍。比如我的身份是推销员，对方是顾客，我正在向对方推销汽车。面对顾客的故意刁难、找茬，我都会忍受，因为我只想着把车卖出去。但如果我不打算做这笔生意，想要放弃这个客户时，情绪就会"上头"。在职场中，男性一旦冲动、发脾气，基本上会直接导致关系恶化，甚至彻底决裂。

家长在孩子面前发脾气，也会导致同样的结果。情绪表达超出应有的限度时，对任何关系都极具破坏性。如果是跟不重要的人发脾气，闹翻了也就闹翻了，但对孩子却不可能这样。所以，对于孩子来说，这种伤害和打击会更加严重。

面对受伤的孩子，那些发脾气的家长习惯说："谁让你那么不听话了！""我这都是为你好！"

事实上，很多孩子在小时候深受父母坏脾气的折磨，成年后不再和父母来往。如果坏脾气只爆发一次，还不至于这样。但是如果家长总是因为小事发脾气、在不该发脾气的时候乱发脾气，孩子就会感觉对于自己犯的错误，家长的反应过于强烈。于是再发生类似的情况时，孩子会突然觉得心寒，开始与父母疏远。孩子这么做是在筑起一道"保护墙"，为的是不再让自己受伤。他们普遍觉得受够了父母的脾气，再也不想面对动不动就失去理智、乱发脾气的家长。但父母毕竟是生养自己的人，血缘关系不可能说断就断。他们看似冷淡、不愿与父母来往，实则内心承受着巨大的痛苦。

父母解决问题的方式，孩子全看在眼里

人活在世上，难免会与他人发生摩擦，这种时候以冲动的情绪去跟对方交涉是最极端的做法。就像前面所说的，这种行为等于是"势不两立""你死我活"的做事方式。当一个人认为对方侵犯了自己，把对方看作仇人时，他因为处于自我防备状态，很容易变得冲动暴躁。家长冲孩子发火的时候，至少在那个瞬间是认为孩子在折磨自己。

缺乏安全感、感觉被忽视、感觉到危险时，人为了保护自己会表现出强势的一面。当和对方处于对立关系时，为了占据上风，彰

显自己的力量，有的人故意提高嗓门，大吵大闹。暴脾气和冲动，就像是猛兽遇到天敌时嘶吼一样，是动物本能的真实反应。而这种解决方式，孩子很容易照搬照学。

举个例子，因为楼层间的噪声问题，楼下住户上楼敲门，可能一开始语气就很不友好。如果是因为这一天家里来了客人，有些吵闹，影响到了人家，大人要诚恳道歉。就算楼下邻居平时为人挑剔和苛刻，不好相处，至少今天确实是自己家产生了噪声。这时可以说明一下情况："今天家里有事，来了客人，给你添麻烦了。""你家不只是今天这样啊。平时就挺吵的。""嗯嗯，家里孩子平时确实是有些吵。我们一定注意。"但可能事情并没有这么简单就结束。这时家长突然觉得对方得理不饶人，何况家人、朋友都在一旁看着，要是自己不反驳一下，岂不是显得自己太懦弱了，会颜面扫地。于是家长不由提高了嗓门回应人家："又不是天天这样，偶尔一两次总是难免的吧？总不能让孩子不踩地板，飞来飞去的吧？"

孩子们早已在后面目睹了这一切。通常在孩子眼里，大人说话多、嗓门大就是在吵架。于是家长给孩子灌输了一种错误的做事方式：有人对自己指指点点时，就要跟对方吵一架。就算是自己做得不对，也要跟人家吵一架才行。孩子从很小的时候起就耳濡目染，有样学样。

好不容易迎来一个悠闲的星期六。爸爸特意陪孩子玩，但没过多久就冲着孩子吼。又不是经常照看孩子，好不容易借着周末的机会陪孩子一次，怎么就那么没耐心，冲孩子大吼起来了呢？妈妈看着，"噌"地来了火气。于是两人发生口角，最后变成了夫妻吵架。这一幕在很多家庭时有发生。

家长陪孩子玩，为的是和孩子进行情感互动，增进亲子关系，培养孩子的良好情绪。但是事与愿违，往往到后面都演变成了父母的争执。假设通过亲子游戏，家长让孩子获得了10分的益处，但家长当着孩子的面吵架，还一边提到孩子的名字，则让孩子失去100分，失去的远大于得到的。这是非常不明智的做法。

其实孩子很善于察言观色。虽然起因是孩子，但问题并不至于严重到吵起来，可父母又确确实实在吵架。在这种情况下，孩子通常会学到什么？那就是发生矛盾或意见冲突时，不是通过对话解决问题，而是连小事情也大动干戈。这一切孩子有样学样。

妈妈带着孩子去医院，原本已预约好就诊时间，到了医院却被告知需要等待。但妈妈带孩子看完病后还要去忙别的事情，本来就是赶着时间过来的，现在却面临着等待的状况，突然就变得很焦躁。要是等个10分钟、8分钟的，没问题，可是过了10分钟，也不见叫自己的号。妈妈大步走到导诊台大声质问："我明明是预约后带孩子过来的，怎么还让我等？要是这样为什么让我们预约？看完病还急着去办别的事情，这都是让你们给耽误的，误了正事这责任谁来承担？"妈妈提出抗议，护士连连道歉，征得前面几个候诊的患者的同意后，让妈妈带着孩子先进了诊疗室。

妈妈解决问题的方式，从头到尾都被孩子观察到了。孩子就会学到，一旦处于吃亏、不利的情境，不是想着先问清情况，而是提出抗议。那些没有耐心、凡事求快的人，在大多数情况下无暇顾及其他人，无论是对他人的关心还是共情能力都很不足。而他们的孩子很有可能也会长成这样的人。可能在这位妈妈看来，在当时的情况下，自己极力争取，所以圆满地解决了问题，但实际上这种做法非常错误。

如果是关系到人身安全的危险情况，那么肯定要极力去捍卫自身利益。但如果是对只要稍微包容和理解就能化解的小事也非要上纲上线，很容易让孩子缺乏安全感。如果父母总是和别人发生冲突，孩子会对这个世界怀着无尽的恐惧。他们会以为身边都是充满敌意的人，都是要去战胜的人，也不知道什么时候谁会陷害自己……如果是这样，该多么不安。

等待与尊重，育儿中重要的两件事

育儿中重要的两点，一个是等待，另一个是尊重孩子的独立人格。孩子的发育，需要等待；孩子的学习，需要等待；教育孩子是非对错，同样需要等待。不过度干涉，不去催促，耐心等待，孩子就能顺利成长。

而想要耐心等待，就要懂得孩子是与家长不同的独立个体。如果家长把孩子看作是自己的所有物，那就不可能对孩子有耐心。一旦孩子做出和家长想的不一样的举动，或者偏离预想的方向时，家长就会感到不安，恨不得立刻把孩子扳回来。家长只有清醒地意识到孩子是与自己不同的存在时，才能做到耐心等待和观察。

冲动源于急躁的心态，冲动的人缺乏对他人的等待和尊重。孩子在哭闹时需要尽快被安抚好，出现问题行为时需要尽快纠正，对于父母的话必须立刻理解和听懂，对于指令需要即刻去执行……孩子一旦做不到这些，就会让冲动型父母变得更暴躁。

但是孩子不可能做到这些，而且学东西也很慢，需要家长反复去教。孩子要在大脑接收指令后进行处理，需要慢慢领悟并学会处理的方式。如果在这个过程中孩子情绪低落，就无法正常学习。所以在孩子哭闹时，家长要学会等待。小孩子也不可能哭一整天。体验了自我疏导情绪和自我安抚的孩子，才能知道如何止住眼泪。但如果父母一直催促"快点儿"，就无法期望取得这些成效。

冲动型家长要求的"快点儿"，不能让孩子更敏捷，只是催促而已。这一催促，孩子的紧张指数和压力指数就会上升，进而刺激孩子的不安情绪，让他们变得更不舒服。有些孩子能很好地自我疏导，但大部分孩子会由开始的不舒服变为烦躁和发脾气，而且很容易变成经常烦躁和发脾气的人。这样一来，孩子该学的没学到，反而是为将来成为冲动型大人购买了预售票。

孩子在 2 岁之前，不太会有让父母发脾气的事情，因为这时父母还会觉得孩子是需要自己照顾的对象。如果这个时期对孩子发脾气，那父母就该接受一下心理治疗。冲动的人的特点是当需求得不到满足时就会发脾气。在 2 岁之前，宝宝们基本都是听话乖巧的状态，父母自然也不会发什么脾气。

但是一旦过了 2 岁，孩子就开始有自己的想法和主见。而这时父母也开始变得冲动易怒。父母打心底里没有把孩子看作一个独立存在的人去尊重他。由于父母无法意识到孩子具有独立的人格、有着与他们不同的想法，所以一旦孩子不按照自己的意愿行动时，他们便会抓狂。孩子往高处爬，妈妈喊："快下来！"孩子无动于衷。"别上去，听话！"妈妈又喊了一声。孩子根本不听，继续往上爬，于是妈妈的脾气"噌"地就上来了。

那些对孩子发脾气的家长，说得最多的一句话就是："这孩子太不听话了。"夫妻闹矛盾后最喜欢说的也是："和这种人根本讲不通。"和别人发生争执时，人们也喜欢说同样的话："我明明提醒他别再做了，人家根本不听，还要继续！"所以，其实暴脾气包含着控制对方的潜意识。潜意识里想要按照自己的意愿控制对方，让对方屈服于自己，一旦不如愿时，就会发脾气。

借着辅导孩子或给孩子讲道理的名义大声训斥孩子，也是因为急躁。在育儿过程中，如果遇到急于解决的事情，就会性子急，喜欢大嗓门。妈妈等得着急，孩子却慢腾腾地穿衣服，妈妈在一旁看着就忍不住大嗓门吼一声："快点儿！"

欧美国家的父母这时通常会说："你在这个时间之前不准备好的话，爸爸妈妈就只能直接出门上班了。到时候就得找个临时照看你的保姆过来。"而孩子通常会说："好的，我会动作快一点儿。"

而在韩国，孩子动作不够麻利，让家长着急起来时，家长不但会扯着大嗓门冲孩子吼，有的甚至会拍孩子屁股，催促孩子快点儿。孩子会把衣服穿好，但肯定是一肚子憋屈。这样一来，孩子不可能学会出门前要积极准备和配合。

家长通常喜欢说是为了教导孩子才大嗓门，但是一旦用大嗓门吼，孩子会瞬间大脑空白，反应迟钝。这种情况下，孩子无法对大脑接收的信息进行处理，又怎么可能做出符合家长期待的举动呢？孩子又怎能想到自己需要承认错误和道歉，学会做事？家长从头到尾除了大声吼、吓唬孩子，什么都没教会孩子。

为孩子付出时，不要超出个人能力范围

家长觉得自己是忍无可忍才发脾气，觉得都是为了孩子好才这样。全力以赴当然好，但是这种全力以赴应该在自己的能力范围之内，而且不能越线。育儿不是一两个月速成的事情，如果一两个月就能搞定，那么用些蛮力也无妨。就像考试前连续几天熬夜复习，这都可以，但如果长期熬夜根本吃不消。育儿也是同理。想要在育儿上苛求十全十美，必然会过犹不及。

其实那些对孩子发脾气后又懊悔的妈妈，平时对孩子是无可挑剔的好。孩子要求读故事书，妈妈就会给孩子读，而且不厌其烦。可能读5本就可以了，但因为孩子一直要求，所以读了10本也没有结束。妈妈早已口干舌燥，嗓子冒烟，声音沙哑。读着读着，妈

妈的脾气突然就上来了："好了，这都第几本了？不是说好的就两本吗？"于是之前给孩子读的那些都成了白费功夫。

妈妈原本尽心尽力地给孩子读书，但因为超过自己的承受范围而发脾气，正面效果大打折扣不说，简直是过犹不及。妈妈本可以在体力允许的情况下，开开心心读一本书就好，而且那样愉悦地读书，还能让孩子开心地进入梦乡。

假设在 20 次里，有 19 次是和蔼的 100 分妈妈，只有一次是狂躁妈妈，那还不如那 19 次做到 80 分，剩下的一次坚决不做狂躁妈妈。倒不是说，那 19 次的努力徒劳无功，而是相比于苛求尽善尽美，不做一次极端、恶劣的表现，对孩子更为有益。家长可能平时只给孩子吃用有机蔬菜烹饪的可口菜肴，辅导孩子功课，声情并茂地读故事书，带孩子体验各种活动，让孩子观看音乐剧、参观博物馆……但如果做好了 99 次，有一次却冲孩子发脾气或打了孩子，那前面的努力都功亏一篑。

国家有公正无私的法律，医学领域有坚守的底线，育儿也不例外，"不能对孩子发脾气"就是育儿的首要原则。如果家长经常发脾气，那么再怎么投入时间、金钱、体力，倾尽所有养育孩子，都等于竹篮打水一场空。相比于给孩子好吃的、好穿的，做一个不对孩子发脾气的家长对孩子的成长更有益。

"体面绅士"和"邪恶先生"*抚养孩子，会让孩子感到不知所措，简直再糟糕不过了。孩子慌乱时，就会觉得一切都让他们不安和恐惧，这样就无法学会在不同场合该如何处理事情，没有任何

*小说《化身博士》中亨利·杰基尔医生的两个截然不同的人格。

自己的内在准则。一旦这样，孩子就会丧失自信心，而没有自信心又直接影响自我存在感的形成，给孩子的成长带来长远的负面影响。

CHAPTER 3

第三章

明知不该生气，为什么做不到？

把"愤怒"美化的社会

没有哪个家长会在冲孩子发脾气后心情舒畅。即使不清楚暴脾气会给孩子造成怎样的伤害，家长本能上也懂得这样做是不对的，所以发完脾气就懊悔不已，向孩子道歉。问题是大多数家长第二天、第三天还是会照旧冲孩子发脾气，事后尴尬地说："昨天我忍不住冲孩子发了脾气。这孩子实在是太不听话了……"是什么导致这样的恶性循环呢？

大家基本上都会发脾气，所以好像会对这种情况有一些默契和理解。发脾气明明是情绪管理能力不足导致的，如果严重，需要去治疗愤怒调节障碍，但人们对此却习以为常，甚至能理解这种情况，以此来给发脾气的自己一个台阶下，原谅自己。这实在是有点儿匪夷所思。甚至在当事人提起发脾气这件事时，听到的人也会"善解人意"地去安慰："是啊，是啊。这也不奇怪。现在的孩子没以前听话了……”这简直不可理喻。

我们的内心都有不服输的一面。一旦出现矛盾或者意识到委屈，总觉得如果不做出强烈的反应就会吃亏一样，所以不服输，会较真和冲动。游戏输了会哭，比赛中拿不到金牌也会哭，总觉得委屈很大。这是不服输的情绪在背后作祟。

韩国精神健康医学会2015年发表的调查结果显示，韩国的成人中有一半在经历愤怒调节障碍，其中有10%的人是需要立刻接受治疗的。所以在别人超车时挥动三节棍、用玩具枪射击、冲动纵火、用锐器刺伤别人、对方态度不好就破口大骂、无故暴力等事件频频发生。这些都是愤怒调节障碍、冲动调节障碍的表现。

韩国的自杀率在经济合作与发展组织（OECD）成员国中排名第一，也是上述社会问题的延伸。诸多原因导致人们内心郁结了太多委屈和仇恨，但一码归一码，为什么韩国人显得特别容易冲动发火呢？为什么人们无法调节这样的愤怒情绪呢？

过去的几十年中，韩国的经济发展取得了一些成就，但也忽视了很多其他方面的建设。韩国的社会问题演变成现在这样，是对人们的一种警醒。在"奔向好日子"的标语下，经济发展至上，生活中的一切都以高产、高效率为最高追求。相反，那些看不见的哲学思考和感性的一面通通被忽视了。孩子在奔跑中摔倒时，家长不是先去关注孩子受伤严不严重，而是急于责备孩子没有马上站起来继续奔跑。如果孩子趴在地上哭起来，那就会被训斥为傻子、笨蛋。一切都在强调"快点儿！必须快！""只能第一不能第二""业绩和成绩说明一切"。

当整个社会这样亢奋时,人们的情绪发育就会开始出现严重的问题。韩国一半以上的国民好像都不懂得调节情绪和找到适当的疏导方式。这一批从未受过情绪调节指导,也没有接受过情绪训练的人,就这样成了人父、人母。情绪发育属于后天培养范畴,孩子也主要是从父母那里学到如何对待情绪问题的方法。但现在的家长在他们自己的成长过程中并没能从父母那里得到很好的情绪关注和呵护,他们接受的情绪教育基本上可以视为空白。

孩子可以从家长那里学到情绪调节的方式,但也会通过社会大环境来学习。社会是如何表达情绪的,以及宣扬怎样的情绪面貌,都会给孩子带来很大的影响。媒体会为这种氛围的营造和渲染起到非常大的作用。但这个社会对待冲动情绪,犹如对待劝酒文化一样宽容。无论是电影、电视剧还是综艺节目,都会毫无顾忌地表现冲动的情绪。

恶语伤人和不经思考地乱说话,都是不擅长情绪调节导致的,是冲动的表现。人们误以为这种恶语伤人是善意的"忠告",把乱说话当成是幽默、开玩笑。那些人气电视剧中,脾气冲动的角色特别多,他们无一例外都是正义而非凡的人物。是不是角色的情绪表达不够强烈,就无法彰显那种正义感?仿佛当时人物言辞冷静、沉稳的话,就会显得相当卑微和懦弱,是一种放弃自我的妥协,像违背正义一样。当然不是这样的。有些引起公愤的行为值得义愤填膺,但对于其他情况,暴怒、发脾气只能说是情绪调节能力不足。

每个人解决问题的方式都不一样,所以表现方式也各不相同。

对此，我们应给予尊重和包容。比如大众媒体总在宣扬多样性、创意性，但如果从本质上来看的话，这样反而很容易偏向于统一性，对于脱离这个框架的人就去极端地否定和批驳。

韩国信息技术产业发达。地铁上、饭店里、游乐园里、马路上，大多是忙着看手机屏幕的"低头族"。虽然不知道这些人都在关注什么，但他们似乎都沉迷于掌上的小小乾坤，都在全神贯注地用手指划过一个又一个界面。

当人们习惯这种通过视觉来获取信息的模式时，就会表现出过于看重外在形象的倾向，只关注眼睛可视的外貌，太过于在乎眼睛看到的和别人想要给你看的那部分。通过视觉获取和分析信息，意味着人们做出判断的大部分因素源于第一眼看到的线索，而对于其真正的本质和背后的关系却看不到也想不到，好比是看到了一片叶子就去定义整片森林。我们稍微想一想就很容易明白，视觉只不过是我们获取信息的诸多来源中的一个，仅此而已。不得不说，现在的人们太喜欢仅靠眼睛看到的这一面就去给事物下定论。这是错误的，也是严重的问题，但当今社会就是朝着这个方向越走越远。试想，一旦这种模式固化，人们就会越来越看不到事物的本质和联系，也偏离了重点。如果只沉迷于手机里的信息世界，将来冲动和暴怒的人会一大批一大批地"量产"出来。

不快乐的童年，迟来的依赖需求

因为历史原因，也因为社会问题，暴怒情绪在韩国蔓延，易怒、暴怒的人比比皆是。哪个家长不曾信誓旦旦地说过要对孩子亲切有爱，绝不发脾气？但他们的脾气总会像隐藏在内心深处的定时炸弹一样，时不时地爆发出来。有的人明明知道不应该这样，却总是做不到情绪平和，到底是为什么呢？最大的原因，可能就是与父母的关系存在问题——和父母没有彻底解决的那些心结与矛盾，以及从父母那里耳濡目染学到的错误的情绪调节方法。

这些人在结婚成家前明明恨透了过去20多年里父母对待自己的样子，但是现在又发现自己正以同样的方式对待自己的孩子。他们一心想着挣脱和改变，总算可以独立了，但每当自己在对待孩子时表现出曾经父母对待自己的那一套时，着实会惊愕和痛苦。小时候从父母那里学到的一言一行，注定会融入骨子里。没有谁能避开这个"魔咒"，也很难从中得到解脱。

在"面对孩子，理智经常不在线"章节中，我提到的那位美丽的年轻妈妈，她的爸爸经常实施家庭暴力，只要喝醉就会拿家人发泄，打大人，也打小孩。

在孩子幼小的心灵里，这样的父亲简直是恶魔的化身。而妈妈总是表现得那样柔弱无助，丝毫没有保护孩子的能力。于是，为了不被打骂，女儿成了顺从的、乖乖听爸爸的话的孩子。凡事顺从，凡事乖巧，也懂得做事干净利索。她考上好大学，嫁了个性格温和的丈夫，也拥有了自己可爱的宝宝。

其实她的内心里非常渴望做个好妈妈、好妻子，无论是对孩子还是对丈夫都倾尽了所有。但只要是丈夫或孩子做事、处理问题时不够干脆利落，她的火气顿时就上来，简直不能容忍。这其实是因为她小时候没能解决的情感问题，在成人后一直像梦魇一样时不时地折磨着她。

小孩子都会有不够完美的一面，但她从小没能从父母那里得到包容，所以一直有心理缺憾。当然，在她成年组建家庭后，无论是孩子还是丈夫也不可能包容她的这一面。她小时候表现出的伶俐敏捷，以及凡事都自强独立、不惹事，其实是为了不被严厉的父亲挑毛病而做出的压抑天性的反应，缘于父亲的强迫和施压，而不是按照正常的成长阶段自然体验那个年纪该有的试错过程。

允许孩子出错，换一种方式重新挑战，从中感受情感的慰藉或关心，让内心的需求得到满足，同时孩子也学会了如何逐渐减少失误。但对于她来说，这个阶段被删减掉了，她的童年是很不幸的。更让人心疼的是，她在对待自己的孩子时，同样在无意识间剥夺了孩子体验这个成长过程的机会。

依赖需求是渴望自己的情绪能得到父母的认可和保护的需求。孩子无非就是想听家长说一句"嗯，会有这种感觉也很正常"。这是父母对于孩子情绪的认可。当孩子因为年纪小做不好某件事导致失败时，父母也能说一句"没关系，你还小，做不好也很正常"。这是孩子渴望父母能包容自己的不熟练、不完美的一种内心需求。

孩子生气时渴望得到父母的安慰，孩子脆弱时渴望父母能让自己放心依靠。在任何情况下，父母都能告诉孩子"爸爸妈妈爱你"。这些都是依赖需求。

小时候的依赖需求没得到满足，一直处于缺乏状态的话，即使成年了，这种需求也不会消失。他们在与重要成员的关系中，会不断地试图得到需求上的满足。他们甚至在与孩子的关系当中，不断地制订无理的规则并要求孩子遵守。明明是孩子在当前年龄很有可能犯的错误，家长却说教和责备："你都多大了还这副样子！""妈妈讨厌你这样做，你知不知道！知道还这样！"

如果人的依赖需求得不到妥善解决，无论是对孩子还是配偶，都会要求："你们得理解我。我压力大时，你们应该照顾一下我的感受，在我需要安慰时给我安慰。"就这样，他们向孩子和配偶索求原本应该从父母那里得到的慰藉，才会总是烦躁和发脾气。

最为糟糕的是，一旦依赖需求得不到满足，人在感到难过和委屈时也会产生愤怒感。原本只是心里不爽的事，会严重到脾气爆发。发生鸡毛蒜皮的事，也会认为是自己不被重视："怎么一点儿都不重视我？"

"小时候如果爸妈对我再用心栽培一下，我也不至于这样，肯定早就成功了。"那些一直有这种心结的人，一旦孩子的成就达不到自己的期望值时，就会无法忍受。还有一些人，不能接受别人训斥自己的孩子，但自身也没有魄力，做不到在该教训孩子时教训孩子。因为小时候被父母训斥的经历成了不愿回想起来的阴影，也就不想同样地去对待孩子。

在一档娱乐综艺节目中，A、B双方就在公共场合应如何管教孩子展开了激烈的讨论。A表示，看到身边的一些家长从小就教孩子行为礼仪，很令人欣慰，主张教育孩子就应该是这样。A认为在公共场所让孩子乱跑，家长的做法有问题。B立刻反驳，称自己小时候根本就不被允许乱跑，必须坐着一动不动。B反对家长对孩子进行过于严厉的礼仪教育。正因为有过被严厉管教的童年经历，所以B主张不应该束缚孩子自由的天性。

最近和B持相同想法的人很普遍。小时候被压抑天性长大的人，成为父母后就喜欢放养孩子。放养的过程中，偶尔忍不住"爆炸"一次。虽然理论上决定了放养孩子，但由于从小接受的管教已经内化于心，还是会无意识地在意其他人的看法，觉得不该影响或打扰到身边其他人。

有些家长在日常生活中毫无顾忌地对孩子严厉批评和大吼大叫，而且发脾气也毫不收敛，就像童年时期父母对待自己的那种方式一样。他没有学过要如何好好说话，认为对孩子要严厉、强势，才能管教好孩子，不让孩子沾染坏习惯。如果告诉他，他的这种方式有问题，他反而会争辩，说自己就是在这样严厉的管教下才有了今天的成就。这只能说这个人的基础是好的，在那种强势、压抑的环境下都没有偏离正轨，成长为优秀的人，倘若换了好的环境，肯定会更加优秀。

当家长意识到自己有些过分时，无论是什么情形，都有必要回顾一下自己童年时期的成长过程，以及与父母的关系。家长是不是正在完全按照自己小时候学到的那种方式对待孩子？无论是因为讨厌童年时期的痛苦记忆而故意走向另一个极端，还是出于某种恨而对孩子态度恶劣，总之，在这些过分的行为背后，肯定有着某种心理原因藏在深处。

为什么唯独对孩子控制不住暴脾气？

每每想起和父母的矛盾纠葛就忍不住痛苦和难过的人应该不在少数。因为和父母之间存在的问题，每个人或多或少都会有着这样的烦恼。无论曾经对孩子倾注了多少关爱，就算孩子是自己生养的再熟悉不过的人，由于个体特有的差异，在孩子成长过程中也必然会滋生出很多亲子间的矛盾分歧，只不过这种矛盾或大或小罢了。通常矛盾不那么大的话，对日常生活大多不会有太大的影响。

有些人在童年时和父母的相处存在很大问题，但他们在成年后的表现因人而异。有些人走向社会后，那些伤痕也可以不被触动，看起来他们的社会交际都正常和顺利。人们也对他们一致好评，说他们为人温和、善解人意、胜任各项工作。简单地说，就是他们能控制好情绪，也不会暴怒和发脾气，但是唯独在面对孩子时，这些内心深处的伤痕就会像纸张被烙铁熨烫过的痕迹一样无处隐藏。孩子明明是他们在这个世界上最深爱的人，他们却偏偏会对孩子表现得这么不堪。

第一个原因是，我们平时极力隐藏的问题，往往只有家人才能触碰到。与父母之间未能解决的问题，必然会在组成新的家庭之后再次暴露出来。通常在外人面前，我们都会戴着适当的"角色面具"与之相处。而在熟悉的家人面前，这种包装很容易被识破。比如有位妈妈极度讨厌脏乱，几乎到了强迫症的地步。这源于她在童年时期与父母的矛盾。那时父母外出回来，只要看到家里凌乱，就忍不住严厉训斥孩子。她长大成年后，在外人眼里是很完美的、无可挑剔的人。但是人们恐怕也无法想象，这位妈妈回到家里时，就会对孩子零容忍，且严厉训斥。

第二个原因是家长高估了孩子的理解能力。家长觉得再怎么发脾气，孩子总会理解自己。身为父母，在育儿过程中持有几分自信是必要的，不必因为自己没做到众多权威育儿书上主张的那些内容就深感愧疚。自己的孩子自己更了解，带着这种自信，将自己的育儿理念贯彻下去就可以。只要这种自信不违背常识，就不必自我怀疑、人云亦云，乱了自己的节奏。但是我们在面对自己的孩子时，过度的自信反而会让感性占了上风，觉得孩子是自己所生所养的，于是错以为只要出发点是好的，那么对孩子做出任何行为都不为过，错以为孩子会理解父母的用心良苦。这是一个很大的错误。虽说是自己的孩子，但是如果方法不当，会给孩子造成无法愈合的心理创伤。

父母爱孩子是一种本能，这种爱肯定是广袤似宇宙。家长觉得，既然爱这么浩瀚无边，那么在这广袤的宇宙里偶尔丢入几块石头，应该也没有大碍吧。因为他们觉得自己全心全意地爱着孩子，所以丢下的那些小小石头，孩子也能包容和接受，不受什么影响。于是丢下那些石头时，也会觉得无所谓。我们丢下的这些石头带来的伤害有些可能会愈合，但有些会变为孩子的伤疤，甚至永远不能愈合，我们的家长如果都能懂得这一点该多好。

第三个原因就是把孩子当成"好对付"的小孩子，爱是真的，但是轻视也是真的。暴怒是情绪调节时瞬间爆发的问题。当人们对某个人有所期许时，就不会在那个人面前生气和情绪失控。家长之所以对孩子发脾气，恰恰可能是因为孩子是弱小无助的，才敢对孩子无所顾忌。如果我们能意识到我们是保护和尊重孩子的第一人选，就绝不会允许自己对孩子这么乱发脾气。

值得欣慰的是，读到这本书的人，至少能够正视自己的易怒倾向。做个简单的比较，能够正视自己的易怒倾向的人，相比于不肯正视的人更具有改变的可能性。而且那些常常发脾气又事后懊悔的人，相比于发脾气后从不后悔和反思的人更容易改变。

所以，总体而言，"易怒型"妈妈比"易怒型"爸爸更容易改变。因为爸爸们普遍喜欢借着教育孩子的美名把自己的发脾气行为正当化，而妈妈们则会在事后忍不住懊悔和"碎碎念"。其实懊悔本身是好事，懂得懊悔意味着会自我反省，改正错误的可能性非常大。就算人的行为和情感表达方式无法立刻明显改变，但在懊悔和反省的过程当中，人会悄然发生变化。从长远来看，做错后能够懊悔和回顾、反省的人，会一点点地往好的方向改变。

"易怒指数"自测：
我是"易怒型"父母吗？

"我怒故我在。"一句戏谑的话，却也道出了现在的人们有多易怒、易躁。

你有多易怒？你是不是常常用暴脾气来对待孩子？

你可以参照下面的选项，了解自己的"易怒指数"。

※ 请思考三秒后凭直觉选择。

☐ **1.** 开车时经常发脾气。

☐ **2.** 饭店上菜慢就会忍不住发脾气。

☐ **3.** 自己的话不被对方采纳时会生气。

☐ **4.** 意见不合时，认为自己的想法没有错。

☐ **5.** 赶时间时会变得焦躁。

☐ **6.** 待办事情很多时，容易烦躁。

☐ **7.** 家里凌乱时会烦躁。

☐ **8.** 气温过低、过高都会烦躁。

☐ **9.** 说话重复两次、三次，孩子依然不听时，会不耐烦。

□ **10.** 正在忙事情时孩子一直喊自己，就会很烦躁。

□ **11.** 看到孩子磨磨蹭蹭、不够利索，就忍不住发火。

□ **12.** 一旦孩子顶嘴就会很不高兴。

□ **13.** 有时候听见孩子喊爸爸、妈妈，会觉得烦。

□ **14.** 看到孩子耍赖时很易怒。

□ **15.** 听到孩子哭就会揪心。

□ **16.** 即便是一些小事，如果满足不了孩子的要求时就会感到内疚。

□ **17.** 看不得孩子受累，会心疼、难受。

□ **18.** 有时候觉得孩子很自私。

□ **19.** 常常为没能给孩子更好的照顾而感到抱歉。

□ **20.** 觉得自己当前的境况（上班族或全职爸妈）很糟糕。

□ **21.** 觉得如果当初父母对自己稍微再上点儿心，自己肯定会比现在过得更好。

□ **22.** 一想到童年的自己，就常常感到心疼。

□ **23.** 很不喜欢孩子遗传自己的性格。

□ **24.** 不喜欢从孩子身上看到另一半的性格缺点。

□ **25.** 孩子动不动就发脾气。

□ **26.** 觉得自己的孩子比其他孩子更敏感、难带。

□ **27.** 没有人帮忙带孩子，觉得自己很惨。

□ **28.** 内心明明很脆弱，却常常做出看起来很坚强的行为。

□ **29.** 一旦自己的底线被触碰时就会发怒。

□ **30.** 常常因为感到自己被无视而心情变差。

□ **31.** 遭到拒绝时容易发脾气。

□ **32.** 听不得别人说自己不好，容易生气。

□ **33.** 讨厌等待。

□ **34.** 觉得自己属于焦虑型人格。

□ **35.** 很容易因为突发状况感到焦虑和压力大。

□ **36.** 在对待钱的问题上，很有原则。

□ **37.** 常常感到身体不舒服（腹痛、腹泻、积食、头痛、失眠等），到医院检查却查不出异常。

□ **38.** 身体不舒服时若有人打扰就会忍不住烦躁。

□ **39.** 常常羡慕他人的生活。

□ **40.** 看不得别人过得好，容易嫉妒、怨恨。

[测试结果]

10 个以下

比较擅长情绪管理。不容易因为没必要的事情生气。

11 ~ 20 个

动不动就火冒三丈，作为当事人也很痛苦。建议罗列出自己在什么情境下会生气，写"生气日记"。在事后弄清其原因，可以有效帮助我们减少生气的次数。毕竟这世上不如意的事情太多，能坦然接受，这本身就能让我们平静许多。

21 ~ 30 个

每个人的情绪调节都会有底线。守住底线可以避免他人因为我们的情绪冲动而受到影响。找一张纸，仔细回顾一下通常自己暴怒、冲动时会有哪些表现。当务之急是全面阻止这些行为的出现，想尽办法降低暴怒、冲动的程度。如果情况更加严重，应该求助专家。

31 个以上

你的情绪问题已经严重影响他人，可能有易怒倾向。你在生活中常常由情绪问题引发不和谐。建议认真考虑接受心理咨询或治疗。

　　※　以上参考项仅作为帮助理解易怒倾向的随机问题，不能作为医疗诊断依据。

当孩子忍耐不了时的

6 种教养方法

CHAPTER 1

不立刻满足孩子，他就大吵大闹

"当孩子缺乏忍耐力时"

案例 • • • • • • • • • •

闵秀（4岁）已经在玩具架前哭闹了有一会儿。

"快拿给我！快点儿！现在就要，马上！"

孩子尖声叫嚷，想立刻得到玩具架上面那个黑色箱子。要是在平时，妈妈肯定马上就赶过来帮他拿下来了。因为这孩子性情固执，脾气急，如果需求不能立刻得到满足就会马上哭闹起来，一时半会儿哄不好。所以平时妈妈对孩子都是有求必应，而且是马上满足。

但今天情况有些特殊。因为妈妈正在给小宝宝闵珠（3个月）喂奶。由于闵珠体弱，对于进食比较挑剔，今天好不容易吃得还可以，也不哭不闹的，所以妈妈想让闵珠吃饱。于是妈妈轻声地对闵秀说：

"闵秀啊，现在小宝宝在吃奶。你再稍微等妈妈一会儿。"

没等妈妈说完，闵秀立刻暴躁起来：

"不嘛，不嘛！现在就给我拿！现在就要！"

"宝贝，对不起，你再等妈妈一下。再等一会儿小宝宝就吃完了。"

闵秀不肯等，开始扔东西：

"不！现在就要！"

"你这孩子！刚扔的什么？妈妈不是说了现在不能吗？你就不能等一会儿？妹妹吃奶又用不了很长时间。你给我等着，看我一会儿不好好教训你！"

被激怒的孩子疯狂跺着脚，仿佛要把房顶掀起来，哭得歇斯底里。

孩子为什么一秒也不肯忍？

无法控制情绪的孩子，大多可以分为三类。

第一类，孩子天生敏感。小时候在陌生环境中过度紧张，或者对于环境变化措手不及，又或者在恶劣环境（过热、过冷、过于吵闹等）中很容易烦躁的孩子，都属于这一类。从严格意义上来讲，这类孩子也不能算是没有耐性。对于同样指数的刺激，这类孩子感受到的不适相比于其他人会更严重，达到无法忍受和痛苦的程度。所以孩子烦躁或发脾气，其实是在向大人发出求助信号，希望大人能把自己从这种绝望当中解救出来。他们在哭诉：自己对于当前的状况无法忍受片刻，希望尽快得到拯救。在诉说这种需求的过程中，他们当然无法再忍受其他的不适，所以敏感的孩子的忍耐力也会显得不足。

第二类，孩子是急性子。如果第一类孩子是因为焦虑而表现出急躁，那么第二类孩子是因为冲动、散漫而变得急躁。他们一旦心里着急，就无法全面而准确地把握当前的状况。

第三类，家长并没有很好地教导孩子学会忍耐。要么是没有这方面的教育和引导，要么是方法不对，要么就是家长自己属于易暴躁的性格。任凭家长怎么解释，孩子都做不到等待和忍耐，就像前面的案例中提到的闵秀一样。"你就不能等一会儿？""你给我等着，看我一会儿不好好教训你！"如果妈妈这样回复并发脾气，那么就属于这种情况了。

在前两种情况中，生物学上的气质因素占据的比重大，但即便是这样，也没必要消极地认为"性格已经成型，无法改变"了。婴幼儿在 2 岁前表现的情绪反应，生物学气质的因素占比大一些。但是 2 岁后就没那么绝对了。孩子身上的生物学气质，并不一定会定型为决定一生的性格。孩子的性格在成长过程中会得到不断打磨和重塑。所以 2 岁前原本很敏感的孩子，受到和父母的互动方式，以及之后的经历的影响，其性格发展方向可能会完全不同。

比如有些孩子的触感相当敏锐，所以对于洗头发这件事非常恐惧，对水滴顺着脸颊滚落下来的过程也会极度厌恶。下雨天时，如果雨水进到眼睛里，孩子片刻也忍受不了那种刺痛感和看不清东西的感觉。所以家长在给孩子洗头发时，可以让孩子站好，然后用儿童洗发帽或其他措施，避免水和泡泡进入孩子的眼睛里，而且尽快结束洗头过程，这样才不会进一步刺激到敏感的孩子。如果家长不懂孩子的这种特性，只是粗暴地把孩子夹在腋下，让孩子一动不动地洗头发，孩子甚至会因为悬空感而又多出一种恐惧，变得更敏感挑剔。

对于异常敏感的孩子，家长会感觉无从下手，因为担心激怒孩子，到头来难以收场。因此家长在孩子做出问题行为时也会束手无策，无法制止。这样一来，孩子就学不会如何解决问题。相反，如果抱着非解决问题不可的态度，给孩子强烈的刺激，孩子又会陷入极度恐惧的深渊中。一旦这样，今后在一些小事情上，孩子也会觉得自己受到攻击。当一个人总觉得有人在攻击自己时，会变得刻薄、敏感，容易树敌。对方不经意说的一句话，他都会记在心上，反应过激："你刚才说什么？"并且一定要让对方道歉才行。之前关系很好的人，也会因为一件微不足道的小事，瞬间闹翻，形同陌路。

敏感的孩子最为典型的表现就是"怕生"。家长在孩子怕生时，通常会有两种对待方法：一种是无论是家长本人还是孩子，都对和陌生人打交道感到有压力，既然这样，干脆避免和陌生人接触。有位妈妈只在清晨时段推着婴儿车散步。只是这样一来，孩子就失去了正常与人接触的机会。所以即使遇见陌生人会让孩子有短暂的畏惧感和压力，家长也不能粗暴地隔绝这些自然的外在因素。另一种做法是刻意让孩子去接触更多的陌生人，从而让孩子自己来克服怕生的心理障碍。这个办法并不高明。孩子本来就很怕生，家长却人为地持续加重这种刺激，导致孩子不但克服不了怕生的问题，反而变得更加敏感。

最好的方法，是不刻意带孩子接触或回避更多的陌生人，顺其自然。给孩子足够的时间，慢慢缓解对陌生人的恐惧心理和戒备心，慢慢适应与陌生人接触。只有慢慢锻炼，孩子才能一点点地熟悉和适应，逐渐转化、积累自己的社交经验。

比如带孩子拜访亲戚时，孩子哭闹得厉害，家长可以抱着孩子在原地静静地待着。如果这时抱着孩子出去，等到重新进来时，孩子会再次哭闹。所以既然进了房间，就原地不移动，抱着孩子静静待下去就可以。这时周围其他人也最好不要跟孩子搭话，或者去看孩子，因为这些对孩子来说都是一种刺激。孩子当前正在经历着来自一群陌生人的巨大压力，而且内心也正在艰难地处理这个沉重的刺激。所以这时如果又增加了新的刺激，那么孩子无法得到冷静处理的时间。大人也不必通过递糖果、巧克力或是用买玩具来哄孩子，这些都并不能真正帮到孩子。孩子严重怕生时，大家最好和孩子保持足够的距离，互不打扰就好。

家长可以轻轻拍着孩子的后背，一直到孩子渐渐停止哭泣，小声安慰："不怕不怕，没事的。"孩子哭着哭着，会看看周围，观察周围的人，意识到在这段时间里并没有谁威胁到自己，也没有发生什么令他担心的事情时，心里便会冷静许多。这样，孩子很好地获得了一次应对陌生环境的经验，从而学会了自己面对陌生环境的方法。

也有敏感的孩子通过频繁接触陌生环境来锻炼自己并克服敏感的例子。有些孩子一到大型超市就会哭闹得厉害，这是孩子对超市里人群嘈杂的环境感到恐惧所致。这时如果家长训斥孩子"好不容易来一趟超市，你就哭闹个不停。超市不都是这样的吗？哪有像病房一样安静的超市啊"，孩子对于克服自己的敏感会感到十分困难。

这时，爸爸妈妈其中一人可以带着孩子先到外面的长椅上坐一会儿，让孩子吃着在超市买的冰激凌，在外面等候家人购物出来，在超市里留一个人买东西就可以。这样处理，从结果来看，在孩子的记忆中逛超市还算是一件美好的事情。等下次家长再问孩子要不要去超市时，孩子也会因为回想起那天的不错体验，欣然同意。这次可以相比上次停留稍微多一会儿，孩子表现出不习惯时，再出来等候即可。等孩子的不快情绪得到缓解后，再去尝试。

说"等一下"时，就让孩子稍微等一下

在这一章的第一个案例中，家长遇到闵秀这样的孩子时，应该如何回应呢？首先要让孩子等待和忍耐一下。如果孩子做不到，就要教孩子学会忍耐。这与家长们普遍了解的方法有所不同。家长并不是命令孩子："不要吵闹了。妈妈现在有点儿顾不过来，宝贝你

要忍耐一下。"也不是向孩子求情:"对不起,宝贝,妈妈现在没法立刻帮你解决。现在要给妹妹喂奶,再等等好吗?"家长只需要先正面回应孩子的诉求:"妈妈听到你说的话了。你想让妈妈帮你拿玩具架上面的黑色箱子,对吗?好的,妈妈知道了。"继续给小宝宝喂奶就好。如果稍过一会儿孩子又在催促和任性胡闹:"妈妈你怎么还不给我拿?快点儿,快点儿嘛!我现在就要!"这时妈妈可以再次强调已明确理解孩子的诉求,然后再给孩子一个行为引导:"你再等一会儿,小妹妹就会吃完。妈妈到时马上给你拿下来。你需要再等会儿。妈妈现在不能把妹妹放在一边。"

当然,我们无法期待孩子听到后会像绅士一样回答:"好的,妈妈。你先照顾小妹妹。我乖乖地等。"如果是从没有接受过等待训练的孩子,恐怕这时会开始哭闹,听不进妈妈的话。但家长不必因为这样就被孩子牵着鼻子走。即使这个过程中孩子会抱怨和发牢骚,或者做一些可笑的小举动,家长也不必太过理会,但是可以提醒孩子继续等待。

只是这时候大部分家长因无法容忍孩子哭闹和耍性子,会用语言来刺激孩子:"你给我安静!""吵死了!""你要是再这样闹,楼上的奶奶就会下来说你了!""是不是想让妈妈教训你一顿?你等着!"

大孩子继续哭闹,小宝宝又需要吃奶,这种情况会让妈妈应接不暇,很容易忍无可忍。想要让孩子学会忍受和等待,就要让孩子自己经历这个过程。孩子哭闹得厉害,也千万不要冲孩子翻白眼表示嫌弃。既然行为指令已下达,那么妈妈可以淡定地喂小宝宝吃奶、拍嗝，将小宝宝放好后再帮大孩子去拿东西："好了，妈妈现在可以帮你拿上面的箱子了。"递给孩子时，一定要给予肯定："宝贝，谢谢你能耐心等待。"

家长这样明确指出时，孩子才能切身感悟到："妈妈让我等待，在此之前，我哭闹是不管用的。"后期也可以让孩子经历一下时间稍长一些的等待过程，哪怕是 10 分钟。

如果是用训斥和吓唬等不当方式让孩子等待，这种经历的反复叠加，并不会让孩子学会忍耐，即便只是短暂的 3 分钟。唯有当家长不作任何负面情绪发泄和暗示，不使用暴力语言和行为时，孩子才能学会在与他人相处的过程中照顾对方立场，学会等待和忍耐。

现在的孩子，"情绪口袋"不够大

当你觉得孩子忍耐力太差时，一定要想到一点——孩子的"情绪口袋"。孩子身上有着认知能力、运动能力、社会能力、语言能力、情绪、创意等不同的"口袋"。"认知能力口袋"大的孩子，从小聪明、理解力强；"运动能力口袋"大的孩子，很多事情一教就会，并且能取得好的效果；"社交能力口袋"大的孩子，社交能力强，很容易和别人打成一片，善于结识新朋友。有大的"口袋"，那么难免也有小的"口袋"，当"情绪口袋"不够大时，孩子就会缺乏忍耐力，容易生气。

前面也说到过，"情绪口袋"小可能是因为天生的生物学气质，也有可能是因为家长没能很好地教育孩子管理情绪。家庭环境也会导致孩子"情绪口袋"变小，比如家长每天大吼大叫、吵架、实施暴力，那么孩子的"情绪口袋"就会萎缩。

"情绪口袋"主要负责收纳强烈、过度、不舒服的情绪。这些情绪收纳在"情绪口袋"里，有些会随着时间的推移而平静、消解。就像腌鱼、泡菜发酵一样，情绪需要在自身里停留一下，让过于激烈的情绪冷静下来，过于冷酷的情绪温热起来。

但"情绪口袋"太小的话，无暇顾及这些。稍微装点儿情绪都能爆满，这时孩子就会哇哇大哭，或者发脾气、不耐烦。这类孩子装不满情绪的"口袋"相对来说过小。

有些孩子装开心情绪的"口袋"偏小。所以心情好时就会大声尖叫，咬一口对方，或者蹦蹦跳跳，很兴奋。这都是没法很好地控制开心情绪导致的。无论是好的情绪，还是坏的情绪，如果不能按照年龄练就相应大小的"口袋"，孩子在情绪控制方面就会比同龄人要差许多。

孩子的"情绪口袋"过小，虽然有生物学的因素，但主要是因为家长管教不善，而且没有给过孩子承受情绪的机会。典型的案例是安全座椅。孩子很小时，可以乖乖坐在安全座椅上。但是等到2岁左右，孩子就会开始觉得安全座椅很不舒服，所以不再像以前那样乖乖坐着，开始抗拒和挣脱。如果这时妈妈松口，说："哎呀，要是那么难受，到妈妈腿上坐吧。"对孩子来说，妈妈的怀抱肯定比安全座椅舒服一千倍，所以从那时起就不肯再坐安全座椅。

孩子因为不肯坐安全座椅，继续哭闹着挣脱时，如果家长不出面安抚，孩子会不会哭晕过去？不至于。继续保持 5 分钟、10 分钟、15 分钟，孩子会慢慢适应原本觉得别扭、不舒服的座椅。一旦孩子开始适应，事情就好办多了。但很多家长其实是坚持不了这几分钟的。看着孩子哭闹，觉得可怜，心疼得不得了，看不下去，就赶紧把安全扣解开，把孩子抱起来。对孩子来说，就失去了"就算稍微不舒服，过一会儿就会适应和习惯"的训练机会。

假设训练孩子双腿并拢端坐在椅子上，保持这样的坐姿肯定会很不舒服。所以稍微过一会儿就会自然地张开腿。要是家长说："是不是太累了？咱不练了，不练了。"那么就永远过不了这一关。其实这与运动员想要取得好成绩，每天训练与练习一样，开始的 1 分钟确实会很难，但是持续训练下去，就会适应和习惯。

让孩子坐安全座椅也是同理，重要的是如何克服当前暂时的不舒服。这个问题关乎人身安全，所以没有别的选择，必须让孩子坐安全座椅。

情绪也一样。妈妈可能刚好需要跟别人说一件事情，而且说话时间比较长。孩子可能会拉着妈妈的手，开始耍赖："咱们走吧，走，嗯……"这时妈妈要明确告诉孩子："宝宝再等等，妈妈正在和别人说话，就算你哭了，妈妈也不能现在就走掉，要把事情说完才行。"

还不适应等待、还没养成习惯的孩子，可能安静几分钟后又开始耍赖："妈妈，我们走！"这时妈妈也一样，果断地说："等会儿！"这样孩子耍赖的间隔会越来越长，对于忍受漫长、无聊的时间，以及忍受和压抑自己不合理的欲望逐渐适应和习惯。

多数家长会在这时急着回应："好的，知道了，知道了！"满足孩子的需求，或者递给孩子手机，让"手机保姆"安抚孩子。要么把孩子训斥一番，弄得孩子眼泪汪汪。他们只专注于让孩子停止耍赖，而不是想着如何让孩子克服当前这种不喜欢、不舒服的情况，所以孩子的"情绪口袋"是得不到拓展和发育的。因为每当孩子有一点儿哭哭唧唧，家长就会马上说："知道了！好好好！"帮孩子解决当前的糟糕情绪。

如果需要等待、忍耐，家长可以给孩子明确的行为指令："我知道你现在不舒服，但是就算哭闹，当前我们也没法马上离开。等妈妈商量完这件事，我们才能走，所以需要等等。"

如果孩子实在是难以忍耐，不妨给他一些建议："给你彩色铅笔，你自己画着玩，等妈妈一下，好吗？"孩子熟悉了"糟糕情况"，就能增强一些对于这种情况的忍耐力。

当孩子有需求时，立刻满足会让他很快恢复舒适状态。但是孩子一旦习惯了这种节奏，稍微延迟一会儿满足就会变得难以适应和克服。

强制施压，孩子的情绪总有一天会爆发

人是群居动物，需要和他人相处。为了与他人和平共处，有些规则是必须遵守的，有些"看不惯"的事情也必须去忍耐。这种能力需要后天学习，如果一个人缺失了这个学习环节，将来内心会遭受很多或大或小的痛苦，过得不开心。

城市地铁故障肯定会对出行造成不便，但如果你坦然接受，觉得这种事是不可避免的，由此造成的暂时的不便也可以接受了。飞机可能会因为安全因素延误一小时，如果你有非常重要的约定，必然会心情焦急，但延误的原因是安全隐患，所以发脾气也改变不了什么。想要孩子能够坦然面对这种种不那么顺意的情况，就要从小教育孩子懂得忍受和等待。

电视、书本上一直在强调："该等待时要学会等待，不应等待时坚决说不。不妨让孩子胆子大一些。"于是家长们为了践行这个育儿理念对孩子强行施压。每当我看到这些所谓的建议时都会有些担忧。其实家长不应该用威慑来镇住孩子，也不能在什么事情上都对孩子上纲上线。孩子一旦畏惧父母就会变得畏手畏脚，"情绪口袋"也会受限，无法得到更好的发展。

当父母严厉对待孩子时，孩子就会瞬间安静下来，看似在忍受和顺从，但这只是出于生存本能做出的反应而已。如果"情绪口袋"不能随着年龄相应增大，总有一天会出问题，可能在某个时间点就瞬间爆发。有可能是青春期，也有可能是成年后。小时候没能自然

增大"情绪口袋",长大后可能会表现为在小事上动不动就发脾气、顶撞父母、无法适应社会。

家长对孩子严厉,这个可以理解,因为他们深知严加管教孩子的必要性。但是试图通过严厉的方式让孩子快速学到完美的做人道理,学会凡事忍耐,是一种苛求和冷漠。这对于孩子而言是残酷的,会让孩子承受莫大的心理压力。如果父母意识不到这个问题的严重性,会对孩子的成长带来弄巧成拙的反效果。

已经晚上 10 点了,一年级的哲秀一边打着哈欠一边趴在桌上写日记,还时不时地唉声叹气。这时家长千万不要说"给我坐好了,别那么多废话,赶紧写。写不完别想睡了"。孩子因为学习累抱怨几声,这些都应该理解。"这么晚了还要写日记,是不是累了?"家长在理解和安抚孩子后,应鼓励孩子继续写下去。如果实在是太晚了,可以说:"学校的作业不能不做。不过现在也太晚了。你这个年纪正是长身体的时候,睡眠很重要,先去睡觉,明天提前 10 分钟起来把剩下的作业做完!"然后叮嘱孩子去睡觉。如果没有这种安抚和说明,直接说"不写作业就想睡觉,是不是又想让我惩罚你?"或"不写了,不写了!作业少写一次又不能怎么样!"都是不可取的。

等待是需要慢慢学习的。家长最好能以平常心看待这个成长课题。比如,已经晚上 10 点多了,孩子却嚷嚷着要吃比萨,让妈妈点个外卖。"这都几点了?比萨店早就关门了。"要是以前,这样说能让孩子乖乖接受。但是现在不同以往,孩子会反驳:"不是还有 24 小时比萨店吗？"

妈妈不妨换一种方式说："这个时间吃比萨不好。要是饿了，妈妈给你榨杯果汁，再做个小三明治。你是真的饿了吗？"如果孩子确实是肚子饿了，可以给孩子做紫菜包饭或三明治，再榨一杯果汁。如果孩子并不是真的肚子饿，就痛快地告诉孩子："睡前吃东西不好，等到白天再说。"

有些孩子这时可能不肯罢休，大声尖叫、哭闹："你就是舍不得花钱！""妈妈从来就没有满足过我的要求！"对于孩子的这些话没必要认真回应。无论是气急败坏、暴跳如雷、撒泼打滚还是说脏话，家长只须告诉他："等明天白天再说！""我知道你很想吃比萨，但只能等到明天买给你。等明天吧！"想要增强孩子的忍耐性，就要让他经历、忍受和克服眼前的心理障碍，一旦克服了就好了。

问题是对于孩子的种种发泄和胡闹，家长会给出不同的回应。一旦家长的回应不一致或互相冲突，即便是那些合理的回应，孩子也会感到压力和负担。因为要听从所有的指示，并且一一回应、解释，孩子会觉得很累、很烦，也就很难克服当前的糟糕状况。孩子本来可以借此机会学会如何忍耐和克服短暂的不舒服，却因为家长的过激反应，根本无法获得这种学习机会。家长要尽量对孩子实行一贯的行为准则，给予合理的提示，虽然这不容易，但请与孩子共同克服这些糟糕和讨厌的局面。

孩子肚子饿了就发脾气，怎么办？

有些孩子特别忍受不了饥饿。家长可能会因为一些原因，不得不让孩子等待。但是越小的孩子，越不能让他饿肚子。家长也许担心孩子长大了会成为一点儿饥饿都无法忍受的人。如果家长真的不想孩子变成那样，就更不应该在孩子小的时候让他挨饿。

如果孩子小时候经常因为肚子饿而不开心，等到这种经历多起来时很容易形成一种意识：肚子饿＝心情差。无意识间只要想起这件事，就会变得心情差，易发脾气。因此，假设孩子现在很饿，但准备好饭菜至少要20分钟，那么家长不要责备孩子："怎么这点儿耐心都没有？饿一会儿又不会死！"妈妈可以拿些吃的让孩子先简单吃点儿，不至于让孩子饿得慌。

在过去，如果回家没有看到做好的饭菜，爸爸们就会暴跳如雷。其实在韩国，这样的爸爸现在也不少见。其实又不是饿了两顿、三顿，只不过需要再等10分钟、20分钟，没必要发那么大的脾气。之所以出现这种事情，很可能是在幼年时期经历过饿肚子的不愉快经历。如果不是因为有过这种不开心的经历，仅仅是因为肚子饿而大发脾气，那他就很容易被视为缺乏修养的人。

CHAPTER 2

第二章

倔脾气，谁的话也不肯听

"当孩子任性时"

游乐园的长椅上，妈妈们聚在一起吐槽着现在的孩子越来越不听话。

"亨哲（3岁）不是一直挺乖的吗？男孩子这么温顺，已经很不错了。"

"嗯……算是吧……"

亨哲妈妈支吾着草草回答，看了看在游乐园认真挖沙子的小宝贝。

其实亨哲最近总喜欢唱反调，凡事都嚷嚷着："我自己来！"要么就是另一个极端："我不！"变得异常固执，没有以前那么听妈妈的话了。

一阵冷风骤然吹起。

妈妈心想该给孩子加件外套了，以免着凉，于是对儿子喊："亨哲，快过来！"

孩子大概是听到了妈妈的呼喊，抬头看了看妈妈。妈妈冲着孩子招手，示意他过来。但是亨哲很快又低下头继续玩手里的沙子。这一刻他正在观察几只在地上爬的蚂蚁，不想被妈妈打断。但妈妈不知道这些，所以又大喊了一声。

"在干吗呢？我让你过来！"

孩子这回站起身来，但下一幕却让家长看傻了。小家伙竟然往反方向跑开。妈妈顿时恼羞成怒，大声吼道："李亨哲！你给我过来！"

为什么孩子必须听父母的话才行？

孩子不肯听家长的话时，家长不是想着先去弄明白孩子为什么不听话，以及该如何管教和引导，而是先发脾气。试问家长，为什么孩子一定要乖乖听你们的话呢？

家长希望孩子听自己的话，立刻按自己的指令去行动，而且认为这是理所当然的。一旦事与愿违，就觉得出了问题。其实家长有这种心理，其根本原因是无法把自我和孩子分离开来，无法接纳自己的孩子是拥有自我意识的、独立存在的个体。

对于伴侣或朋友，我们不会强迫对方必须听自己的话。如果有所期盼，那也只是希望对方能和自己心心相印，懂自己、理解自己，但对于孩子，我们却要求他能立刻遵从自己的指令。一旦孩子顶撞或不配合，家长就会瞬间心情变差。如果冷静下来对比，很容易看出问题，是家长把孩子当成了自己的所有物。

其实在上面这个案例中，如果妈妈想给孩子穿件外套，不必只是坐着一动不动，一次又一次喊孩子，而是起身直接走到孩子跟前给孩子穿上外套就好。在孩子的认知里，这一幕就像妈妈自己一动不动却对自己呼来唤去的，而孩子现在还要忙着重要事情呢。尽管妈妈是担心孩子着凉感冒才会这样，但这么小的孩子不可能懂得这一点。

孩子不怎么听话时，爸爸和妈妈的情绪反应有所不同。妈妈会觉得孩子这是在无视自己，因此感到委屈，甚至觉得亲密关系被破坏，油然生出一丝不安。毕竟妈妈怀胎十月，对孩子有着别人无法理解的情感，所以在把自己和孩子区别看待这件事情上做得没有爸爸那么洒脱。妈妈会把孩子视为自己的分身，觉得孩子自然也会了解妈妈的想法和心思（这简直一点儿科学依据都没有）。妈妈如此殷切，孩子却不怎么听话，于是妈妈会有种微妙的感觉，隐约意识到孩子是独立的个体，不是自己的所有物。一想到孩子将疏远自己，妈妈就万般不舍。

爸爸就不一样了，爸爸在对待这个问题上会表现出某种动物的本能。一旦孩子不听话，就觉得是在顶撞自己，感到被威胁。无论是动物还是人类，在群体里都有着上下等级秩序。这个等级秩序正常维持，才能确保这个群体长久地生存下去。对爸爸来说，孩子不听话，意味着这种等级秩序被打破。爸爸觉得这样的孩子将来无法和群体和平共处，会威胁到家族的生存，于是像狮群中的头领冲着违反群体规则的小狮子低声嘶吼，像在彰显自己的权势地位一样凶孩子。爸爸哪怕使用蛮力，也会试图让孩子听话。他们觉得在社会生存必须要懂得合群之道，于是一再强调规则的重要性。

那孩子为什么不肯听父母的话呢？同样是出于动物的本能。谁都不想被别人控制，这是人的本能。想拥有自己独立的领域，成为一个独立的个体，所以不想受到过度的控制和管束。孩子刚学会走路，就想挣脱妈妈的手，这也是这种独立需求的表现。正是在这种本能的驱动下，人类社会才能不断开拓新领域，不断发展。

只是人至少需要经过 20 年的养育期，才能成为独立的个体。在人的身上，渴望独立的需求和对于脱离群体的恐惧同时存在。自己独自行走的途中，会常常确认一下父母是不是在身边；自己独立玩耍得好好的，也会突然跑过来投进爸爸妈妈的怀抱。

青少年时期的孩子，渴望独立的心情达到了顶点，但渴望远离父母的同时，内心又希望父母能像避风港一样，随时敞开怀抱迎接自己归来，强烈地渴望父母能永远守着自己。

这时家长要做的就是把握好平衡和尺度，认清孩子有着这样的两面需求，并尊重这两种需求。既要充当孩子的保护者，又要接纳这样的事实：孩子和自己是两个完全不同的个体，想法和反应会不同。唯有这样，孩子才能健康成长。

当孩子远离父母后重新返回时，或者不听父母的话，把父母弄得身心疲惫后又渴望父母给予保护时，父母千万不能说气话："之前不听我的话，现在需要我了才来找我。你自己看着办！"当孩子不听话，试图挣脱父母的控制时，父母也不能表现得情绪失控："你怎么就这么不听妈妈的话呢？你怎么就这么让我操心呢？"家长一旦这样表现，孩子渴望独立的需求就无法得到及时满足。因为孩子既想独立，又想守护在妈妈身边，而妈妈的这番话会让孩子萌生罪恶感："难道我错了？我是在伤妈妈的心吗？"还有个问题，随着孩子年龄的增长，父母的口头禅会越来越频繁："你自己的事情自己看着办！"这种言行不一的态度，的确让孩子很混乱。每当孩子想要自己开辟新领域时，父母就会从后面抓住孩子的衣领，让孩子陷入自责；而一旦孩子决定不再折腾，乖乖守护父母时，父母又责怪孩子不敢闯荡。

给孩子明确的行为底线和规矩

一旦过了3岁，孩子的独立意识就会变得越来越强。"我不！""我自己来！"这是孩子内心开始渴望独立的表现。只是在家长眼里，这种独立欲望变成了"固执""倔脾气"，看起来像是孩子在无理取闹。其实真实的情况是，孩子在这个年纪想要独立的欲望很强烈，但一时又无从下手，不知道什么该做、什么不该做，也不知道怎么做才是正确的。

此时，家长需要明确的是孩子的行为底线。当孩子看似无理取闹时，如果家长能有个明确的规则，耐心地加以解释，让孩子理解和遵守，事情就会变得清晰简单。

假设孩子在汽车、自行车较多的地带来回跑着玩，这时家长与其大吼"妈妈不是告诉过你，不许在这里跑着玩吗"，不如明确地指出来："你可以在这个范围内玩耍，但是不许超过那边，会有危险！"给孩子明确划定限制范围，并说明理由，这样孩子就可以在规定范围内得到满足。如果家长不明确说明状况，孩子就会不明白家长是因为觉得危险不让自己乱跑，还是为了让自己乖乖待在家长跟前而禁止自己乱跑。如果误以为是第二种情况，那么就算家长说得再严厉，孩子都会顺从自己内心的独立本能，放飞自我，听不进大人的话。

要想让孩子遵守行为准则，就要按照孩子能理解的方式进行简单说明，而不是一刀切式地去限制。"跑来跑去是不是挺好玩的？那边还有很多新奇的东西，对吧？妈妈也知道，但是你看，这边自行车这么多，汽车也跑得快，太危险了。所以你就在这边玩，不许超过这个范围，在这里你怎么跑着玩都没事。妈妈就在这里坐着看着你，因为你跑起来玩的时候，可能会忘了这个范围，超过这条线。到时候妈妈就会喊'停'，那时你就必须站在原地不许动。"家长应该记住，孩子在做一件事的时候，如果家长总喊"停"，孩子就没法专心玩下去。所以家长只需要在必要时喊"停"，这样更利于孩子遵守基本规则。

孩子我行我素，怎样才能既管教到位，又不让亲子关系疏远呢？家长一定要避免出尔反尔和过度限制孩子。在原则性问题上，必须保持一贯性，但不能条条框框限制太多，束缚了孩子。该放手的果断放手，唯有这样，才能让孩子在遵守行为准则的过程中不抱怨。孩子会逐渐懂得：为行为设定限制，并不是伤自尊的事情，这是为了和大家友好相处、和谐生活必须遵守的规则。但如果不是原则性问题，家长事无巨细都去干涉和限制的话，孩子就会不服气，总想顶撞父母。

孩子一旦到了青春期，与父母常见的分歧就是每天几点回家的问题。假设约好的回家时间是晚上 9 点，有些父母就会因为孩子 9 点 05 分进家门而教训一通。其实如果孩子能在 9 点前后到家，父母应该理解一下。如果约定时间是 9 点，实际回来是 10 点，这就是问题了。家长应该耐心询问孩子这么晚回来的原因。如果孩子说："今天公交车来迟了。"那就嘱咐一下："哦，是这样啊。下次计划回家的时间，把等公交车的时间也考虑在里面。"

如果规则定得过于死板，一旦无法遵守规则时就会衍生新的规则。比如原定 9 点回家，但是因为晚了 10 分钟而惩罚孩子一周禁止外出。这种极端的做法无法教育出遵循规则的孩子，只会激起孩子的叛逆心。

对于小孩子也是如此。不怎么听话的孩子，养育起来会让人心力交瘁。每当这时，父母甚至会忍不住心生几分恨意。虽说是自己的孩子，但父母也不可能一年 365 天、每天 24 小时里，一直都爱意满满，没必要因为讨厌过孩子而心生罪恶。那些很融洽的亲子关系，也会偶尔出现短暂的"红灯"时间。这是孩子在自我成长和发育过程中，为培养自我独立精神而必经的过渡阶段，如果家长认清了这一点，那么对孩子的恨意也会减轻许多。

孩子刚过 2 岁，开始表现得不那么听爸爸妈妈的话，这是很自然的事情。只要不是很极端，每次孩子不讲理时，家长对孩子的行为加以引导就问题不大。偶尔会有一些孩子，一点儿小事情都不能自己决定，事事询问父母意见："妈妈，我可以喝水吗？""妈妈，我可以去'嘘嘘'吗？""妈妈，我能不能吃一个这个？"明明不必事事征求父母意见，但孩子都要问一下才能决定要不要去做。从两三岁开始，随着自立能力提高，孩子想要自己尝试和挑战的意愿会越来越明显。如果这时孩子对于生活中一些琐碎的事情都不能自己做决定，或者为所欲为，都是严重的问题，这说明孩子在自信心和信赖感方面都很缺乏。一旦自信心和信赖感降低，那么对于自己决定某件事情往往就变得不那么肯定，所以会向自认为懂得比自己多、能够驾驭好当前局面、能够对这种情况负责的人求助，渴望得到一个肯定的答案。

由于孩子是事先询问家长意见后才去做的，即便出现状况，也不是由自己的决定导致的，所以觉得与自己无关："怪妈妈，不怪自己。"

孩子为什么会如此缺乏自信心和信赖感呢？第一个原因可能是孩子本身就有不安的倾向。第二个原因是亲子关系可能出现了问题。

通常父母不允许孩子出错时，就会导致这样的问题。对于孩子犯的小小的错误，父母都要数落、责备，孩子就变得总去看父母的脸色。本来孩子是很想自己去尝试的，但是一想到如果弄错了、搞砸了，又要遭一顿数落，索性还是问爸爸妈妈好了。即便是父母对孩子的回应不冷不热，孩子也会习惯性地问大人。

如果孩子问："妈妈，我可以做这个吗？"那就请妈妈回应孩子："嗯，可以，下次如果你再想做这些，尽管去做就好。"有些人性情淡漠，反应慢热，无关心情好坏，总是一副不动声色的表情，看不出情绪起伏变化。面对这样的父母，孩子就会很难判断出到底行不行、可不可以。

有时候前来咨询的孩子会问："老师，我可以喝这个吗？"我会回应："这个是老师给你喝的，你可以随便喝。不想喝可以剩下，没关系。下次也是一样的。"这时孩子就会有一个行为判断基准。如果孩子继续问："老师，我能再吃一个吗？"我问："刚刚老师说的话还记得吗？"孩子回答："老师说了可以再要。"我说："嗯，对。"孩子会在这个过程中体会到自己的决定是被对方认可的。平时在家时，孩子问："妈妈，我可以喝水吗？"妈妈可以问："那你自己想不想喝呢？"孩子回答："我口渴，所以要喝水。"妈妈说："对啊，所以这个不用问。"如果妈妈直接说："嗯，喝吧。"就成了妈妈来决定这件事。孩子自己能决定的事情，还是让孩子自己来决定为好，妈妈需要的是耐心地谈话引导。这样就会一点点锻炼孩子的自立能力、责任感和自主性。

即使是幼儿期的孩子，在一些事情上也可以不跟父母商量，自己来做决定。家长告诉孩子："这件事情你可以自己决定，按照你喜欢的方式去做就好。"比如挑选衣服。孩子可能会问："妈妈，你说我穿这件好呢，还是穿那件好呢？"家长可以告诉孩子："宝贝，你可以自己来决定这件事。"如果孩子选择的衣服跟当前的季节不太适合，可以点到为止："穿这件的话，像今天这种天气可能会冷。"孩子可能会坚持道："不嘛，我就想穿这件。"这时会有不少妈妈吓唬孩子："你要是穿这个，又得感冒、流鼻涕、发高烧，然后打针……"如果每次孩子做决定时，家长总是反过来否决孩子的自主权，时间久了孩子就会变得遇事唯唯诺诺、举棋不定。如果孩子坚持穿单薄的衣服，家长可以提醒一下："那就多带一件针织外套。等冷的时候可以拿出来穿。"这样一来，孩子不仅能体会到自己的意见被采纳的存在感，也会感受到有限制的自由，并自然地明白这种限制并不是真的在束缚自己，而是经过一番权衡之后的择优选择。

为什么孩子无法接受规则性的事情？

一家人去游乐园玩。卖棉花糖的摊位前排了很长的队，看着很吸引人。孩子迫不及待想吃，嚷嚷着快点儿买。妈妈告诉孩子排队的人太多，要轮到自己才能买，但孩子听不进去，一定要马上吃到，看催促不管用，索性躺在地上撒泼。有些孩子就是无法接受这些规则性的事情。在幼儿园，别的小朋友都能按照老师的说明来理解和遵守规则，但唯独自家孩子总是在规则边缘耍赖，惹出是非来。一旦不顺意，就冲小伙伴发脾气、冲老师撒娇。

其实孩子之所以会这样，可以从三个方面寻找原因：

第一，孩子过于敏感。大人们在传递某种指令时，难免会带着某种情绪铺垫，不可能像机器人一样冷冰冰地说："请……坐……这……里。"有些老师会面无表情地说："快过来，赶紧坐下来！"有些老师可能会亲切温柔地说："小朋友们，快到这边来！"但是有些孩子对于这些过于敏感，对方的表情、语气、声音大小有可能被认为是对自己的不友善，并立刻产生不悦的情绪。

人们在说"不可以！"或"不许！"时，相比"可以""没关系"给人的感觉更为强硬。敏感的孩子面对这种情况，首先想到的不是"为什么不可以那样做"，而是"不可以"这句话背后对方的态度。于是瞬间受对方语气的影响，情绪低落，认为对方讨厌自己、训斥自己，将对方的这种态度当作是一种攻击，做出相应的反击姿态，转换成一副"我就是不配合"的态度。对于这类孩子，人们确实难以做到"特殊照顾"，毕竟下达指令时是没法很温柔地说："王子殿下，这样不可以。"生性敏感的孩子，可以视程度轻重考虑是否接受专业治疗。程度轻微的，可以由家长多加提醒、耐心解释，不可能所有人都在说话时做到表情温和、语气和善。

第二，孩子不被父母认可。有些家长可能初衷是想把孩子培养成有教养的孩子，于是平时严厉有加，也就多了许多"这个不许、那个不许"。在行为规范上，明确说"不可以"确实是必要的，但是如果过多地限制孩子，孩子反而可能会抗拒这些规则。这时孩子倒不是因为一定要去触犯那些规则，而是出于抗拒、不服软的心理，故意去做那些事情。

第三，父母过于放纵孩子。如果家长对孩子从来没有任何管束，任由孩子为所欲为，那么孩子便无从意识到行为限制问题，不可能懂得"爸爸妈妈很爱我，但他们也不是什么事情都可以满足我"。所以当老师说"现在不是自由时间，我们不可以玩玩具"时，孩子会觉得"老师这是不爱我才针对我"。因为孩子形成了"不满足自己的需求＝不爱我"的意识。

过度约束、过度放纵都不是什么好事，很容易让孩子形成错误的观念。甚至孩子会为了证实父母是不是爱自己而故意做出任性行为。这样的孩子长大后，也会因为根本不是什么问题的小事而深受内心折磨。在某个场合，如果有管理员提醒"那个不能做"时，其他人会回应"哦，好的"，而他则会莫名发脾气，气呼呼地骂骂咧咧。如果凡事斤斤计较、深受折磨并难以抑制气愤，那这一生该活得多累。

自尊心受伤，才是孩子听不进去的主因

有些孩子执意要按照自己的意愿去做，一旦不顺心、不顺利，就开始发脾气。比如玩积木时可能有那么几块的拼接口不是很吻合，孩子就开始不耐烦。或者是孩子想要打开小汽车的门，但那扇门是一体式设计，原本就打不开，孩子却非要让妈妈帮忙打开。妈妈解释道："宝宝，你看这扇门是一体式设计的，打不开。你拿别的玩

好不好？"妈妈还没说完，孩子就开始发脾气，气呼呼地喊："那给我买新的！这个破玩具一点儿都不好玩！"这时家长应该给孩子明确的建议："家里有不少玩具呢，有什么你就玩什么。这次不能买。妈妈不会买给你的。已经那么多玩具了。"要是孩子继续哭，那就让他哭到停下来为止。孩子可能哭着哭着很快就停下来，也可能哭闹很久，甚至尖叫，这时家长等他自己发泄完情绪就好，不能因为心软突然又答应孩子，让孩子"得逞"。

孩子继续嘟囔着，可能会扔掉玩具："这个就是开不了门啊！"那么请家长继续给孩子明确的建议："不能生气就乱扔玩具，把刚才扔的玩具捡回来放好。""不，我不！"孩子歇斯底里，哭喊着抗拒。家长应该坚持刚才的建议。

家长不能因为孩子不听话，就说："为什么不去捡？你要是不捡，那我也不给你做任何事情了。你这么不听话，也别想让我给你做饭吃……"这就有点儿夸张了。在给出行为建议后，家长应耐心等待孩子自己冷静下来。如果一直给孩子没完没了的刺激，亲子关系只会越来越糟糕。

我在心理工作室经常遇到这种孩子。和家长面谈时，孩子们一般都会在候诊大厅玩。有些孩子在画画、玩积木时稍不顺心就大喊"啊，讨厌"，然后使劲用笔划图画纸，或干脆扔掉玩具。如果日常生活中家长们遇到这种情况，千万不能跟着发脾气，粗暴地对待孩子，只需要明确给出建议和行为准则就好。让孩子明白即使不顺心、不高兴，也不能随便做出这些不负责的任性行为。

"是有什么不顺心吗？用不用我来帮你？"

这时，孩子会把不满发泄出来："啊，你看这个一直弄不好，能不能以后买个好点儿的？"

"哦，原来是这样。不过我看它也不缺什么啊，这两个拼一起就好了。"

"啊，根本就拼不起来啊！"

"玩具拼不好，是挺让人生气的。不过也用不着乱扔玩具，对不对？不能因为不高兴就乱扔东西，这并不是什么好办法。"

这时刚才暴躁的孩子虽然余气未消，但嘴上也会回答："好的。"至少孩子接受了这个建议，明白了玩具是用来玩的，不能因为生气就用力乱扔或弄坏它。

对于孩子非常极端的负面情绪，如果大人用同样极端的方式回应，孩子就无法学会情绪调节方法，理解行为准则。所以，家长要避开"以牙还牙"式回应。

一位家长讲到他和孩子一起拼玩具的过程。最初是孩子想要玩拼装类玩具，于是家长就买了给他。但是当大人按照说明书耐心教孩子如何拼装时，孩子根本听不进去，只想按自己的方式来，结果一不小心弄坏了。明明是自己弄坏的，孩子却发脾气怪罪起爸爸来，哭闹个不停。这位爸爸觉得孩子的这种态度不可理喻，于是发脾气吼道："行行行！那爸爸也不跟你玩了！这些通通扔掉算了！"孩子听了更是大哭大闹，孩子的妈妈看到这一幕开始抱怨丈夫连个孩子都哄不好，因为一个玩具就弄哭孩子。这样一来，这位爸爸就感到很憋屈，一时束手无策。

遇到这种情况，家长应明确告诉孩子是非对错，但家长必须明白的是，在亲子游戏中最可贵的是亲子互动，这比完美的成品更为难得。

有时候孩子确实会固执地想要挑战自己把控不好的事情。这时家长可以提前告诉孩子下一阶段的解决方案和思路，然后在一旁等待。"说明书上是这个样子的，爸爸觉得照你这样去做，拼贴不严实呢。""不对，就是这样的。我来，我自己来！"这时不妨让孩子先试试："那好。你先试试。不过这块如果拼合不好，下一块就安不上了。到时候你可不许发脾气，好吗？"并告诉孩子，"如果需要爸爸帮忙，你可以向爸爸求助。"有了这样的退路，即便事情不顺利时，孩子也不会觉得自尊心受到太大伤害。孩子自己觉得费力时，也可以直接向爸爸求助。

想要教孩子做事，前提是不能伤了孩子的自尊心。因为孩子的自尊心一旦被挫伤，就会抗拒在先，失去了向对方学习的意愿。而恰恰有很多爸爸动不动就吼："喂，不是那样的，那样弄会搞砸的。拿过来，这个你弄不好。我帮你弄！"然后一把将玩具夺了过来。

孩子把握不好轻重，自己摆弄着玩具玩时果然弄坏了一个翅膀。这时家长不要以"早知道会这样"的态度去责怪孩子："你看看你，瞎弄！"

"这个坏掉的先放一边，我们把另一个翅膀安装一下，看看按说明书上的顺序能不能拼好它。"等到另一个翅膀弄好时，孩子会央求："爸爸，把那个坏的也修好！"这时家长不妨果断一些："这个已经拼到里面取不下来了。"孩子可能不甘心地哭着嚷嚷："不嘛，不嘛，帮我把它弄好！"这时不要给孩子的情绪火上浇油："这是你弄坏的，又不是我弄坏的！"

有些爸爸想借这个机会改掉孩子耍赖的习惯，会严厉地说："不是让你听爸爸的话了吗？你要是这样，以后我再也不给你买玩具了！"

其实家长这时不妨这么说："弄坏了好可惜。其实你尝试的这种方法也很棒！不过想要像成品图上那样拼好它，最好还是按照说明书上的步骤来。""你可以按你想的去拼一拼，自己发挥一下。不过那样的话，拼出来的跟这个玩具成品图会不太一样，弄坏了也是有可能的。如果你觉得没关系，依然不会影响心情，那当然可以按你的想法尽情发挥！"

孩子按照自己的方式随意发挥时，如果弄得很糟糕，也不必像对待闯了大祸的人一样大惊小怪，一味地责备孩子。否则，心思柔弱的孩子下次就不会再去做这种尝试。而是直接求助爸爸："爸爸，你来拼！"玩具弄坏了又不是什么严重的事，完全可以让孩子多尝试，多挑战。但事实上，很多爸爸面对拼装类玩具时，心智瞬间变得像孩子一样，爸爸和孩子的争吵成了大孩子和小孩子的争吵。

爸爸开始埋头拼装玩具，脑子里只想着拼好玩具，顾不上其他事，甚至忘了孩子还在跟前，没有和孩子互动，只顾自己忙碌着。等拼装好后，爸爸依然不跟孩子一起玩。

有时候遇到这些家长，我会问："您这是自己把玩具拼完了吗？"爸爸们会回答不是。既然这样，家长就应该让孩子一起参与进来。玩具只是玩具，重要的是这个过程能够让大人和孩子感受到多少快乐。少一个翅膀能怎样？少两个翅膀又能怎样？最后这翅膀能折叠还是不能折叠，同样也不重要。只要孩子能从中学到"在有说明书时，参考说明书来操作会简单一些"的道理就可以了。

与其转移注意力，不如将原则说清楚

　　有些孩子只要看到玩具就想要。这时家长就会跟孩子约定："买完这个，就不可以再买别的了！"但是孩子很快就又看上了新的玩具，在地上打滚儿，非买不可。这时如果家长已明确约定过不买，就要坚决不给孩子买。无论孩子哭闹、跺脚、耍赖，甚至尖叫，都要坚持原则。这是一次重要的教育机会，可以让孩子明白不可能想要什么都能得到，而且也会让孩子懂得，爸爸妈妈说过的话就一定会做到。

　　如果家长面对孩子的小哭小闹慌了手脚，试图哄骗孩子，或者试图用不那么正当的方式转移孩子的注意力，甚至用蛮力威胁和施压，都是不可取的。有些家长可能会翻开钱包给孩子看，然后说："你看，妈妈没钱！"或者说："去让你爸爸给你买，妈妈买不起！""这个太贵了。我再看看价格。咱们还是买那个十多块钱的便宜的吧！"这些试图打马虎眼的做法都不提倡。

　　有些妈妈急于用别的东西来转移孩子的注意力。如果这样做，不给孩子买玩具的目的或许是达到了，但是并不能起到什么教育作用。是谁花钱买？价格贵不贵？能不能买得起？这些都不能成为说服孩子的理由。如果想要让孩子明白不能看到什么就买什么，直接明确告诉孩子就可以。

CHAPTER 3

孩子开始推搡、
打人、吐口水
"当孩子做出攻击性行为时"

案例 • • • • • • • • • • • •

　　俊秀4岁了，在幼儿园却没有特别要好的朋友，妈妈不免有些担心。这天下午，妈妈特意把俊秀提过一两次的同班同学石载（4岁）邀请到家里玩。因为家里从来没有别的小朋友来做过客，俊秀对于这次小伙伴来访很开心，表现得特别热情。妈妈看着十分欣慰，就在客厅和石载的妈妈一起喝茶聊天。

　　大概过了10分钟，石载慌张地逃到客厅来，怀里抱着俊秀最爱的小汽车。俊秀妈妈突然有种不祥的预感。果然，俊秀很快就追了上来，用手一把推倒小伙伴，把他怀里的小汽车抢了回来。石载哇地大哭起来。这时石载妈妈的脸也一下子黑了下来。

　　"俊秀妈妈，我看今天就到这里吧。我们得回去了。其实刚才我还犹豫着要不要告诉你，你家俊秀在幼儿园也经常动手打别的小朋友。我家石载也被打了好几次呢。"

"啊？有这事儿？您怎么不早说呢？真是对不起，对不起了。"

俊秀妈妈连连低头道歉，脸都羞愧地红了起来。石载妈妈拽着孩子的胳膊匆匆离开。也许这一点俊秀妈妈早应该预想到。最近俊秀表现得越来越没有耐心，而且喜欢使用暴力。上周也是这样，俊秀因为不顺心，直接挥动胳膊狂打妈妈。

妈妈严厉地瞪着俊秀："卢俊秀，你到这边来。说吧！为什么那样做？你那样推人家，把玩具抢过来，对还是不对？你这样哪个小朋友愿意跟你玩？"

俊秀根本就没有认错的迹象，气呼呼地杵在那里，好像有很多不满。

在攻击性行为下，孩子的愤怒心理

孩子做出攻击性行为，会让大人很难堪。如果是像案例中那样，打人的孩子的家长跟被打的孩子的家长面对面在一起，会让人更加窘迫。通常孩子的这种行为会让家长陷入焦虑当中，甚至开始担心孩子长大成人步入社会后的样子。

有些家长在孩子对别的小朋友做出攻击性行为时，往往会训孩子："你是不是长大要当混混？这样以后要去坐牢的，知道吗？"

前来进行心理咨询的家长中，有不少家长对于孩子表现出攻击性行为深表担忧。当孩子稍不顺心就乱扔东西、动手打人，动不动就表现出攻击性行为时，家长会非常担心，怕孩子将来长大后会成为反社会型人格障碍者。其实家长在担心这个问题之前，首先要弄清一个问题：那么小的孩子，为什么会有那么大的愤怒呢？而且一个小孩子如果心里揣着那么大的火气，该有多痛苦？

推搡、乱扔东西、打人、吐口水、掐人、骂人、尖叫、大哭、扯头发、用指甲挠……这些攻击性行为都是以可见的方式表现出来的。但是在这些行为的背后，蕴含着看不见的火气和愤怒情绪。如果真的想化解孩子的攻击性行为，那么家长要好好想一想，孩子的这些行为是在什么情况下引发的。

第一，家长要想到孩子是不是受了什么委屈，正在经历着愤怒或不安的情绪状态。比如在家时父母对孩子过于严厉，经常指责、打骂孩子，父母经常吵架，对孩子强势，那么很容易让孩子在内心积压负面情绪。如果家庭成员动不动就吵架、互相攻击，甚至对孩子造成人身威胁，孩子就会觉得自己常常受到攻击，会千方百计地进入防御模式，为捍卫自我做出本能的攻击性反应。假设有人碰了自己的东西，孩子会立刻上手去打一下。如果感觉到对方可能会侵犯和攻击自己，还会冲对方吐口水。遇到有人吐口水，不管是谁都会本能地避开，以免被吐到身上。从防御的角度来讲，孩子是为了避免对方侵犯自己的领域，才会吐口水以示警告。

第二，家长要反思一下，孩子会不会是在无形中学到了自己的日常行为。 凡事喜欢挑剔和发脾气的孩子，往往其父母在这方面表现得更加明显。被路人不小心蹭一下会发脾气、肚子饿也发脾气、吃饱了还是一样发脾气、做事稍微不顺心就发脾气……如果父母双方都是这样的人，那简直就是灾难。如果父母其中一方属于这种人，动不动就耍脾气、脾气暴躁，那么孩子每当感到不快时，同样会以这种方式发泄出来。

第三，家长要思考是不是自己刺激到了孩子。 天生敏感的孩子，面对同样的情境，会比他人更容易受到刺激。对于这样的孩子，如果家长没完没了地干涉、唠叨、发脾气，问题只会越来越严重。孩子可能会因为生物学因素，发展出严重的疾病问题。

第四，家长要认真思考一下孩子是不是急性子。 这样的孩子想玩别的小朋友手里的玩具时，不懂得开口问"借我玩一下"，但内心又很想玩那个玩具，于是就直接抢了过来。他们不能够按照先后顺序来处理这类问题。一旦想法无法立刻得到满足，自然很容易引发火气。这类孩子基本和其父母脾气差不多。

第五，孩子往往抑制不住亢奋情绪，做出攻击性行为。 这类情形不那么高频，但是有时候孩子会因为兴奋，咬小朋友或者父母一口。有的孩子也会因为喜欢，抑制不住自己，动手打别人的脸。这属于"情绪口袋"太小引发的问题。

偶尔有家长诉苦："院长，我总觉得这孩子天生脾气暴躁。"其实，"暴躁"这个词用在孩子身上不合适。儿童的情绪发育还不够成熟，处于学习情绪表达的阶段。孩子当前只是尚不懂得如何合理、恰当地表达情绪，还不擅长具体的表达方法，所以不能认定是暴躁。当孩子开始发脾气时，家长可以给孩子一个宽松、包容的环境，让孩子不必看眼色，放心地表达自己的情绪，借此引导孩子正确表达情绪。

韩国 SBS 电视台的综艺节目《我的孩子改变了》有一期介绍了一个 5 岁的女孩子，她简直是小区里的"小霸王"，动不动就骂人，而且不管认不认识小朋友，她都喜欢动手拍打一下。她在饭店时到处乱跑，到了超市更是为了要某个东西而任性撒野。不仅仅是在外面，她在家里时也会表现出攻击性行为。冲着妈妈大声尖叫、谩骂、乱扔东西，对爸爸也不例外，而且她尖叫时是那种扯着嗓子的嘶吼。一个仅仅 5 岁的小女孩，为什么会表现出如此极端的行为呢？家长尝试过给孩子做心理检查，但未能成功。孩子第一次面对陌生仪器时很排斥，甚至冲着拍照的工作人员乱砸东西，问卷也被撕得稀巴烂。

当父母带着她来到工作室时，我面对着眼前的这个孩子，静静地观察了一番，总算看出了孩子攻击性行为背后的原因在于其家长。这孩子无论做什么，都会被拿来和性格文静且优秀的姐姐作比较，也常常因为欺负未满一岁的小弟弟而被父母训斥。即使是小小的错误，她也会被训得狗血淋头，免不了被打，甚至会被推搡到一边。家长不但没有很好地教孩子如何表达负面情绪，反而还制造出很多让孩子不舒服的情境来，然后又用恶言和暴力来控制孩子。这简直是培养一个具有攻击性行为的孩子的最佳方式了。

值得庆幸的是，通过几个星期的治疗和干预，孩子发生了改变。

家长也收敛了暴力言行，努力用爱去感化孩子，并且时时告知孩子哪些可为，哪些不可为。几周的努力，让曾经暴躁的"小霸王"像换了个人一样，变成了乖巧的小女孩。

当孩子失控时，心里更不好受

一个人拥有生气、愤怒的情绪，并不应该成为受到惩罚或被训斥的理由。我们要尊重孩子的所有情绪，并感同身受。做到共情，才不会歪曲事实，让孩子更健康地成长。

对于前面案例中提到的俊秀，其实家长可以等到小伙伴回去后，家里氛围稍稍平静时，问问孩子当时为什么要推小朋友。

"那是我的小汽车，他不给我！"

"他拿你的小汽车，你担心会被他抢走，是吗？"

如果孩子回答说"对"，家长可以说："哦，原来是这样。不过俊秀啊，因为这样就动手打小朋友是不对的。"先对孩子的心情给予理解和共情，然后明确必须遵守的行为规矩。

"可是我让他还给我，他不给。那我该怎么办？"

"那你就告诉他：'这是我的，还给我。'如果这时他不配合，就跟大人讲。他回家时会还给你的，因为妈妈不会同意他带走不属于他的东西。所以，以后小朋友来家里玩的时候可以让他玩得痛快。"以这种方式心平气和地告诉孩子具体的解决方法。

孩子可能会说："我就是讨厌别人拿我的玩具玩。"

家长可以说："俊秀如果不喜欢这样，那等下次小伙伴再来玩时，你可以把你最喜欢的玩具提前放到那个箱子上面，剩下的玩具就可以随便跟小朋友分享了。"平时可以告诉孩子："如果你总是去做小朋友不喜欢的事情，那两个人都玩不好，对不对？而且你去别人家里玩的时候，如果小朋友把玩具拿出来和你一起玩，你不是也会很开心吗？"

"你这样的话，别的小朋友就不喜欢你了。""你这样的话，老师就不会喜欢你了。"这种说话方式非常愚蠢。其实大人当中也有这种心态的人，因为担心自己的一些反对意见会导致双方争吵或关系僵硬，于是过于迁就对方。"这样谁能喜欢你啊？""那样做大家都会讨厌你的。"如果家长平时喜欢以这种说辞试图矫正孩子的行为，那么孩子长大后很可能变成那种委屈自己、讨好别人的人。孩子不想把自己的玩具或学习用品借给别人，这很正常。如果孩子就是不肯借给人家，那就告诉孩子："宝宝，你如果不想借给小朋友玩，那就告诉他不想借给他。没关系，直接说就好。"如果孩子说担心小朋友被拒绝后会不高兴，那就告诉他："不高兴那是他的感觉。你如果就是不想借给他，那就可以说出来，但是如果为了拿回来他手里的玩具，用力推人家或者抢过来，这就不对了。"

有时候孩子会因为在大人看来根本就不是问题的事情发脾气。但那只是大人的想法，对孩子来说，发火肯定是有原因的。这时家长不能急着训孩子："人家怎么可能拿走你的玩具呢？自己不想借，所以胡说，是吧？"如果想让孩子减少攻击性行为，那就要先帮他把心底的那股火气化解掉。

其实从你去了解对方的那一刻开始，对方的火气就会一点点降低。共情是站在人类普遍的情感和常识的基础上去理解他人，所以即使没有经历过那些事情也能做到。假设我很喜欢狗狗，但是另一个人却很厌恶狗狗，这时就有可能因宠物而争吵。因为无论是我喜欢狗狗，还是对方讨厌狗狗，这都是极为主观的事情。客观去看待这种情况时，就能想象到："当时让你有那种感觉，想必是心情不好吧。"比如刚才的案例，孩子生气了，那么家长可以说："你是觉得小朋友可能会拿走你的玩具，对吧？所以你很讨厌这样，因为那个玩具是你最宝贝的玩具啊。"这就是理解和共情。家长充分理解孩子后，再点明一点："但是这样或那样做就不对了。"

当孩子犯错时，应先跟他共情

孩子无意做错事情时，也请家长先试着理解孩子。举个例子，孩子玩积木时不太顺心，要脾气随手扔掉积木，差点儿打到正在熟睡的弟弟的额头上。

"喂！差点儿砸到弟弟了！怎么乱扔玩具？"家长的心情可以理解，但千万不要这样训斥孩子。

可以问问孩子："怎么了？是什么让你不高兴了？"让孩子明白家长已经感知到了自己的情绪不好。

孩子会告诉家长："看，这个弄不上！"

"原来是因为这个在生气呢。不过生气归生气，不可以乱扔东西啊。"

孩子会问："可是我想弄好它但弄不好，我就很生气，那我该怎么办？"

"你不高兴了可以告诉妈妈，比如：'妈妈，这个我弄不好，有点儿生气！'但不能因为生气就乱扔东西。你看，你刚才就差点儿砸到了弟弟。难道你是为了砸到他才扔的这个玩具吗？"

"不是的，妈妈。"

"对啊。但是它扔出去确实差点儿砸到了弟弟。生气归生气，可不能扔东西来发泄。知道了吗？"

"那这个套圈可以扔吗？"

"套圈可以。因为它本来就是用来扔着玩的。不过刚才你也不是在做游戏，对吗？生气扔东西是不好的行为。我们急着做一件事情的时候，生气也是有可能的。生气可以，但扔东西不可以！以后宝贝生气时，可以告诉妈妈：'妈妈，我现在非常生气！'"

孩子可能会问："妈妈，你也会发脾气吗？"

"当然了。妈妈肯定也会有生气的时候。但是你见过妈妈因为生气乱扔东西吗？没有吧。我们可不能因为发脾气乱扔东西，是吧？"

家长多次提醒过孩子，但孩子依然改不掉这个习惯，那么家长要跟孩子进行更深入的探讨。比如："我知道你现在心情很糟糕，也知道你其实很清楚应该如何正确表达这种不开心的情绪，但之所以做不到，肯定是有具体原因吧？现在就来说说这个原因。"切记不能看到孩子扔东西就凶孩子："都说了多少次了还这样？是不是非得教训你才长记性？"先听听孩子自己的解释，中间不要打断孩子。和孩子面对面，好好探讨切实可行的解决方案。如果之前尝试的种种方法都无济于事，又一时找不到新的解决方案，那么可以求助专家。总之，无论用什么方法，都应以切实解决问题为目的。

在这个过程中也有不尽如人意的时候。对于具有攻击倾向的孩子，家长嘴上会说："宝贝，好好说，不能动手打人。"但家长自己却做不到耐着性子好好说，而是火急火燎地试图用暴力强压，一心想着必须改掉孩子的这个毛病，试图用武力解决。有时甚至连为什么都不对孩子说清楚，不由分说就责骂孩子，对孩子发脾气甚至动手。这番操作过后，就以为是对孩子实行了教育。

这当然不是正常的教育。不但和孩子的攻击性行为没有差别，还暴露了更多的问题。

孩子是因为无法妥善处理内心的火气做出攻击性行为。而作为体格比孩子大的成年人，对孩子做出攻击性行为，只会导致孩子的火气越来越大。这就很容易让孩子形成更具有攻击性的性格。由于害怕，孩子在家长面前不得不收敛这种情绪，但是在比自己柔弱的人面前则继续做出攻击性行为。

人类的负面情绪是不可能消除的，毕竟存在即合理。如果家长对孩子发火的行为反应过激，那么孩子会认为"我要是生气、发火，会引发可怕的后果"，于是就不敢再自如、放心地表达情绪。这种心理包袱一个又一个积攒起来，达到顶点时，便会在某个瞬间突然爆发出来，让孩子变成一个越来越暴躁的人。

前些天有位妈妈带着一位小学二年级的女孩来咨询。这位妈妈的烦恼是孩子平时很容易烦躁和发脾气，说过很多次都无济于事。我单独和孩子聊了聊，发现这孩子说话十分沉稳，很擅长表达。

聊过一些话题后，我问道："你在学校有没有很要好的小伙伴？"孩子列出三个人，只是最后一个名字我没怎么听清楚。

"金泰熙？"我问。

"不是，是金太辉。"孩子的发音听起来不太标准。

"金泰维？"等我再次问时，孩子突然发脾气大声喊："金太辉，是金！太！辉！"

"啊，是金太辉，对吗？不过听错了也用不着发这么大脾气啊！"

"我没有发脾气。我是看院长您没听清楚，所以……"

"嗯，没关系，我无所谓。但是如果是别人，会误以为你是在发脾气，很容易因为一些琐事引发吵架。"

"我懂了。"孩子回答。

只要不是以暴制暴，就不会助长孩子的脾气。

让孩子知道"力量"与"暴力"的不同

假设有三四个孩子一起欺负了自己家的孩子，这时我们的孩子应该如何做呢？必须让孩子反击回去。

这样一来，别人就不会那么放肆地继续欺负孩子。虽然动手是不提倡的，但也不能让孩子受欺负、吃亏。如果孩子被打了三下，至少要有一次是强硬地反击回去的。这样才能让对方知道自己不是好欺负的"软柿子"，也能或多或少地让那几个"熊孩子"不敢再那么强势无礼，双方的势力达到某个平衡点。

能够保持力量的平衡，捍卫自我，抵抗外界的攻击……这种抵御能力被称为"攻击性"。攻击性是打破"旧我"的必要动力。这种攻击性只有得到恰当的锻炼，才能在遭遇外界攻击时捍卫自我，挑战和开拓新的领域，面对困难也能迎难而上。有一定的闯劲，才能和他人的力量保持平衡，在社会环境中安全而势均力敌地生存下去。

六个月的宝宝会咬人，看到毛茸茸的玩具会有咬的冲动；宝宝能坐起来时会开始扔东西，听到清脆的落地声会咯咯笑。这些都是攻击性的表现。这种攻击性的背后是开拓新视野、新领域的一种挑战和尝试。所以当有人干涉或妨碍自己的想法、人生、意愿时，自然会质疑对方："凭什么这样对我？"

攻击性是闯荡和前进的动力，让我们的生存意志变得更为坚定，即便是面对挫折和坎坷也能不改初衷，坚持自己的理想，让我们更好地捍卫自己和家人最珍视的东西。犹如刺对于刺猬而言是必需的，尖牙利爪对于鸟兽而言是必需的，人类依赖这种攻击性捍卫自己、家人和国家的利益。男性由于从原始时代就担负着对外抗争的角色，所以相比女性，攻击性更明显一些。

攻击性是人类必不可少的技能，需要得到恰到好处的锻炼。

如果这种攻击性得不到正常锻炼和培养，孩子会变得攻击性过强或过于缩手缩脚。攻击性过强和缩手缩脚犹如硬币的正反面，没有人是一直只表现一面的，说不定在什么时候就会突然表现出另一面来。一直缩手缩脚的人，某一天可能会突然做出谁也没有预料到的攻击性行为。也有一些人反复无常。

对锻炼孩子的攻击性影响最大的，正是家长的攻击性。家长应该带有攻击性，但不能表现出这种攻击性。为了保护自己和家人，可以在正当的前提下直接回应对方，但是不应该表现出由于管理不好情绪而发脾气的一面，这样会显得在社交上不够成熟。如果家长表现得攻击性过强，反而会影响孩子攻击性的正常发育。

当孩子表现出攻击性的一面，家长应该尽量掩盖自己的攻击性，给孩子最深的爱和全面的保护。如果强盗或小偷威胁到自己，当然要做出反击，但在其他情况下，父母的攻击性过强的话，孩子会没有安全感，对世界充满恐惧。

当孩子做出攻击性行为时，如果家长失去理性，激动地大声训斥、粗暴地打骂，孩子的攻击性就无法得到健康发育，只会成长为带有纯粹的攻击性的孩子。这一点希望家长能铭记在心。

对于孩子的攻击性行为，习惯以暴制暴的家长一定要记住：孩子表现出攻击性的一面，大部分是在情绪发育过程中，攻击性得到锻炼和发育的正常表现。但如果这种行为出现在成年人身上，在与他人的相处中发脾气、大声说话、使用暴力，那就是不可取的表现。这事实上是一种伪装出来的强大，是虚张声势。大部分攻击性强的成年人，事实上都是软弱的人。人为了不表现出自己的懦弱，甚至在自己也没有认识到自己内心懦弱的情况下，表现出这种强势来。而一个大人对一个小孩做出攻击性行为，就更是内心懦弱的表现了。

越是擅长育儿的人，越很少发脾气。育儿能力越差的人，反而越容易烦躁、发脾气。家长在育儿过程中，如果总是发脾气、动怒，需要做的不是训斥孩子，而是先反思一下自己的育儿方式是不是出现了问题。

今天不能因为过去发生的事先去打对方

孩子受了欺负，愤愤不平了几天。这一天孩子回来告诉家长，自己把对方给打了回去，终于报了仇。因为最初是对方先动的手，所以孩子今天打了回去，那事出有因，是不是可以看作是正当防卫呢？不，家长这时应该告诉孩子，此一时彼一时，今天是今天，过去是过去，今天只谈今天这件事。

"我知道，那个孩子平时确实是爱打人，这肯定是不对的。但妈妈问你，今天也是他先打的你吗？"

"不是。"

"那你告诉对方以后不能再打人了，不就可以了吗？"

"可是他还是会打的啊。"

"妈妈知道你心里不舒服。而且对方这个坏习惯也确实必须改。但你现在这样不就等于和对方一样了吗？既然对方今天没有打你，那你今天就不能因为过去的事先去打对方。"

如果今天别的孩子打了自己的孩子，那么家长就应该制止、抵御这种攻击行为。如果孩子是因为对方先动手打人或者欺负自己，本能地推开了对方，家长就不应该过于指责孩子的这种行为。

像今天这种情形，如果家长回应"你不是上次被人家打了吗？这次刚好报了仇"，就不应该了。家长的心情可以理解，但是这样一来，很容易给孩子灌输错误的是非观。所以在个人利益不受更多侵犯的情况下，这件事到此为止。如果是孩子吃了亏，被打得严重，至少要打回去一拳。这样对方才会感到被打的疼痛，有所收敛。捍卫自己利益的底气、坚强抵御攻击的力量，这些都是需要把握好尺度的。切不能因为把握不好二者的度，就做出攻击他人的行为。

家长要告诉孩子："就像爸爸妈妈尊重你一样，这世上任何一个人都没有权利打你。如果谁冒犯你，或者你觉得对方行为有问题，必须明确表态。可以用语言明确警告对方。"孩子可能会说："口头警告对方，人家根本听不进去。"家长可以说："那个人确实不一定听你的话。重点是我们要表态，表明我们的立场就好。试图让对方听你的话，这等于是强迫对方。"

CHAPTER 4

第四章

教孩子时，不必在乎旁人的眼光

"当孩子在公共场合哭闹时"

案例 ● ● ● ● ● ● ● ● ● ● ● ●

　　周日上午，润瑞爸爸本想借着周末睡个懒觉，却被妻子叫醒。

　　"老公，今天你带孩子去趟博物馆吧。你平时忙着上班陪不了孩子，这回好不容易休息了，多陪孩子玩一玩。"

　　与其在家听妻子唠叨，还不如起床带孩子出去逛逛。想到这里，润瑞爸爸起了床。一顿收拾之后带着润瑞（4岁）坐上开往博物馆的地铁。孩子上了地铁就挣开大人的手，开始来回跑着玩。好在当时地铁上人不算多。但每当有人走动，或者地铁进站，乘客上下车时，孩子好几次都差点儿被碰到。人们开始向润瑞爸爸投去异样的目光。

　　"别乱跑，小心碰到！过来，乖乖站好。"

　　润瑞爸爸大声叮嘱一句后，靠在扶手杆上继续刷手机。趁爸爸不注意，小家伙这次直接踩上了地铁座椅，然后从上面跳下来。

一位奶奶被这一幕吓到，忍不住说："哎哟，在地铁上可不能这样乱跳啊。乖乖坐好。"

润瑞爸爸的脸唰地变红了。

"你这孩子，爸爸不是告诉你让你乖乖的吗？能不能听话？你看别人都说你了！"

爸爸突然严厉训斥孩子。润瑞顿时吓得呆呆地看着爸爸。

"你要是这样就回家去！丢不丢人？"

爸爸粗暴地拉着润瑞的小胳膊说着。润瑞撇撇嘴，哇地大哭起来。

刺耳的哭声充斥在地铁里。

"你还有理了？哭什么哭？"

润瑞爸爸大概是心里有火气，嘟嘟囔囔道："小孩子在地铁里闹不是很正常吗？大惊小怪的，谁家还没有个小孩啊！"

连个孩子都管不好，就是无能？

如果孩子在公共场所不听父母的管教，家长就会产生一种"连个孩子也管教不好"的蒙羞心理。这种心理会发展成怒火，于是家长开始训斥孩子，或者对周围的人群充满敌意，或者怪罪另一半。

一旦控制不好，很容易引发冲突。不管是哪一种情形，这种蒙羞心理都会越来越重。

人们对于没有自控力的人都没有好印象。人没有自控力的表现，除了酗酒、吸毒、赌博等极端情况，还包括日常生活中控制不住情绪、突然发脾气。就算是孩子做错了事，让大人愤怒，家长如果在人多的场合显露出暴躁的一面，也是不能控制自己情绪的表现。所以大人不但成了"管不好自己孩子的家长"，也给人留下了"控制不住自己情绪的大人"的坏印象。这样一来，周围人的眼光肯定不会那么友好，而这也会加重家长的羞耻心。

因孩子在公共场所不听话而脾气暴躁的家长，其实最开始也考虑过这样会影响到其他人。但是一次又一次提醒后，孩子依然不听话时，家长就会火冒三丈。加上周围的人们也明显表露出不满，作为家长，真的是越来越羞愧、不好意思，到了最后恼羞成怒起来。最初确实是上火、内疚、抱歉与不安，感觉打扰到了其他人，但当有人抱怨"能不能管好自己的孩子"时，家长瞬间就被点爆了："怎么，你家就没有小孩吗？"

通常夫妻一起出门时，也很容易吵架。吵架的原因大同小异。"你怎么连个孩子都管不好？看着孩子闹也不管管。平时都是你惯的。"两人都把孩子的问题归咎于对方平时没有管教好。父母一旦这样争吵起来，孩子就会感到惶恐和紧张。原本是一家人开开心心出门玩的，这样一来，只会留下不开心、郁闷的记忆。

孩子在公共场所不听话，远比在家时更容易让家长变得敏感。因为一旦出门，就不得不把自己和家庭成员放到社会环境里被点评。

此时无论是自己、自己和孩子的关系、自己和配偶的关系，还是自己与陌生人的关系，都会引发不同视角的犀利审视。所以孩子在公共场合不怎么听话时，家长就会觉得很窘迫，试图尽快让孩子变得听话乖巧，于是打乱了平时的育儿节奏，变得急躁、粗暴起来，大声训斥孩子，做出攻击性行为。通常家长在试图尽快控制孩子、立刻消除孩子的问题行为时会变得冲动暴躁，而事后又懊悔不已。因为家长也知道自己的言行过于粗暴，态度过于凶恶。

大多数家长不擅长感知、表达和处理情绪，会做出和情绪完全不符的反应，最后弄得状况更为糟糕，自己也十分生气。

在公共场合，家长首先考虑的是一种社会层面的关系，考虑别人会如何看待自己。所以当别人说"这宝宝好可爱""天啊，宝宝真聪明"时，就觉得很自豪。而如果听到"天啊，你看那小孩怎么那样""天啊，小心，别磕碰到了"，就会觉得别人是在指责和嘲笑自己，甚至认为是在说自己的家教有问题，于是感到丢人。

如果已经感觉到惭愧和羞耻，就应该想办法缓解这种窘迫，尽快带孩子离开那个环境。可以去没人的地方，等孩子平静下来，告诉孩子在公共场合做刚才那些行为是不应该的。

在现场说明是非原则，让孩子边看边学

在前面的案例中，润瑞的爸爸应该如何引导孩子呢？润瑞在地铁上做了不该做的行为时，爸爸应该严厉制止和引导孩子。如果一

时管教不好孩子，可以拉着孩子的手在下一个地铁停靠站下车。如果耐心引导后孩子依然没有改正错误行为，就放弃博物馆参观计划，直接带孩子回家。人们对于孩子大多能表现得比较包容和大度。同样的错误，如果是孩子犯下的，那么人们会努力去理解和原谅。但是这种理解是出于别人的宽容和善意，如果家长误以为是理所当然的，就大错特错了。

孩子虽然年纪小，但是想要适应这个社会，就必须遵守这个年龄理应遵守的行为准则。特别是在公共场所，不确定的风险因素很多，安全隐患也比较大。所以家长应该看住孩子，让孩子在自己的视线范围内行动。如果管理不好孩子，就应该带孩子离开那个场所。

孩子在公共场所不听话时，家长喜欢这样说："别闹了，你看，那个奶奶在说你呢。""你看，别人都看过来了！丢不丢人！"能够意识到他人的眼光，并懂得换位思考，这些是至少7岁的孩子才能掌握的能力。青少年时期是对于自我和他人的关系最敏感的年纪。不过若从幼年时期就让孩子学着体谅和关照他人，日后孩子就会收敛自己的言行，不去做令人讨厌的行为，成为一个具有自我约束力的人。

如果家长不能让孩子理解这一点，孩子会变得对他人的眼光过度敏感。小学时开朗的孩子，到了中学时变得过于内向、害羞，很有可能正是出于这个原因。有不少青少年会过度在意别人，哪怕别人只是在说悄悄话，他都会感觉是在议论自己，对于别人如何看待自己过度敏感。

幼儿阶段的孩子对于他人的眼光还很不敏感，也没这个意识。

如果家长对这个年龄段的孩子说："你要是总这样闹，别人都不会喜欢你的。"孩子也不会听出什么来。家长还不如直接告诉孩子，在这种场合应该遵守哪些基本规则。比如孩子在公共场所跑闹时，家长这样说："你看，这里到处都是人，你要是这样乱跑会撞到别人。不可以这样跑。""这是公共场合，除了我们还有很多其他人。你要是大喊大叫、大声哭闹，那只能离开这里了。"如果孩子依然不停止哭闹，那就要带孩子离开那里。父母给出行为指令后，告诉孩子不听从指令的后果会是什么，然后按所说的后果去执行就好。

口头教育不可以吗？直接把孩子带出来会不会显得太不近人情了？想多了。这个阶段的孩子，语言概念还没有发育完整，所以就算听到了父母所说的指令，也不会理解指令的含义，大多也无法把家长的指令跟自己下一步的行为联系起来。所以如果孩子跟不上指令，就要用行动来让孩子明白不听从父母的指令会有怎样的后果。

在公共场所，育儿的关键有两点：第一，明确告诉孩子什么是可以的，什么是不可以的。第二，家长以身作则，用行动来让孩子明白这个行为界限。遵守公共场所的行为准则，并不仅仅是为了不给别人添麻烦或者不影响其他人，也是为了孩子的安全着想，所以必须严格贯彻下去。一瞬间的疏忽很容易引发安全事故，特别是大超市的食品试吃区，来回穿梭的购物车很多，孩子跑来跑去也很容易碰掉货架上的商品。孩子不安分地来回乱跑时，家长应该带孩子避开那些危险地带，或者牵好孩子的手，或者把孩子抱起来。总之，家长要拿出行动来教孩子怎么做。

孩子不懂在公共场所应遵守的行为准则和礼仪，这很正常。公共礼仪需要家长手把手地教孩子，而且不限于口头上教，还要以身作则。如果家长平时能经常给孩子展现在公共场所体谅和关照他人的行为，哪怕是小小的行为准则都严格遵守，孩子也会耳濡目染，学习父母的样子。当然，如果家长做了不文明的行为，孩子也是会照学的。如果在餐厅，服务员递来水杯时，家长能说："谢谢。"那么孩子在接到水杯时，也会跟着说："谢谢。"

"为什么我们这桌上菜这么慢？旁边那桌的人来得比我们晚，人家都已经上菜了。"如果家长冲着服务员这样粗鲁地发脾气，那么孩子也会学得有模有样。

在餐厅、地铁、电梯等场所大声打电话，孩子也会学家长的这些坏习惯。如果家长小声回答："我现在不方便接电话，一会儿打给您。"那么孩子就会明白，在公共场所要顾及其他人的感受，压低声音说话。我们的孩子用眼睛学到的东西，要比用耳朵学到的东西多得多。

不要被左邻右舍的指指点点左右，将自己的原则贯彻到底

有些家长在家时能够严格、有原则地管教孩子，但是一旦到了外面，就难以将原则贯彻下去。这时孩子会故意去做那些不应该做的行为。孩子虽然年纪小，但也知道家长的软肋。如果平时亲子关系不够亲密，或者家长容易发脾气，那么孩子会产生小小的报复

心理。

这类家长通常过度讲究礼仪，而且特别讨厌在外面给别人添麻烦，因为不想引来周围人的异样眼神。一旦孩子在公共场合大喊大叫、乱跑，家长就会因为给大家添了麻烦而不知所措。所以家长为了彻底避免这类情况出现，对于孩子的要求都会一律满足。孩子不会错过这个机会，会隐约觉察到："我在外面吵闹、乱跑时，爸爸妈妈就会觉得丢脸，不知所措，所以我要什么都会满足我！"

家长想要避免这种情况，就应该在所有的场合都把原则贯彻到底。如果孩子在饭店做了不该做的行为，而且不肯收敛，那么就算是浪费钱，家长也要果断采取举措："妈妈已经告诉过你很多次不可以这样做，你如果还是这样下去，那我们就不吃了。虽然这些食物都非常美味，但是我们只能立刻回家。"

有时候家长带孩子参加聚会，生怕如果在那种场合也对孩子一贯地严厉下去，别人会说三道四，毕竟其他人的观念不一定和自己相同。为了不让别人觉得自己在小题大做、大惊小怪，只能对孩子的出格行为睁一只眼闭一只眼，而孩子恰恰是知道了这一点，才为所欲为。

带孩子聚会时，家长要避开特别多人聚集的地点。孩子本来就坐不住，所以家长要客观地观察和了解孩子的情况，尽快判断和接受现实。否则，破坏亲子关系的事情会频频发生。如果在人群聚集的场合聚餐时，孩子跑闹严重影响到了其他人，家长就应该带孩子离开那里，换个适合孩子玩的地方。小孩子喜欢跑闹是理所当然的。现在很多地方都建有规模不一的公园，设施也十分完善。孩子可以在那里尽情玩耍、奔跑和喊叫。家长想要出门放松，在氛围不错的餐厅喝茶，享受片刻的悠闲，前提是孩子不跑闹。孩子一旦跑闹，不仅家长不可能休息，还会影响到其他客人。

家长聚会时，自己管教孩子的方式和别人不一样，会令人烦恼。比如在公共场所，孩子都只顾着跑闹，听不进大人的话。假设其中有个孩子特别淘气，大家可能都希望这个孩子的家长能出面管教一下孩子。但是这位家长自己却无所谓，根本就没觉得孩子这样做有什么问题。明明是对方家长的问题，家长却不得不总是提醒和训斥自己的孩子，自己的孩子明明没那么淘气，也要听一番训斥。这样一来，家长心里当然不舒服了，但如果鼓起勇气提醒对方家长管管孩子，大人们之间又很容易因为这一句话引发矛盾。

这时家长只能管教好自己的孩子。每个家庭对于孩子的管教方式各不相同，我们无法对别人的育儿方式指指点点。如果你和其他家长是亲密无间的关系，那么平时可以多分享自己的育儿观。"我这个人呢，平时看不惯孩子们在公共场所跑来跑去的。要是那些孩子的家长不管不顾，我恨不得出面说说那些孩子。要是你家的孩子也这样，我可能也会提醒一下。"可以这样和其他家长沟通。但如果关系不是很好，还是不必说这些话，你能做的只是管教好自己的孩子。

在室内游乐园，几个调皮的孩子一直把海洋球扔向另一个孩子的脸。就算是几个孩子都那样，不只是自己孩子一个人的问题，家长也应该站出来，告诫自己孩子："你过来，妈妈有话说。海洋球可以随便玩，但是冲着别人的脸扔过去就不可以！要是还这样的话，我们就回家了。下次可以再来，但今天只能玩到这里。"不必因为其他家长不管不顾而动摇自己一贯的管教理念，更不必去管教别人家的孩子。但对于自己的孩子，就要始终贯彻一直以来的行为准则。

如果孩子还是听不进妈妈的话，继续乱扔海洋球，家长就按照事先说好的，带孩子回家。可以向其他家长解释后再离开："不好意思，因为跟孩子事先谈好条件，所以我们得先走了。下次我请大家喝茶。"唯有这样，孩子才会醒悟："哦，有些规定是不管在什么情况下都需要严格执行的。"如果家长不能在原则性问题上雷打不动地贯彻下去，那么孩子就会钻漏洞，而这种大意和疏忽，往往会让孩子走偏，甚至越走越偏。

孩子有两副面孔，
家里一副，外面一副？

有些孩子真的是很神奇。在家是个乖乖听话的孩子，一到外面就像解开了缰绳一样，一点儿也不听话；也有一些孩子在外面表现得很乖，回到家就不听话。如果孩子在家表现很好，一到公共场所就不听话，可以考虑以下三种情况。

第一种情况是，有些孩子一旦面对较多的刺激，就容易变得散漫、兴奋，对于新刺激表现出冲动反应。这类孩子平时处于散漫状态的可能性也很大。散漫的孩子在每天面对同样的场景时，由于已经满足了好奇心，没了新鲜感，所以看起来平静。但一旦去了新环境，由于新刺激导致注意力分散，好奇心也被诱发。孩子具有很强的冲动倾向，于是好奇心直接变为行动。所以孩子在第一次去的公共场所变得更不听话。这样的孩子再遇到几个有相同倾向的孩子，那场面就失控了。

第二种情况是，家长不曾在公共场合及时制止过孩子。孩子不教是学不好的，没有不管教就能自行成长的孩子。如果父母不教，孩子却懂得一些知识或道理，也可能是孩子通过电视节目、幼儿园或者其他渠道学到的。

如果孩子在公共场合的行为粗暴、没礼貌，家长应该及时加以管教和纠正。要注意的一点是，孩子不可能一次就学会，家长必须带着耐心慢慢教。家长出门前就应该跟孩子交代好，在到达之前再次叮嘱孩子，并约法三章。如果孩子没有遵守约定，就该告诉孩子："宝宝，你太吵闹了，妈妈也提醒你一次又一次了。你要是继续这样下去，我们只能回家了。"等到孩子再次违反约定时，家长就立即带孩子回家，不再含糊。

第三种情况是，之前的一贯性原则起到了一定的作用，但是在平时和父母的相处中，孩子积压的委屈比较多，火气也比较大，那么到了外面就很有可能以其他方式发泄愤恨。因为孩子也知道，在外面闯祸会让家长丢脸，也知道有外人在的时候父母不会像平时那样严厉训斥自己，所以借此会做一些家长不让做的事情，比如突然打一下妈妈、抠鼻屎、用手抓东西吃、故意大声吼叫等。有些孩子对于家长平时不让自己插话很憋屈，所以到了餐厅，就会随便上前搭话："这是什么？能不能让我尝尝？"以此来让家长难堪。

与此相反，有些孩子在外面很听话，但是到了家里就很不听话。在外听话可能是孩子从幼儿园学到的，只是那些学到的行为准则还没能养成习惯。当家长的育儿观缺乏一贯性，或者经常发脾气导致孩子生气，或者在家没有让孩子贯彻在幼儿园养成的习惯，就会出现这样的问题。

孩子在幼儿园表现得很好，一回到家里就不听话，那么可能是孩子和家庭中的重要成员之间的关系出现了问题。这个重要成员可能是妈妈，也有可能是爸爸，或者弟弟、妹妹。如果爸爸、妈妈之间关系很差，那么对孩子来说这样的环境不是舒适的空间，所以一到家里就会变得情绪不那么稳定，感到不舒服。孩子年龄越小，越难以在焦虑不安的状况下遵守行为规则。

有些家长看起来有教养，而且在公共场合举手投足都很注重给孩子树立典范，并且能在育儿问题上尽可能保持一贯性，但孩子却在公共场合表现得很没教养，令人不解。这时就应该怀疑孩子是不是有注意缺陷多动障碍（ADHD）。这样的孩子由于有着生物学范畴的问题，所以即便家长再怎么用心教育，也无法达到理想的效果。这样的孩子在情绪基本控制和调节方面都很不成熟，就像视力不好的孩子如果不戴眼镜就看不清楚一样。这时家长应该尽快带孩子就医，接受专业治疗。

家长在育儿过程中应客观地观察孩子，一旦发现问题，就要及时、正面对待，尽快接受相关援助。父母的爱确实可以让孩子成长得很好，但是仅靠父母的爱，无法解决所有问题。

在公共场合冲孩子发脾气，
孩子的应对能力会退步

家长在公共场所冲孩子大吼大叫，引来周围异样的眼光，那么孩子会是怎样的心情？遇到这种情况，再小的孩子也会觉得羞耻、伤自尊。羞耻心被诱发时，人们往往第一反应是不知所措。在小孩子的认知世界里，爸爸妈妈本应是保护、爱护自己的人，现在非但没有好好保护自己，还让自己在众目睽睽下丢脸，被人指指点点成为笑柄，这种悲伤和绝望会深深地打击孩子。这种经历一旦多了，父母只要在人多的场合开口说话，就算是在说正确的话，并没有训斥自己，孩子也会感到很丢人。

孩子在人多的场所乱跑，父母出面制止是必须的。但不是说一定要大声吼，让孩子感到羞耻，才能达到让孩子安静的效果。如果家长尊重孩子，就不应该这样做。对于这样的父母，我很想说几点。

首先，不能把训斥、粗暴对待当作是教育孩子。如果家长在讲授道理时，以发脾气的方式来表达，即使说再正确的话，都会失去教育的意义。这不是管教孩子。

其次，先问问自己，能不能做到事不过三，在三次机会之内，改掉自己的缺点？最近很多家长对孩子使用"我只忍耐你三次"的原则。"爸爸可以原谅你三次，但是没有第四次！"仔细一想，这不是有点儿可笑吗？孩子是需要反复教，慢慢等待的。事实上很多问题，大人自己都做不到事不过三，却对孩子信誓旦旦地说："事不过三，没有第四次。"难道只要不超过三次，孩子杀人放火都能被原谅了吗？

假设在公共场所，家长给了孩子某个行为指令，但孩子并不肯听。警告孩子三次还是没有效果，家长便一下子暴怒起来。家长肯定是在想："这孩子竟然不听我的话？那我也不客气了！"那些在公共场所冲孩子大吼大叫的家长，大多有这样的心理活动。管教孩子可不是吵架，也不是忍不忍耐的问题，而是如何才能管教好孩子的问题。

可能家长觉得嗓门大，孩子就能听得进去，然后再也不犯错。这根本不可能。

小孩子也知道，相比自己，家长的大嗓门更吵，也知道这时其他人会用比对自己更加厌恶的眼神去看待家长。现在上了小学的孩子就知道："我妈妈总跟我说'在外面你要听话，不能大声吵闹，要文文静静'，然后她自己比我嗓门还大，哎哟，丢死人了。"

孩子看到爸爸妈妈在公共场所说话嗓门大时，并不是想着"我可不能在外面这样大声说话，以后得改改这个习惯"，而是"哼，大人都管不好自己"。家长这样做会让自己的威信扫地。

孩子头脑聪明，并不意味着情商也高。除了极少数人，大部分人都会对童年时期的恐惧的经历记忆犹新。不单单是记住，而是刻在骨子里，这也是人的本能。记住恐惧的经历，人才会在再次遭遇相似情境时保护好自我。

爸爸在超市狠狠地训斥孩子："小心我教训你！"过了几天爸爸已经忘掉这件事，但孩子不一样。所以下次再次来到超市时，孩子会黏着妈妈，不肯跟爸爸单独待在一起，因为孩子清晰地记着上次在超市时爸爸的严厉教训。通常家长严厉训斥孩子后，孩子不会再犯同样的错误。家长会以为这样教训很管用，孩子也改掉了问题行为，这个误会非常大。家长在管教孩子时，尊重才是前提。没有尊重，就不存在真正的教育。

在人多的场合，父母对孩子大声训斥、打骂时，孩子很容易瞬间被吓得脑子空白，想不起任何事，也听不进任何话，陷入巨大的恐惧中，完全被震慑住。

每次以这种方式接受教育的孩子，等到成年，或许从青少年时期就开始，一旦遭遇令人慌张的情境，便会头脑空白。在人的一生当中，令人慌张的瞬间将会有很多。如果每次在那种情况下，孩子都头脑空白呢？长此以往，孩子面临各种情境时的应对能力也会大大减弱。

孩子怄气久久哄不好，怎么跟孩子搭话？

当孩子做了不该做的行为时，家长应立即告诉孩子："不可以这样做。"这时孩子或许会听从家长的话，但内心并不认同，一下子噘起嘴巴来。多数家长都不会放过这个细节。

"不许噘嘴。"家长甚至用手拍打孩子的嘴。

家长非要一直问："你这是在生气吗？是不是？"这样一来，孩子可能嘴上回应着："没有！"但说着说着，会情绪爆发。一旦这样，家长就又有了训斥孩子的理由："你竟敢冲着大人吼，没大没小。"

同样的食物，每个人的消化速度有快有慢。情绪也一样。每个人消化情绪的时间各不相同。一味地让孩子快点儿从坏情绪中走出来，等于要求孩子从情绪的形成到解决都按照家长的标准来。也就是说，家长连孩子的情绪也要控制。这简直是对孩子野蛮的强迫。孩子闹情绪，说明孩子消化这种不舒服的情绪需要一定的时间，需要家长去等待才行。这样有利于孩子的情绪发育。允许孩子表达自己的情绪，才是促进孩子情绪发育的最佳方法。

如果家长看着孩子过于沉浸在自我情绪当中，不妨建议："我知道你在生气。爸爸刚才那样说，让你心情不好。我不要求你现在就停止继续沮丧下去，立刻像没事一样开心起来。我只是觉得，过于沉浸在不好的情绪中，可能不太好。"这样既包容了孩子的情绪，又给出了一定的建议，让孩子意识到问题。如果再给出一些小建议，简直是锦上添花了："我们去楼下逛一圈怎么样？这样心情会稍微好一些。""那能给我买个冰激凌吗？"孩子自己提出了解决的方案。家长可以满足孩子的要求。通过这样的对话和沟通，孩子也会逐渐学会如何管理自己的情绪。

CHAPTER 5

跟父母顶嘴，孩子毫不示弱

"当孩子理直气壮地顶嘴时"

案例 • • • • • • • • • • •

妈妈从幼儿园接智彦（5岁）回家的路上，向孩子坦露困扰了自己一天的事情：

"昨天你跟恩熙吵架了？"

"没有。"

"那恩熙妈妈怎么说你们吵架了呢？昨天恩熙回家跟她妈妈说和你吵架，被你弄哭了。"

"我没有！"

"你还说没有？别的小朋友也说看到你们吵架了。"

"真的没有！"

"你还撒谎！不是两个人因为红色卡纸吵起来了吗？"

"嗯……那不是吵架。"

"还说不是？小朋友们都看到了，老师也看到了，不是吗？"

"我都说了不是。不是！当时是……"

"做错事情也不乖乖认错，废话还那么多。明天去跟恩熙道个歉！到时候带张彩色卡纸给人家。一会儿妈妈买给你！"

"我都说了不是吵架。我才不要道歉！"

"不道歉？你还有理了？做错事当然要道歉！"

"我都说了不是，我又没做错，凭什么道歉？"

"那恩熙回家为什么哭？你这样会伤小朋友的心，不是吗？"

"她哭她的，我为什么要去道歉？我又没做错！"

"你这孩子！简直了！明明做得不对，还这么嘴硬！必须给人家道歉！"

"那我要是哭得更厉害，是不是就不用道歉了？"

"让你道歉就道歉！要是不听话，上次你想要的那个娃娃就别想要了！"

· ·

孩子顶嘴时，为什么我会生气？

当孩子顶撞家长时，家长应该首先明白一点：人要是不说话，是无法活下去的。

语言对人类来说，是非常了不起的工具。正是借助这个工具，人类才创造了璀璨的文明。没有语言，人就无法实现彼此间的理解。在靠语言表达和沟通的过程中，人类解决了诸多问题。语言的重要性已经无须强调，所以家长应该鼓励孩子多说话、多表达。

但为什么家长会讨厌孩子说话呢？更确切地说，父母为什么讨厌孩子通过顶嘴来表达自己的想法呢？

没有哪个父母是不希望孩子好的。家长一心望子成龙，而且深信在一些问题上，自己的认知和判断肯定会比孩子强，于是也就断定自己的指示都是正确的，认为孩子听自己的话，其结果肯定也会是好的，要求孩子听从和接纳自己的意见。

在这个过程中，孩子解释什么已经不重要了，不会改变家长的决定。孩子肯定有自己的做事方式和想法，但家长就是一副专横固执的架势："爸爸妈妈是爱你的！只有这样才是最好的选择！你说什么都是多余的，说了我们也不会听！"总之，就是让孩子闭嘴乖乖服从父母。

请注意，这样的态度隐藏着让孩子屈服的含义，类似于"我让你跪你就得跪下"。

大多数家长在孩子顶嘴时会表示："我家孩子根本就不服管。"适当的管制是必须的，但是试图一步到位，其实是家长单方面的控制欲和强制心理在作祟。因此，在孩子顶撞自己时，家长很极端地认为这孩子没大没小，竟敢顶撞父母。"看我吃不吃你这一套，让你看看谁更厉害！"家长情绪失控，和孩子"势不两立"。这样一来，家长难免会在训斥孩子的过程中露出一副凶神恶煞的样子，和孩子对峙。

我们为什么无法容忍孩子顶嘴呢？不妨反思一下。

我记得有个妈妈这样说过："每当孩子有板有眼地顶嘴时，我真是忍无可忍，有时候甚至会一下子被惹怒。"

"那您觉得是什么刺激到了您，使得您暴怒呢？"

这位妈妈大概是觉得我这问题问得有些多余："因为孩子在顶撞大人啊。"

"嗯，对。我的意思是，顶撞就顶撞，怎么会让您暴怒呢？"

这位妈妈突然无从回答。

"每个人都有说话和表达的权利，不让孩子说话，那还怎么活啊？"

这位妈妈似乎很是委屈："可是，院长，小孩子顶嘴是另一码事啊。"

"其实，孩子顶嘴确实不对。但是相比于闭口不言，说出来总是更好吧？"

妈妈侧着脸若有所思。但我觉得确实是这个道理。就算孩子顶撞父母，相比于干脆闭口不说，能说话不是更值得庆幸吗？

多鼓励孩子表达自己的想法

在前面的案例中，就算孩子的话听起来像是顶嘴，家长也要先听完再说。其实现在的年轻父母们在做决定时，已经学会了有意识地问问孩子的意见："你是怎么想的？说说你的看法。"这点相比过去独断的家长要好许多。但是当孩子的回答跟自己的想法不一样时，家长就会沉不住气，开始发火。这时孩子就弄不清父母到底是让自己说真实想法还是不要说真实想法。或许家长在做某个指示或者决定时，可能只是希望孩子能回答："好的！""我错了！""我听您的。"

提问时带着既定答案，这是霸道的做法。在对待孩子顶嘴这个问题时，家长要有一个基本的原则，那就是先给孩子畅所欲言的机会。就算孩子的话不那么令人满意，态度看似顶撞，也要先听完才行。中途插话或者打断，去评判内容和态度，都不可取。

有时候孩子可能会恶意顶嘴，不轻易罢休，这时也请让他说完。要鼓励孩子畅所欲言，大胆地说。因为一旦孩子抗拒说话，家长就基本上别指望能有进一步的探讨和引导了。不管是对还是错，得先让孩子表达自己的想法才有话题可谈，才会有进一步交流的空间。夫妻吵架也一样，一方得开口说当时的想法，另一方才有可能回应一句："原来你是这样想的。"然后再接近问题本身。双方中一方闭口不谈，没有比这个更让人绝望和无力的了。家长平时说："没事，你说吧！""你怎么想的就怎么说。"等到孩子抱怨"爸爸从来就没关心过我"时，就突然发火顶回去："你这孩子也太没良心了！"

我们换个立场再去看待这个问题。假设公司领导问："大家要是有什么意见，不妨说说看。公司会尽量解决大家提出的问题。"于是有员工大胆发表意见："我觉得公司在××方面存在××的问题。"没想到刚说完，领导就红着脸说："你们有没有脑子？现在经济这么不景气，有份工作就不错了，一点儿都不体谅公司……"

明明是领导让员工发表意见的，结果员工真正提意见的时候，领导又觉得不顺耳，大发脾气。这样一来，员工之中再也不会有谁敢直接提意见了。如果领导在听完后表示："嗯，你的建议很中肯。这是今后公司需要改进的地方，而且可能大家对这个问题还存在一些误解。其实大家不妨这样去想……"想必会议全程会互动得很顺畅。

小朋友之间有矛盾时，也不要不分是非就让孩子先给对方道歉。孩子尽管小，但是重新去分析当时的状况时，如果意识到确实是自己做得不对，自然会想跟对方道歉，说"对不起"。但如果不是这样，家长不管三七二十一，连事情原委都不听一句，就让孩子去道歉，不但会给孩子带来屈辱感，还会伤到孩子的自尊心。在父母的施压下，孩子尽管不情愿，但还是给对方道了歉。如果家长在孩子的成长过程中经常这样强迫孩子，那么遇到真正需要道歉的情况时，孩子会不肯承认错误。因为他早已对道歉本身有了太多负面的、讨厌的记忆。

在关于夫妻问题的咨询案例中，在承认对不起配偶的情况下也无法说出"对不起"的人有很多，这样就会加深双方的矛盾。这类夫妻通常是一方认为："你不是应该道歉吗？"而另一方很反感地发火回应道："我为什么一定要说对不起？"如果是需要道歉的情形，肯定是要说"对不起"来表达歉意的。如果嘴上没有表达出来，对方就很难理解你心里想的。所以无论有什么想法，平时都应该去表达才行。

有些孩子仅仅是说话比同龄的孩子慢，家长就急着去医院找专家干预治疗。如果孩子说话没问题，是大人遏制和威胁孩子，不让孩子表达，那才是需要着急和重视的问题。如果家长能这样想，那么以后孩子再顶嘴时，态度也会平和许多。

我在给小患者进行心理治疗时，偶尔会遇到一些看似强势的孩子。每当这时我会说："这孩子将来去哪儿都不至于饿到自己。"听到这里，孩子会多少感到有点儿意外："真的吗？"看得出孩子心里在暗暗高兴。我说："你愿意对院长说出你内心的不满，我认为挺好。这说明你内心有强大的一面，这点应该被认可。"这时孩子强势的态度会缓和许多。

有些高中生进到诊室，会直接表露自己的不满情绪："我在外面等了足足40分钟，本来课业就很紧张！这个时间都能刷一套题了。"

"你原本是打算做题的，对吗？"

"也不一定是做题，利用这个时间去见见朋友也可以啊。"

这时我会立刻道歉："嗯，对你们高中生来说，40分钟确实太宝贵了。有时候30分钟的游戏时间还得向父母极力争取。是我耽误了你的时间，不好意思。"

"啊，其实也没那么夸张。我知道您是太忙了，一旦接诊都没时间去洗手间，我理解……"

"理解吗？"

"嗯，理解。"

"真的很感谢你能理解我的工作。但确实也耽误了你许多时间，抱歉啊，请你体谅一下。"

这样聊下去，大部分孩子都能表示理解和接受。也有些孩子并不很配合，也不肯理解，这时需要用心倾听并真诚回应。

当家长认真听完孩子的想法时，会发现有些地方确实是自己做得不对，应该真诚道歉："刚听你说到这些，我知道了你原先并没有这种意图，是妈妈说话态度有问题，伤了你的心。"

孩子可能会开始翻旧账："而且上次妈妈也做得不对！"

这时可千万不能倚老卖老，试图教训孩子："你还敢说妈妈？你怎么不管好你自己？"而应该说："嗯，妈妈那时也不该那样做。妈妈会努力去改正，是妈妈做错了。妈妈只是希望你能过得幸福一些，是一心希望你能好。妈妈相信你可以的！所以妈妈不好的一面你不要学。"当妈妈这样谦虚、平和、真诚地回应时，孩子会意外地乖乖接纳大人。

家长这样做不是助长孩子养成叛逆的性格，而是接纳孩子的情绪，让孩子情绪稳定，让孩子坚信即便是表露自己的负面情绪，父母也会宽容地接纳和包容自己。这样孩子顶嘴的情况会逐渐改善。如果家长不肯听完孩子的话，也不接纳和理解孩子的情绪，只一味要求孩子听话和服从，让孩子说"是是是"，那这绝不可能是发自内心的"是"，只不过是孩子为了尽快结束当前这种窘境，敷衍了事的态度。

孩子顶嘴？先听完，再说然后

当孩子顶撞父母时，家长应给出明确的建议。这时需要注意的一点是，孩子有他自己的想法，而且可能有些想法在父母听来不可理喻。不过家长不能只是说教并要求孩子马上理解和接受。

孩子说："妈妈，我不想去幼儿园。我要在家看动画片，吃好吃的。"家长可能会觉得不能一开始就惯着孩子，于是会给孩子讲大道理，并且希望孩子能理解："你看，别的小朋友都去了幼儿园，如果你不去的话，只有你一个人会变成小笨蛋，什么都不懂。你愿意变成那样的笨蛋吗？"请问这时孩子会立刻理解并清晰地意识到"我必须去幼儿园，像大家一样好好学习"吗？恐怕未必。

当孩子以不可理喻的理由顶嘴时，暂且先听完再给出回应："看来是这一点让你不开心了，难怪有时候你不喜欢去幼儿园。"下一步就是给出建议："但幼儿园是必须要去的。"如果孩子还是挣扎着："我不去！我不去！"家长就把孩子抱起来放到幼儿园接送车上，并且好好道别："宝宝，咱们必须乖乖去幼儿园。等放学回来妈妈好好陪你玩，做好吃的等你！"

讲道理归讲道理，家长也不能指望孩子能立刻理解："啊，原来是这样啊。是我不对。"要是这样期待，就是奢望了，这还不是孩子能控制的范畴。但即便是这样，也不能省略了给孩子讲道理的环节："嗯，有时候不想去，也是有可能的。但除非是生病，幼儿园必须每天都去。"简单解释后正常送孩子上幼儿园即可。

铺天盖地的育儿书都在强调，不要小看孩子，不要单方面通知式沟通，而是要具体解释不可以的理由。但是这样做的前提是要心平气和。假设孩子正在闹脾气，顶撞家长，这时就算家长好好讲道理也无济于事，孩子根本听不进去。家长再说一些气话，比如，"你是不是想变成小笨蛋？""以后怎么上小学？别的小朋友都会写字，就你自己不会写，你这样以后连个朋友都不会有。你说谁愿意跟一个小笨蛋做朋友呢？"这些都没必要。家长只要简单明了地说一句"不管怎样，幼儿园必须去"，就可以简短地传达意思。孩子因为心情不好或者情绪激动顶撞家长时，家长暂时满足一下孩子。至于建议，用 10 个字以内的话简单地强调就好。

但如果是平常，多解释、安抚一会儿也没关系，比如看故事书时。

"绘本里的民智小朋友好像不情愿上幼儿园呢，为什么呢？他想一个人玩玩具，可是在幼儿园就不能这样，所以不喜欢去幼儿园。宝宝你有没有这种时候呢？""你的玩具是自己的，所以可以自己拿着玩，但是在幼儿园却不能这样，是吗？"

"是。"

"那么幼儿园里的玩具是谁的呢？"

"老师的！"

"是的，幼儿园里的玩具是老师的。"大致把谈话引向这个思路就可以。

或者给孩子讲讲家长自己的事情。

"妈妈其实有时候也不想上班。"

"啊？那妈妈和我一起玩吧！"

"可是不行啊。妈妈还有工作要做，而且我们要学会忍受一些事情。宝宝你也需要学会这一点。"

孩子可能会问："那要一直去幼儿园吗？"

"感冒发高烧，身体很烫很烫的话就必须在家里休息，让自己快点儿恢复。如果这时去幼儿园，可能会传染给别的小朋友，所以必须在家休息。还有，要是家里有特别的事情，也可以请假不去。你如果非常不想去，那一定要跟妈妈说明为什么，好不好？或许妈妈可以帮到你呢。"

有些孩子无法接受别人对自己说"不可以"。原因可能有很多，但最具代表性的是孩子有一种误解，即"接受我的意见＝爱我"。一旦对方不接受自己的要求就认为是不爱自己，所以非要试探对方是不是爱自己，固执己见。导致这种情况的原因大多是家长平时经常用给孩子买东西的方式来证明对孩子的爱，或者对于孩子的要求向来有求必应。如果家长对于孩子的要求毫无引导地直接满足，孩子就会认为是理所当然，所以更无法坦然地面对拒绝和挫折。

相反，一直不满足孩子的需求也会出现同样的问题。有些家长态度极好，但就是不会满足孩子的要求。如果一直不满足孩子要求，孩子容易以是否满足自己来评判父母爱不爱自己，所以听到"不可以"时，很容易受伤。

前面也提过，过于敏感的孩子，很难接受别人的拒绝。"不"这个字略有一些生硬，所以孩子会认为这是对自己的不友善，就会心情不好，讨厌听别人说"不"。

养育性格敏感的孩子会辛苦许多。有不少家长对于性格敏感的孩子的过激反应常常不知所措，于是尽量不去惹怒孩子。这样很容易走向另一个极端，就是过于纵容孩子。这样一来，孩子很难学到正确的行为准则。

每个孩子要想和他人和平共处，都要学会行为准则。在向性格敏感的孩子提出行为准则时，请家长先语气和蔼地告诉他："妈妈爱你，但并不是所有的事情都能满足你。""妈妈并不是在指责你，而是必须让你明白这个道理，所以才会说你。妈妈很爱你，但这件事不能答应你。"提前这样给孩子打个"预防针"，让孩子做好心理准备。以后再给孩子提出行为准则时，就可以稍微严厉果断一些了。这时对孩子的打击会小许多。

孩子为什么只跟我顶嘴？

如果孩子有明显的顶撞倾向，家长就应该反思一下是不是自己的威信出现了问题。这很可能是孩子没把家长放在眼里。不放在眼里，意味着并没有认可家长的教导能力。孩子一旦不认可家长的教导能力，很可能对于其他大人的教导能力也心存质疑和抗拒。假设一个孩子随手丢了垃圾，这时路过的大人提醒道："不能随手丢垃圾。"而孩子会认为这个人根本不具备说教自己的资格，于是不屑地顶撞："多管闲事！"

孩子应尽早懂得——除了自己的父母，其他人也可以教自己如何做人做事。如果不懂这个社会规则，就很容易顶撞父母或老师。

孩子为什么不认可家长的威信呢？主要原因有两点：第一，家长过于强调威信，每次都试图打压和攻击孩子；第二，家长对孩子完全放任不管，过于宠溺，丝毫没有管教能力。在后者这样的家庭，孩子的权威高过大人或与大人等同。

我不建议家长对孩子使用敬语。有些书中建议家长平时和孩子交流时使用敬语，这个建议的潜台词是尊重孩子，而不是恭维孩子。只是多数家长对这句话有着误解，所以会错误地执行。现实生活中，很多大人被孩子像仆人一样使唤。如果是这样，家长们最好还是不要使用敬语。

亲子关系中有着必须遵守的规则和底线。当孩子能自然地接受这些时，到了学校、社会，也能听从老师和领导的指导，维系舒适的关系。

假设孩子因为生气打了妈妈，这时妈妈会嚷嚷着"哎呀"，表示很疼。其实这不是正确的做法。当然，也不应该大声嚷嚷着说："喂！这样打人很疼，知道吗！竟敢打妈妈！"

家长应果断告诉孩子："不可以打妈妈！任何人都不可以这样打！"让孩子明白家长不是柔弱的存在，是有着权威、能够教孩子是非的人。家长切不能因为孩子哭闹耍赖就乱了手脚，被孩子左右，向孩子示弱。在孩子面前发火、崩溃或者哭哭啼啼都不可取，会有失家长的身份。孩子无法从束手无策或者不强势的人那里感受到权威。如果家长平时不教育孩子是非对错，也不可能在孩子心里树立威信。

家长带孩子坐电梯，孩子摁了所有的楼层按钮，而家长说："宝宝好棒，一个按钮都没有落下。"旁边的乘客说两句，家长就会红着脸顶一句："关你什么事？电梯又不是你家的！"家长这时应该明确、严厉地告诉孩子："不必要的按钮不可以乱按。"

孩子拿着锋利的剪刀时，妈妈说："这样危险，给妈妈！"有些孩子会拿着故意跑开，不肯给妈妈。这时不能追着孩子喊："快给妈妈！拿过来！赶紧！"应尽快抓住孩子的胳膊，扳开孩子的手，夺过剪刀："危险！"威信是这样一点点建立起来的。现在的孩子越来越无视家长的威信，所以也不怎么听大人的说教。

有些家庭里，家长一方会觉得孩子唯独对自己的话很不当回事，心想："这孩子怎么唯独针对我？""怎么我的话就不当回事呢？"

如果孩子对他人没有这种表现，唯独对一个人这样，那么说明这个家长与孩子的关系出现了某种问题。孩子没把这个家长当回事，或者是亲子关系过于亲密，没了最基本的礼仪底线，或者家长经常攻击孩子，或者家长唯独跟孩子交流时感到费劲，或者亲子之间有什么误解……总之这一方家长和孩子之间出现了问题。如果孩子在特定情境、和特定对象独处时表现出问题行为，那么家长必须好好反思一下。一旦大人意识到自己的错误，就应接受事实，真诚沟通，找出解决方案。

人与人的关系始终是作用与反作用的关系。给对方什么样的刺激，对方就会给出什么样的回应。过激反应就是很好的例子。如果孩子回应父母的语气过激，那么很可能是家长对孩子的语气过激导致的。孩子如果对父母中的某一方表现出顶撞的行为，那么肯定是那一方父母在对待孩子的方式上存在问题。

无论是哪一方的错误，如果想改变两人之间的关系，那么就得有心的一方主动做出改变。在夫妻关系中也是如此。就算是对方犯了错误，在谁看来都是对方的错，如果不想离婚，那就需要自己来做改变。要么是自己对待对方的态度发生变化，要么是自己对于对方给的刺激做出回应时，改变之前的回应态度。总之自己改变时，对方也会相应改变。

孩子顶嘴也是同理。如果家长对孩子顶嘴很头疼，就要改变自己说话的态度。假设是自己的这种说话方式招来孩子顶撞，而且总是重复同样的恶性循环时，家长就要反思自己，做出改变。如果做了改变，孩子依然没变化，那家长就继续做改变，实在束手无策就去求助心理专家。并不是试错本身有问题，而是如果家长过多地试错，那么孩子会和家长共同经历一次又一次的失败经验，很容易导致亲子关系恶化。

孩子表现出问题时，父母要先尝试改变并努力，这也是父母的责任所在。师生之间也是，如果学生身上存在问题，就算是错在学生，教师也应该先做改变，这也是为人师者应有的姿态。

现在"制服"不了，以后就成"脱缰之马"？

"院长，是不是现在不帮孩子纠正倔脾气，以后就没法制服孩子了？"

每当听到家长这样说，我就忍不住眉头一皱。

"孩子是犯人吗？为什么要制服才行？一定要这样说吗？孩子要慢慢教，怎么能想着去制服呢？"

家长会叫苦连连："唉！说起来简单，做起来难啊。我也知道很多时候要控制一下自己的脾气。"想要制服和控制孩子，说明父母能认识到自身存在着耐心不足的问题。听话的孩子固然省心，但是如果缺乏耐心，这就是家长自身的问题。在育儿过程中，曾经深藏在大人内心深处的性格弱点、不完善的人格都会暴露出来。这些并不是因为孩子，而是家长自身的问题。自身存在的不成熟的性格问题要自己来改善，不能把责任推给孩子。当大人意识到必须制服孩子时，大人要想到的是："啊，可以很好地借这个机会来弥补我不完善的一面。"

当孩子撒泼时，家长不挫败他，难道这辈子就真的没法再控制孩子了吗？就真的是毁了孩子吗？当然不是。孩子任何时候都可以改变。当孩子撒泼任性时，家长要考虑的不是如何一次性改变孩子的倔脾气，而是如何让孩子明白大人可以教孩子做人做事的道理，无论这个大人是自己的父母还是老师。家长还要思考如何能让孩子明白，有时候听起来不那么愉快的话语并不是针对和攻击孩子。想要做好这些，家长就要摆正心态，明白自己的意图是教孩子，而不是制服孩子。我们在教育孩子时，必须要以尊重对方为前提。

CHAPTER 6

第六章

用尽各种办法，
依然无法和孩子沟通

"当孩子哄也哄不好时"

郑河（4岁）从幼儿园回来，一边脱鞋一边耍赖。

"一点儿都不好脱，麻烦死了！"

"是吗？让妈妈看看。"

妈妈一看，原来是没有解开扣环。但郑河不管三七二十一，只顾着哼唧。

妈妈担心这样下去孩子又要发脾气，于是赶紧麻利地帮孩子脱掉鞋子："妈妈来帮你，你看，这不是很好脱吗？"

脱鞋后进到客厅，孩子又开始翻找昨天的面包。"妈妈，我的巧克力海螺面包呢？"其实面包昨晚已经被他吃掉了，而且妈妈就怕会发生今天这种情况，所以当时还特意提醒："这是最后一个面包了！"结果今天果然又开始耍赖，非要找面包。

"郑河啊，昨天你不是把面包吃掉了吗？妈妈一会儿再给你买！"

孩子根本不听，哭着非要现在就吃。

"妈妈马上去给你买，你在家等着！"

孩子却说自己不敢一个人待在家，非要让爸爸现在买回来。

"那你跟妈妈一起去买好不好？"

"我不，我不！让爸爸买，现在就买！"

孩子哭闹得越来越厉害，哄半天也不管用。妈妈哄着哄着突然失去了耐心。"你说你怎么总是这个样子！怎么就听不进去别人的话呢？"妈妈强忍着火气。

"爸爸还在公司呢。这才 4 点，怎么给你买？"

"就让爸爸买！爸爸买！"孩子根本就听不进妈妈的话。一直以来，郑河要是有什么不顺心就会耍赖，一直哭到事情解决了才肯罢休。所以平时爸爸妈妈都会很小心，生怕惹到这个"小哭包"，结果今天还是没能避开。和孩子费了半天劲，妈妈觉得这哭声就像用指甲刮着黑板一样让人抓狂，真的恨不得捂住孩子的嘴。妈妈绝望地走进自己的房间，关上门，捂住了自己的耳朵。

父母也是人，难免有厌烦的时候

在养育孩子之前，家长都觉得自己的脾气还可以，但是自从有了孩子，常常做出自己也没想过的行为，从而产生自我怀疑："怎么会这样？我竟然会有这一面？"这些行为有的可能是好的，但更多的可能是令人鄙夷的。

如果孩子是不好哄的类型，家长更容易陷入这种困惑当中，因为这些哄不好的孩子会触碰家长心中不成熟的部分以及性格中不好的一面。原本沉淀在内心深处、需要一辈子来解决的自身问题，却因为孩子被引爆。所幸的是，有些父母会通过这些烦恼变得更加成熟。但大部分父母的脾气会更加恶化，也会说一些作为家长千万不能说的狠话。

冲孩子吼叫、打骂孩子、把孩子轻扔到床上……本以为孩子可爱，可偏偏有时候又让人觉得讨厌，一想到孩子要放学，家长就开始有些慌。怎么会这样？毕竟父母也是人，育儿过程中难免也会有觉得孩子讨厌的时候。尤其是不太好哄的孩子，惹人烦的时候更多一些。家长也很难积极地去想："老天爷把这个孩子送到我这里，大概是为了完善我的人格。"大部分家长都无法从自身寻找原因，而是把矛头指向孩子，但这会引发很多问题："你真是能把人逼疯。""你这孩子怎么总这副模样？"这样一来，孩子无法很好地成长，亲子关系会僵化，而父母自身也会痛苦万分。按理说，对于自己的孩子，父母应该本能地去爱他，但和孩子相处的时间越久，就越感到备受折磨。

孩子一直哭会让家长很心烦，但偏偏总有人喜欢在旁边火上浇油："你倒是哄哄孩子啊，怎么连个孩子都哄不好？动不动就把孩子弄哭！"这些话会让家长觉得自己很无能，不仅觉得孩子讨厌，自己心里也不舒服。

孩子一旦哭起来，非但不好哄，而且没完没了地哭，于是又有了一系列的问题——家长变得抑郁，觉得孩子让人烦，夫妻关系也会出现裂痕。孩子哄不好，会使得家长身心疲惫，如果配偶不能共同参与育儿，还会对配偶心生怨恨。

那些不好哄的孩子，必然可以从父母身上找到影子。比如孩子随他父亲，生性敏感，所以孩子哭闹时，孩子的妈妈就会更加埋怨配偶。而孩子的爸爸由于自身敏感的性格，也忍受不了孩子哭闹。孩子开始哭闹时，爸爸会因为讨厌哭闹（并不是讨厌孩子）而大吼："把他带出去让他哭！"妈妈听了会觉得很不可理喻，觉得丈夫冷漠又无情。抛开孩子哭闹的情况，父母某一方如果性格敏感，会很容易生气，一旦闹别扭可能会持续很久，所以也很难经营好婚姻生活。

通常孩子哭闹哄不好时，家长会有两种反应。一种是大发脾气，表现出攻击性的一面；另一种是因为担心惹到孩子又导致无休止的哭闹，所以不轻易去触碰孩子的情绪。这两种反应都不可取。家长的态度带有攻击性，孩子会变得更加敏感。因为怕惹到孩子而不去管孩子，家长又会错过适时介入和教育的时机，导致孩子的状况变得更糟。

关注点不是哭闹，
而是为什么哭闹

孩子哭闹时，家长会因为嫌孩子太吵，对孩子有求必应。这种做法会让孩子有种错觉："哭闹就能得到想要的东西。"于是有所需求时就会一直哭闹。对于这样的孩子，必须让他明白——再怎么哭闹，不行就是不行。家长态度坚定，始终坚持原则时，孩子才会停止哭闹这种"小把戏"。

值得我们深入思考的是，有些孩子是因为从父母那里得不到满足感才会哭闹。这类孩子在哭闹时，总会带有一些要求，而种种要求背后的根本需求是"爸爸妈妈，你们来关心我一下，听听我说的话"而已。这说明孩子在情绪上得不到充分的满足，也很缺乏来自父母的包容。如果孩子总是因为鸡毛蒜皮的琐事哭闹，家长不妨思考一下："是不是没能洞察到孩子真正的需求？是不是包容能力不够？"

感觉孩子一整天都在哭闹的家长，大多只是对孩子说："能不能不哭不闹，好好的？"而不是去关注孩子为什么哭闹。

家长本可以问："你现在需要妈妈做什么？"却只是问孩子："怎么又开始哭闹了？我不是说了别再哭了吗？能不能好好说！"避开核心问题，要求孩子态度端正，好好说话，孩子肯定要继续不满意、继续哭闹了。如果孩子哭闹得厉害，确实应该让孩子不要哭闹。但想要解决问题，首先要问清原因才行。

孩子开始哭闹时，请父母安静观察一下，听听孩子哭闹时在说什么。可能是带着哭腔和情绪，但孩子却在真实地表达："想玩娃娃，妈妈不陪我玩……"听完孩子的说明后，妈妈可以回答："那妈妈陪宝宝玩 30 分钟，好不好？"询问后根据孩子的要求，陪孩子去玩，做到言行一致。

但大部分家长根本不去听孩子想要的是什么，只是责怪孩子哭闹："哭个没完没了，吵死了……"容忍度低的孩子哭闹，是在用生气或哭的方式表达自己内心的不舒服。如果孩子一整天都在哭闹，那就是一整天都在持续感受内心的不舒服。

有些家长对孩子照顾得无微不至，但在聆听和洞察孩子的内心需求方面却很欠缺。比如孩子想折纸，妈妈却热情高涨地要和孩子玩过家家；孩子在手舞足蹈地说事情，妈妈却反应平平；孩子对某件事情不感兴趣，而妈妈自己却兴致勃勃。这好比是孩子后背的右侧痒，而妈妈却帮孩子挠后背的左侧，然后问孩子："舒服吗？"如果孩子如实回答"不舒服"，那么妈妈就会觉得自己很委屈。而孩子对家长也很失望，觉得自己的需求根本不被理解，更得不到满足。

有些家长会开始和孩子没完没了地讲道理、争论。

孩子拿着独立包装的小袋饼干抱怨："打不开，太费劲了！"

这时家长只需给孩子示范一下如何利用易撕口拆开包装就可以了："妈妈帮你撕开这部分，剩下的你自己来吧？还是想让妈妈帮你撕开？"

"全都打开！"

"好，妈妈帮你打开，你拿好慢慢吃。"

基本上像这样小小互动一下，小问题就轻松解决了。本来家长只要手把手教孩子："你看这个易撕口，顺着一用力，嗒！这就可以了。"但喜欢借题发挥的家长就会说："这点儿小事都不会？你现在是哥哥了，妈妈总不能一直这样跟在你屁股后面帮你啊！"这样的事情变多，那么亲子互动的不和谐也会越来越明显，很影响亲子关系。

在孩子2岁前，家长都会无微不至地照顾孩子。就算孩子异常敏感，家长也以为是小宝宝还不懂情绪管理才会这样。一旦孩子过了2岁，就需要重新审视这个问题。孩子变得非常难哄，而且喜欢自己咿咿呀呀地表达不满情绪时，家长就开始变得不那么有耐心了。孩子自己能表达情绪，而且也基本上能听懂大人的话，怎么就这么不听话呢？可是，如果家长感到委屈，那孩子就会觉得更委屈，也会哭闹得更厉害。从家长那里满足不了需求的孩子，理所当然也很难哄得好。

家长经常会直接数落孩子："你都多大了，说话还这么像小孩似的撒娇？"希望7岁的孩子一言一行像大姐姐大哥哥一样懂事，稍微有点儿小失误就会埋怨："当哥哥的一点儿都没有哥哥的样！"一句话就会彻底打消孩子的积极性。如果家长疏于满足孩子的情感需求，只是单方面要求孩子做个懂事的大孩子，那孩子只能像个缺爱的孩子一样天天哭闹了。

孩子一直对父母提要求，有时候是想让父母买自己想要的东西，有时候是自己明明可以做但想让父母代劳。这是孩子的需求得不到满足、内心不安的表现。

其实孩子真正想要的是情绪上的安抚，但是由于孩子没有意识到这一点，才会以其他具体的方式来表达这种诉求。如果家长也没能察觉孩子的情感需求，孩子的这种倾向会越来越严重。

孩子向家长撒娇时，家长可以大方地接受和包容。我家孩子今年上高三，但偶尔也会可爱地喊一声"妈！"然后钻到我怀里。我也会笑着说："哎呀，这孩子。"然后抚摸孩子的头发，或者轻拍一下肩膀。因为我知道孩子这个撒娇的举动是为了得到父母的宠溺和爱，所以欣然满足孩子。孩子会充满爱的原动力，再次起航，更加专注地投入自己的事情。

一些有两个孩子的家庭中，大孩子平时耍赖多一些，这是很正常的一种本能举动。对孩子来说，父母的关爱和呵护是赖以生存下去的最为重要的原动力。突然出现了一个竞争者，分享父母对自己的爱，会让孩子感到一种本能的担忧。孩子会忧心忡忡，担心父母对自己的爱从此被剥夺，不能再拥有父母的爱。因此为了得到爱，孩子会选择最为本能的简单方法，自己也变成一个小孩。原本完全可以做得很好的事情，孩子也会向父母求助。对于这种情况，请父母慷慨地去满足孩子的需求。除非是一些过分的要求，一般的、不超乎常理的要求和撒娇，当然可以去接纳和满足。要给孩子足够的爱，让孩子有安全感。

孩子哄不好，
背后隐藏的 3 个原因

有些孩子特别不好哄，大致有三种类型。

第一种是孩子特别敏感，对来自外界的各种刺激反应过度。孩子在处理这些过多的外界刺激时，情绪受到了影响。

和妈妈外出，孩子犯困了，但没有合适的躺着的地方。妈妈让孩子枕着大腿睡一会儿，有些孩子会乖乖躺着。但敏感的孩子会嫌脖子不舒服、腰不舒服、耳朵压着疼，继续哭闹。躺的位置不舒服、周围环境太亮、太吵，这些都是让孩子烦躁的因素。对来自外界的各种刺激过于敏感，会大大影响到情绪。

孩子过于敏感，大多是因为父母双方中有一方过于敏感。这种生物学特性基本上遗传自父母。所以孩子不好哄时，父母恰好可以通过孩子的这一面来了解一下自己。

一位妈妈向我哭诉道："院长，我觉得我带孩子太难了。"随着咨询的深入，她猛地发现："听您这么分析，我仿佛看到自己儿时的样子。"她后知后觉地意识到孩子之所以这样，是随了自己的性情。而能够意识到这一点，就已经让这位妈妈释怀许多。"原来孩子这一点是随了我啊。没能把好的一面遗传给你，妈妈真的很抱歉。"正是这份愧疚，会让妈妈对孩子不似之前那样纠结和头疼。

虽然孩子遗传了家长的这一面，但是家长自己如今也能过上不错的生活，并且顺理成章地工作、恋爱、成家，只要在孩子身上稍微用心一些，孩子也可以健康成长。谈到孩子的性格敏感问题时，这位家长也是在听到分析后醒悟："原来是我对孩子要求过高才导致这样。"于是会在对待孩子的态度上做一番反省和改正。当家长回顾和反思自己的敏感问题时，如果能够意识到尽管自己儿时这个问题很突出，但随着年龄增长，已不是什么问题和障碍，那么也就能开始理解和帮助孩子慢慢改善这一点。但如果家长也觉得这种敏感性格让自己过于疲惫且备受压力，那么很容易给孩子带来严重的影响，应积极接受治疗。

第二种是孩子的耐受力差。当耐受力差时，孩子的"情绪口袋"很容易膨胀和爆发。这样的孩子稍微感到饿也会抱怨道："要饿死了！"如果自己的某个需求未能立刻得到满足，就会用大哭来表示不满。孩子的这种哭泣并不是因为难过和悲伤，而是因为生气和不满。一旦孩子不能如愿以偿，或者当前的不适不能立刻得到缓解，那么就会无法忍受这种不舒服，丝毫等待不了。这样的孩子如果不能扩大他们的"情绪口袋"，很容易成长为暴脾气的大人。

第三种是孩子的情绪调节能力滞后于自身的其他能力。这需要家长慢慢引导和教育。即便是性格敏感的孩子，只要家长能好好引导，教他们如何调节这种情绪，就会得到一定的改善。否则，孩子小时候可以通过哭闹来发泄情绪，一旦成年，就变成了情绪调节能力差的大人。而一个情绪调节能力差的成年人，会引发很多不堪设想的严重问题，自己也会过着不开心的生活。

究竟如何教孩子调节情绪？家长不能过于迁就孩子，也不能过于纵容孩子，更不能在每次发现小问题时就束手无策，不做任何尝试。如果3岁的孩子用小拳头捶打家长，有些家长会任由孩子打，不加以任何制止。家长会说："小孩子打人能有多疼！"但这不是疼不疼的问题，而是要让孩子明确，在任何时候打人就是不对！这是关乎教育的问题。这时必须严肃地告诉孩子："不可以打人！"

而一向严厉、冷面孔、喜欢强压式且凡事是非分明的家长，往往不允许孩子出现任何瑕疵行为，于是事事指点和干预，这同样也会让孩子在种种框架中完全不敢迈步，没有主见。这类孩子或许在家长面前滴水不漏、懂礼貌，但这是因为孩子在家长面前无法放松，出于紧张而做出来的"表现式"的乖巧行为。一旦管教稍微有些松懈，他就会放飞自己。于是孩子在严厉的妈妈面前是个听话的好宝宝，但一旦到了游乐园，就会攻击小朋友。孩子在妈妈面前会乖乖地答应："是！"而在随和亲切的幼儿园老师面前，可能就会脾气暴躁，大声喊："不，不！为什么这样对我？"

让孩子自己经历平复情绪的过程

孩子哭闹时，大人为什么急着去哄？让我们静下来，用 3 分钟的时间回顾一下当时的心理。

孩子在很小的时候哭闹会让人心疼，所以家长会立即抱起来哄；长大后哭得厉害或者不该哭闹时哭闹、发脾气，家长则认为是任性行为，所以急着制止孩子哭。这时家长通常试图说教孩子。于是一方是哭闹不停的孩子，另一方是长篇大论讲道理的家长，家长想通过讲道理来让孩子理解和停止哭闹。问题是孩子会停止哭闹吗？会被说服吗？不可能。这些方法大部分都行不通。

一旦这个方式不管用，那家长就会用更强势的方式进行施压。瞪眼睛，低沉、严厉地呵斥："啧！想挨训了？"试图用吓唬孩子来达到快速止住哭闹的目的。这种方式确实会立竿见影。问题是强压式制止其实是一种攻击性行为，并不是正确的做法。

那什么是正确的处理方式？家长要关注孩子。有些家长只要孩子在公共场合哭闹，就会担心影响到他人。作为社会成员，这种顾虑是正常的。如果家长对于别人的异样目光不管不顾，认为小孩子这样哭闹是难免的，反而显得自私、缺乏情商。当前最为重要的是如何管教好孩子。孩子哭闹时，家长因为担心影响到他人，就吓唬孩子："停！打住！"相比这些，家长更应该考虑如何引导孩子的行为。任何时候，我们都要做孩子的第一保护人、引导者、照看者，要优先考虑孩子当前的状态。

管教孩子、给孩子讲道理，这都是在践行对孩子的长远教育理念。所以当前应该优先考虑："该如何引导好孩子？""是不是孩子现在感到不适才闹情绪？"

孩子哭闹时，家长图省事，用严厉的态度打压孩子，试图让孩子停止哭闹，这种做法不可取。想要让孩子得到教育，就要让他经历这些情绪。当然，我不是说："好，哭吧！你就尽管哭！哭个够！"而是让孩子感受自己当前的情绪，等孩子自己平静并不再哭闹。当然，这时家长不能拿着手机玩，或做其他事情，显得对孩子漠不关心。孩子对于家长是否在关心和关注自己，比谁都敏锐，而且十分讨厌家长漠视自己或对自己不管不顾。在这种情况下家长进行说教，孩子当然不可能听得进去，所以用目光关注孩子的状态很必要。

孩子要亲自感受情绪经历高峰再下落的过程，才能练就情绪调节能力。孩子在哇哇地哭，大人说教或者吓唬都无济于事。如果孩子摔倒受伤，疼得忍不住哭，家长要第一时间安抚孩子。但如果孩子是无理取闹地哭闹，家长就要等孩子自行平静下来，在一旁一直静观，耐心等待孩子经历这个过程。

孩子哭闹，家长安静地守着时，孩子会感知到这种安静的氛围，继而停止哭闹，开始观察周围。

"妈妈，你怎么不管我，也不骂我？"

"妈妈一直在等你停止哭泣，平静下来啊！妈妈想跟你说话，但是你这样一直哭，我就没法和你说话了。"

这时孩子可能会说："妈妈你说！"也有可能会再次"哇——"地大哭。那么就继续等待："妈妈等你哭完再说。"有些家长无法忍受这个等待时间。看着孩子不停地哭闹，就会吓唬和制止："给我憋着！""你这是又欠收拾了？"孩子在这样的压力下，无法很好地学会控制和忍受情绪。

不打断、不干扰，让孩子独自经历情绪高涨到逐渐平静的过程，才能使他学会应该在什么状况下控制情绪。如果家长过早干预，孩子会无法捕捉到那些情绪，就错过了学习机会，无法知晓情绪是如何阶梯式上升，再阶梯式下落的。无故哭闹的孩子，相比他人来哄和安慰，更需要自我说服。家长应该给孩子这个时间和机会。

"院长，我家孩子要是当时不哄，在一旁等着不干预，恐怕哭个三天三夜也不会停！"根据我20多年的临床经验，没有哪个孩子能一直哭闹几天几夜。只要没有什么大的疾病或者问题，绝对不会哭那么久。哭也是力气活，孩子会哭累、哭不动。所以家长在一旁观察时，会发现孩子情绪达到顶峰之后，会一点点降落，然后趋于平静。无法忍受这个过程的，恰恰是家长。家长在中途总会忍不住给孩子情绪刺激，导致孩子一直哭个不停。所以，单纯由于一个问题哭闹好几天的孩子，是不可能存在的。

孩子耍赖，4招轻松搞定

孩子哭闹时怎么管教？

第一，在孩子2岁前，家长积极安抚，了解孩子的气质特性。在这个阶段不能对孩子放任不管，让孩子自己调节情绪。要在安抚过程中观察孩子具备的特性。如果这些特性属于正常范畴，不属于病态，但相比同龄孩子有着明显差异，也应该和专家一起查找原因，正确解决。如果这时没有及时干预，就会助长不容易安抚的特性，并导致恶性循环。孩子在社会交际上也会出现问题，变得非常主观，以自我为中心，认为让自己觉得不舒服的，都是坏的。

假设有一把硬椅子，别人坐着可能会觉得有些不舒服，但可以将就坐一会儿。但孩子却嘟囔着："啊，好烦，怎么这么硬！"然后发脾气。如果孩子在每件事情上都做出这种反应，人生该有多么痛苦。

第二，孩子哄不好时，家长就安静地在一旁观察。如果家长极力想安慰，就会不知不觉间给孩子太多建议："跟爸爸出去吗？""爸爸帮你做？"虽说当前孩子在哭闹，但是如果家长在一旁一直给各种各样的建议，孩子接受了新的刺激，会觉得不舒服，闹得更厉害。在孩子已经心情很差的情况下，给再好的建议、用再好的语气都无法很好地把信息传达给孩子。

当孩子哭或者喊叫时，家长不要试图去说什么，静观就可以。面对哄不好的孩子，以让孩子自己学会平静下来为目标即可。

第三，不让情绪敏感的家长照顾孩子。如果家长中有一方小时候敏感，但现在已改善，那没什么问题。但是如果还是情绪敏感，可能会在孩子做出问题行为时发脾气。这样的暴脾气家长对哄不好的孩子来说简直是灾难。孩子本来就情绪敏感，加上暴脾气家长的管教，孩子的状态会更糟糕。如果不确定自己或对方是不是属于情绪敏感的人，有一个判断依据——当孩子哭闹哄不好时，家长会大声喊叫或发脾气，那么情绪敏感的可能性偏高。

那是不是性格敏感的一方，就要永远不参与育儿过程？不是的。只需在孩子做出问题行为时回避即可。其他情况下，父母应共同参与孩子的教育。

如果家长过于敏感，也会给孩子带来很坏的影响，所以应接受治疗。当家长意识到孩子有些方面太像敏感的另一半时，应该和对方好好谈一谈。问清楚什么情况下最容易平息情绪后，把其中最有效的方法运用于孩子身上。这样在了解孩子的同时，又了解了配偶。有时候孩子哭闹哄不好时，夫妻双方很容易互相指责和抱怨。这种情况应该极力避免。

第四，家长观察孩子时不要来回走动，刚开始的几次尤为重要。开始阶段顺利的话，以后就会进展顺利。大人要先明确当前目标："今天一定要让孩子懂得这一点。"

在孩子平息哭闹之前，妈妈千万不要走动。就算是到了晚饭时间，也可以表明态度后继续坐等，告诉孩子："在你停止哭闹之前，我们不会开饭的！"也不能因为孩子看着差不多停止哭闹了就起身去做饭。否则孩子很可能喊着："妈妈别走！"继续哭闹。这时就又开始了恶性循环。所以不要挪动位置，端正坐好。

对孩子来说，父母在一旁坐着守候这个行为有着巨大的象征意义，是一种果断和坚定。这是一种表态："今天一定要让你明白这个道理。"当然，态度坚决并不等于用冷脸吓唬孩子。想要让这种态度不带有威慑感，就需要家长保持平静，从内心消除"这是在训孩子"的潜藏思想。

孩子不是我们教训的对象，而是教育的对象。教育就要有教育的样子。劈头盖脸训斥的话，孩子是不可能听得进去的，也别指望孩子能学到什么。

妈妈对孩子发火时，爸爸不该出现的态度

妈妈冲孩子发火时，爸爸通常可以分为以下三种类型。

第一类是"暴脾气爸爸"。这类爸爸平时总是板着脸，好像整天都不顺心一样："我一天到晚在外面忙着挣钱养活一家人，怎么家里被搞成这副模样？"下班回到家看到妻子已经被孩子气得气急败坏，而孩子在一旁大喊大叫、哭闹不停，顿时血压飙升，脾气暴躁。于是爸爸一边整理手边的东西，一边絮絮叨叨："吵死了！别哭了！"扯着嗓子大吼，显得比妻子更暴躁。

第二类是"僵尸爸爸"。有不少爸爸下班回家，希望家人能安安静静的，让自己好好休息一下。但是一推开门，就意识到了当前家里的氛围根本就不可能让人安心休息，于是自我隔离开来。任妻子吼叫、孩子哭闹，都屏蔽在外，权当没听见，像僵尸一样进入自己的房间，打开电脑玩，或者躺在沙发上，拿着遥控器翻看电视节目。

第三类爸爸总爱说："妈妈说的都对！"下班后刚推门进屋，就听到妻子冲孩子吼叫。这时爸爸就会帮着妻子对孩子施加压力。这让孩子措手不及，孩子心想："哼，两个大人欺负一个小孩！"这类爸爸并不想去了解真相和孰对孰错，总之，妻子说的都对就是了。而这

样的爸爸等到孩子上了小学就会开始被孩子嫌弃："爸爸什么都不调查清楚就管我！"而且孩子也会因为妈妈向爸爸打小报告而记恨妈妈。

这三类爸爸的态度，都不理想。

如何让暴躁的配偶学会心平气和？

大人当着孩子的面，脾气一点就爆！对于这样的丈夫或妻子，如何安全、有效地疏导对方的情绪？让我们看看大人在各种场景下发脾气会对孩子造成怎样的恶劣影响，以及应该如何好好疏导大人的情绪。

情境1：手握方向盘时秒变狂魔！

暴脾气当事人 ▶ 因为鸡毛蒜皮的小事也容易发火

不妨细想一下，开车路上我们遇到的那些人都是素不相识的陌生人，如果对方既没有超车也没有追尾，有人却在这种情况下骂人和发脾气，只能说这种人平时因为鸡毛蒜皮的事情也容易发火。要是对方粗心驾驶，差点儿造成事故，那发脾气情有可原，毕竟生命受到了威胁。除此之外，就该自我反思一下自己是不是属于易怒、暴躁的人。

有的人在配偶开车走错路线时也会这样。其实在韩国，即便是开错了路线也不至于要绕很长的路才能掉头，往前开下去再找路口返回就可以，根本就不是严重的问题。但有的人就是为了这样的小事冲着自己的爱人发脾气，大伤感情，得不偿失。

对孩子的影响 ▶ 相比其他情况，其影响糟糕十倍

车内空间狭小，大人在这种密闭空间发脾气，相比在客厅发脾气，会给孩子造成至少十倍的伤害。孩子虽然小，但也知道爸爸握着方向盘时乱发脾气很容易出事故。所以当爸爸大声吼叫时，孩子会感觉生命受到了威胁。对孩子来说，这种时候每秒钟都是惊悚时刻。

妻子开车时，丈夫在旁边不停地絮叨妻子开车技术不行，也是一样的情况。通常握着方向盘的人发脾气时，相比平常会给人带来十倍的恐惧感。就算没有开车，当大人在车内咆哮时，孩子的恐惧感会是平时的五倍。

如何应对这样的配偶 ▶ 提前约法三章

开车时，如果配偶在旁边数落，开车的人会更容易被激怒。这时一旦有一方回应"干吗大声吼"，就很容易吵起来。如果配偶在开车时经常发脾气，平时要提前跟对方约定好："以后你开车时发脾气，我会问'要不要换着开一会儿'，这时你就要反应过来刚才你冲动了。开车时这样发脾气，无论是对你还是对孩子都很危险。"

如果在开车时，配偶在旁边抱怨走错路线了，这时就要忍一忍，因为一方已经情绪激动了，如果自己再一起冲动，那么后果不堪设想。这时要尽量避免自己和对方一样激动。"就当是溜达一圈了。"

看淡些，轻描淡写翻篇就好。对方肯定依然没有消气，继续抱怨："本来就赶时间，你不知道油费有多贵吗？"这时也尽量忍耐一下。因为琐事发脾气的人，通常心智不够成熟，需要体谅和帮助。不成熟的人不可能因为被说教一句就会改变自己，所以还是忍一忍为好。

情境2：一去饭店就发脾气！

暴脾气当事人 ▶ 只顾自己，不顾他人

一家人去饭店无非是为了一起享用美食，度过一段有说有笑、开开心心的时光。但是因为小事争吵或大嗓门说话，不仅影响了家人的心情，也打扰了饭店的其他客人。因为小事发脾气，破坏大家的心情，是一种自私行为。

这种情况经常出现的话，孩子就会不情愿和父母在一起，而且就连父母喊自己名字也会反感。家长说话嗓门大也会让人很讨厌。由于是自己的至亲，一旦孩子对父母感到厌烦，很容易对自己也产生厌烦情绪。

对孩子的影响 ▶ 害怕受到关注

上菜慢，或者服务员回应慢、态度不好，菜的味道不好时，有些人喜欢发脾气。家长在饭店大嗓门发脾气时，孩子就会觉得很窘迫，感到羞愧、害怕。更糟糕的是一旦大嗓门，周围的人都会看过来。如果经常发生这种情况，孩子就会变得害怕受人关注。家长大嗓门发脾气，引来周围人的异样眼神，而家长嗓门变得更大。这时孩子会感觉抬不起头，感到恐惧。这并不是当时感到丢人就结束了，而是久而久之地会在孩子大脑中留下"受人关注会引来糟糕的事情"的印象。症状严重的孩子甚至在走路时由于害怕别人盯着自己，低头看着脚下的砖块走路。

如何应对这样的配偶 ▶ 出门前先约定好

一家人适合在轻松、愉快、舒适的氛围下，聊一些平时不方便说的话题。家庭中谁脾气不太好，发脾气时其他人会是什么心情，以及这种情况下该如何妥善解决，围绕这些问题彼此坦诚交流。出门去饭店前，先约法三章："今天的目标只有一个，不管什么情况，大家都开开心心吃好饭。大家都别忘了！"强调这一点后再出门。

情境 3：看到电视剧里的角色、陌生的路人也会暴怒

我们应明确两点：那些人我认识吗？他们是和我一起生活一辈子的人吗？如果两者都不是，那么，首先，我可能是因为鸡毛蒜皮的事情大动干戈的人；其次，我没能接受人与人之间的差异。

不可否认，从常识的角度来判断，这种差异也有着对与错的区别。尽管如此，只要对方不是严重影响到我的利益，大可不必计较，直接告诉自己"人与人不可能一样"就可以。这种差异可不是错误。接受他人与我的不同，接纳他人的生活方式。如果他人的行为损害了公共利益，或者侵犯了个人权利，或者违反法律法规，那么可以愤慨。只要不在这些引起公愤的范畴内，只是各人的想法不同，那么都可以视为个体差异行为。

我们不妨回忆一下老一辈的人。有的年轻时脾气很冲，而且普遍认为男人要脾气大一些才有男子气概。而妈妈们小时候面对父亲的凶悍言行大多会小心翼翼。随着年龄增长，自己似乎也随了父亲的脾气，一样变得凶悍。除了女人年龄增长时雄性激素增多，还有一个原因是此时子女都已成人，女人手中也掌管着钱财，所以也就没什么可惧怕的了。女人变得凶悍，并不表示男人就会示弱和变得亲切。年老的父亲反而会更加顽固不化、不讲道理。而到了这时，基本上他们就失去了沟通和对话的对象。如此一来，年老的父亲们

会看着电视，整天发脾气。

你在成长过程中那么嫌弃和厌恶他们暴躁的样子，但谁也不敢保证，将来老了之后会不会变成曾经自己深恶痛绝的那个样子。想到这里是不是有些害怕？所以一定要常常提醒自己加以改正。

对孩子的影响 ▶ 让孩子感到不适

家长看电视剧时对着角色吐槽、出门时冲着路人吐槽，大多是因为无法接受对方的某一点和自己想的有所不同。这种倾向明显时，孩子就会对家长的这种表现感到不适。毕竟孩子也是与大人不同的独立个体，会有着他自己的想法。"会不会我也像他们那样被指责？""会不会因为我做的不合爸妈的心意，讨人烦？"这会直接影响到自我认同感。自我认同感唯有在无条件被接纳和受到尊重时才会得到提升。如果无法接纳孩子的不同，就无法让孩子建立良好的自我认同感。

如何应对这样的配偶 ▶ 去理解、去同情

当另一半在气头上时，暂时不要正面回应和交流。等到对方完全回归平静时，再慢慢谈起这些事情，再探讨一下个体之间的不同。我们看到的只是某一面，也许在其他方面他是个能手、专家，受到

别人敬仰和喜爱。如果只看到某一面就去判断和下结论显然是不可取的。这类人大多固执且自我认同感较低，应给予同情和理解。对于这样的配偶，仇恨没有意义，需要从根源上考虑如何帮助他摆脱这种困境。

当孩子惹父母生气时的

6 种教养方法

第一章

CHAPTER 1

父母焦虑不安，孩子却优哉游哉

"当孩子磨磨蹭蹭、慢腾腾时"

案例 ● ● ● ● ● ● ● ● ● ● ● ●

"瑞熙，你在吃饭吗？我们8点前要出门的，今天妈妈绝对不能迟到哦。"瑞熙妈妈在卫生间一边洗头，一边大声对瑞熙（4岁）说。虽然7点30分时妈妈已经叫醒孩子了，但孩子还在半梦半醒之间，于是妈妈干脆把孩子抱到客厅，并把炒饭端到了茶几上。

"妈妈，我要看动画片。"

"好，那你一边看动画片一边吃饭吧。妈妈去洗头了。"

孩子没有回答，妈妈感到一丝不安。

"瑞熙，你怎么不回答妈妈？你在吃饭吗？"

"哦……在吃呢。"

孩子可能是满嘴米饭，说话含糊不清。而当妈妈洗完头出来时，发现碗里还剩那么多饭，孩子一共才吃了两口。时间已经是7点40分了。

“妈妈不是说今天不能迟到吗？你不要吃了，赶紧穿衣服！”

妈妈把饭端回厨房，并回房间把孩子的衣服拿了过来，让孩子穿上，随手关掉电视。

“不要关！我还没看完呢！”

“那你只看电视，不穿衣服了吗？妈妈吹头发、化妆的时候，你要把衣服穿好，听到没有？”

瑞熙噘着嘴，看了看妈妈放在跟前的衣服。

“我不要穿这件，我要穿粉红色的连衣裙。”

“那件连衣裙不是星期一穿过吗？妈妈还没有洗呢，今天就穿这件吧。”

“不要，我和敏雅说好了，今天要穿那件裙子。”

“那你为什么昨天不告诉妈妈？今天就穿这件吧。”

一看时间，都已经7点50分了，妈妈开始着急了：“宝宝8点必须得坐上幼儿园的车，不然早会要迟到了……”妈妈一边想着，一边把头发大致吹了几下就化妆、换衣服了。7点55分了。

“你穿好衣服了吗？”

妈妈走到客厅一看，不禁火冒三丈。瑞熙根本没有换衣服，还是穿着一身睡衣，正在津津有味地看着动画片。

“你怎么还没有换衣服？”

“我不要穿那件，我要自己选衣服。”

瑞熙走向自己的衣柜。

"哪有时间选？幼儿园的校车马上要到了！妈妈要迟到了！"

8点，妈妈给幼儿园的校车司机打了电话，请求司机再等她们10分钟。司机拒绝了，并解释如果这样照顾每一家的特殊情况，9点之前孩子们肯定到不了幼儿园。妈妈叹了一口气，给公司打电话，找借口说孩子生病了，可能要晚到半个小时。妈妈心里想着："啊，真烦人，我讨厌撒谎，真的好烦。"

"喂，李瑞熙！"

瑞熙把抽屉全部打开，正在找那双圆点的袜子。

"你这是怎么了？为什么要这样折磨妈妈？能不能快点儿？"

瑞熙根本不听妈妈在讲什么，自顾自地继续找袜子。这时，妈妈的火气"噌"地就上来了。这孩子真是太讨厌了，妈妈握紧拳头狠狠地打了一下孩子。

"哎呀！好痛啊，妈妈好坏！"

瑞熙哇哇大哭，把抽屉里的衣服扔得满地都是，屋里一片狼藉。唉……

孩子为什么爱磨磨蹭蹭？

简而言之，是因为孩子们是快乐主义者。孩子们不会考虑当前是什么情况。他们如果觉得动画片有意思，就想多看一会儿；如果觉得游戏好玩，就想多玩一会儿；如果觉得积木好玩，不管父母说什么，都会抓着积木不放。如果在几点之前不准备好出门，下一步会发生什么事情，会给别人造成哪些不便，孩子们是想不到的，这就是孩子。

孩子不慌不忙的原因就是这么简单。大部分孩子穿裤子只穿一半，两眼盯着动画片一动不动，这绝对不是故意和父母作对，他们只是觉得动画片更有意思而已。那么，父母应该怎么做呢？教育孩子即可。根据孩子的年龄，耐心地一点一点教孩子。

很多父母不懂教育孩子的方法，只是一味地催促，要求孩子快点儿。孩子越磨蹭，父母就越着急，渐渐地情绪激动，几近发狂。当这种情绪达到顶点而无法再压制时，父母就会把不满全部宣泄在孩子身上。一顿狂吼，爆粗口，拍孩子的头部、后背。父母认为让他们如此抓狂的就是孩子，他们把所有的责任归咎于孩子："就因为你，我要迟到了，怎么这么不听话？"但是，这一切真的都是因为孩子吗？

我完全理解父母的心情。本是需要麻利地准备好出门的情况，父母满心希望孩子能快点儿穿好衣服，准点出门。而事与愿违，孩子不慌不忙，不是在看动画片，就是在不停地说话，要么就是突然说不喜欢这件衣服，不要穿这件，要换那件。分明是不想穿衣服，分明就是在捣乱，父母不禁会这么想。

但是，退一步想想，孩子已经三四岁了，他们也有自己的生活模式，有感到好奇的东西，有想为自己争辩的时候。为什么一定要在那个时间看动画片，为什么嘟嘟囔囔地跟父母说话，为什么不想穿那件衣服，孩子们都是有他们自己的理由的。也许对父母来说，那些理由简直让人无法理解，但孩子的立场是不一样的。如果父母真的很讨厌孩子磨磨蹭蹭，那是对孩子的立场缺乏包容和理解的缘故。

看着磨磨蹭蹭的孩子心急如焚，这是父母的心理状态，这种焦躁的心态并不是孩子导致的，而是父母自己造成的。暴躁是父母自己培育出来的情绪。如果希望孩子麻利地行动起来，根据孩子的年龄阶段教孩子即可。"不能迟到哦，只要到说好的时间了，妈妈就会把你一下子抱出去的。"这样告诉孩子后，到点了出门就行。难道这样也做不到吗？

看着一直磨磨蹭蹭的孩子，父母的内心会受到触动，心情变得复杂而不舒服，直到实在无法忍受时，就会冲着孩子大喊大叫："你为什么总是这么折磨我？"那么，父母如此大发雷霆时，孩子的内心又会如何呢？

"我怎么了？我做错什么了，让妈妈这么生气？"孩子一脸错愕。

妈妈说："太不像话了，你再这样，妈妈就打你了！"

孩子心里会想："为什么要打我？"

结果，孩子这样一顶嘴，真的会被火冒三丈的家长痛打一顿。即使是再小的孩子，他也会想"我没有做错什么啊"。孩子也是为了保护自己才还嘴的，结果被暴揍一顿，你说他会不会觉得很委屈？

　　为什么家长说"快点儿准备"，孩子就要无条件地说"好"呢？为什么家长讲一次，孩子就要马上乖乖听话呢？孩子也有自己的想法。当然，这不是说孩子顶嘴是正确的。问题是，孩子明明不理解妈妈为什么这样，或者真的觉得动画片很有意思，怎么可能乖乖听话呢？妈妈的这种愿望是奢侈的。这时家长会反问："院长，那就这么放任孩子不管吗？"当然不是就这样放任孩子不管，我的意思是，家长要从这种角度看孩子，才不会太生气。

请用最简单的思考和方法对待孩子

　　在上面的案例中，瑞熙妈妈说："那你为什么昨天不告诉妈妈？"其实是把责任推给孩子。言外之意就是："你昨天告诉妈妈，就不会有今天的这种情况呀，是你做得不对，为什么要让我负责？"

　　"瑞熙，把明天要穿的衣服先找出来吧。""明天想穿什么衣服啊？"妈妈昨天分明没有对孩子说这些话。"要提前找出来的，为什么到早晨要出门了才这样呢？"如果是大人之间的对话，也许妈妈的想法是正确的。成年人要对自己的生活负责，自己把事情安排好，所以这种观点是正确的。但是，孩子就不一样了。所以，妈妈的话是错误的，这是将自己造成困境的责任转嫁给孩子。

那么遇到这种情况，应该如何跟孩子讲呢？"是吗？你不喜欢妈妈选的衣服啊，好吧，从今天开始我们要提前把第二天穿的衣服找出来，但是今天只能穿这件哦。妈妈知道你不喜欢，但今天只能这样。"要这样对孩子讲。当然，即使妈妈这么讲，孩子也有可能会耍脾气，大哭大闹。这时，不要对孩子发火，要理解孩子此刻做出这样的反应是正常的。孩子已经不高兴了，这种情绪是不会轻易平复下来的。即使孩子不接受，家长也要带上衣服，抱起孩子就出门。记住，此时切不可胁迫孩子。"你要是这样，妈妈真的生气了。"这种话真的没有必要对孩子讲，直接带着孩子出门就行了。家长可以通过这种方式给孩子传递"我理解你的心情，也知道你不喜欢，但现在我们要出门了"这一信息。

孩子是非常单纯的，他们只是想穿自己喜欢的衣服，这没有什么错。但今天的情况是不允许的，那么，妈妈也直接说"好的，知道了，但现在要出门，没时间再换了"就可以了。在这一过程中，不要奢望孩子会乖乖地听话，动作麻利，马上停止哭泣。那不是家长所能控制的。虽然孩子现在在哭，但走出家门就会不哭了。"你看，不哭了吧。"打住，千万不要讲这样的话。不哭了就不哭了，家长就当作什么事也没有发生。

但如果在同样的情况下，上次孩子是哭了半个小时才停止，而这次15分钟就不哭了，家长就要好好表扬一下孩子。"瑞熙，和上次相比，这次很快就不哭了，宝贝好乖哦。"这样就可以。孩子是单纯的，家长对待孩子也不要太复杂。如果家长想到"这种情况下要教孩子什么呢"，那么教孩子"即使不情愿，到了时间就要出门"

就可以了。

提倡控制型育儿方式的家长会认为孩子必须听从家长的话。孩子稍有反抗或不听话，家长简直无法忍受。但家长要记住，孩子不是机器人，他们是有自己情感的独立个体，怎么可能每次都乖乖听家长的话呢？难道学校的老师告诉孩子"把这张桌子搬到那边吧"时，孩子就一定要乖乖地说"好"吗？"老师，为什么呀？"孩子是不是也可以这样问呢？通常老师会解释，比如，"小朋友们路过时会被撞伤的，老师胳膊受伤了，所以你来帮帮老师，好吗？"这时，孩子通常也会说"好的，老师"。这是不是一个正常的生活情景呢？

育儿不追求家长省心，而是帮助孩子成长

家长因孩子磨蹭而火冒三丈的最常见的情景就是"写作业"。家长要告诉孩子，作业是必须要完成的。这不仅是在教孩子学习，更重要的是培养孩子的责任心。要教育孩子必须完成自己的任务，遵守与老师的约定。家长在这一过程中给予孩子的建议应有助于孩子的成长。

妈妈说："作业是必须要完成的。"孩子可能会问："为什么？老师也不检查作业啊。"这时妈妈要告诉孩子："写作业只是为了不被老师批评，这是错误的想法。写作业对学生来说是必要的。为了让你们养成学习习惯，老师才会留作业。不仅仅是对你，对全班同学都是一样的。别的同学也都觉得累，但他们都写作业，你当然

也要写作业。"总之，作业是一定要写的。

写作业的时间应该让孩子自己来定："今天必须要写作业，不过时间你自己定吧。你想什么时候开始写作业？"

"10 点。"

"10 点才开始写作业，太晚了，你不睡觉吗？"这种建议是可以给孩子提的。

"要早点儿开始写作业，那个时间不行，都要睡觉了。"

"那 9 点吧。"

"好的，那么你看看作业多不多，能不能半个小时写完？"

"哦，作业有点儿多。"

"那早点儿开始写作业怎么样？"

就这样，以"作业必须要写，这是一定要完成的任务，时间你来定"的思路进行对话即可。在制定标准的过程中进行灵活调整，正是孩子要和父母一起学习的内容。在这一过程中，孩子将会接受基本规则，培养自我调节能力并有所成长。

"赶紧写作业"是父母单方面制定的标准。准确来讲，这是家长为了自己舒心而制定的标准。家长在催促孩子的时候，希望孩子立刻执行并快速完成任务，这样他们心情会舒服一些。他们给孩子制定的标准过于严格，而当孩子不予执行时就会恼怒和催促，执着地反复下命令。当家长因孩子磨蹭、不立即完成任务而感到恼怒时，必须反思一下自己：这一切是为了家长自己，还是为了孩子？

孩子答应 9 点写作业，而真的到时间了又拒绝写作业。这时，家长通常会产生一种被孩子欺骗了的感觉，心想"你这小家伙，说话不算数，我就不应该相信你的"。其实，这种试错的过程应该让孩子多经历几次，孩子是在这样的过程中学习的。从不让孩子经历试错的过程，只是从成年人的角度制定一个标准，告诉孩子这样才会获得最好的结果，并催促孩子去完成，这只是为了让大人自己舒心。看着孩子经历试错的过程，家长内心会很焦急，孩子因没写作业而被老师批评是作为家长绝对不想看到的情景。

如果是学龄前儿童怎么办？这个时期的孩子也有一些要做的"功课"，例如学习认字。这时，家长也不要对孩子讲"现在、立即"这种比较生硬的指令，这个时期的孩子通常自己无法安排时间，所以要给出稍微具体一些的指令。

比如，孩子不学习认字，在看动画片。这时，妈妈可以指着钟表告诉孩子"指针到这里时动画片就结束了，结束后你就要写作业了，因为你要早点睡觉"。但是，孩子并没有按妈妈的指令去完成。遇到这种情况，妈妈不应该发火，而是要让孩子经历一次，然后第二天再对孩子讲："瑞熙，妈妈看你昨天吃完晚饭就困了，吃完晚饭再学习有点儿困难，今天先学习再玩，好不好？"如此，让孩子经历一次试错的过程，再向孩子建议改变一下顺序并从中学习自己调节的方法。

一个人不可能昨天失败，今天立刻成功。尽管失败过，孩子可能今天还想再试一下，那就让孩子再试一次。要让孩子反复多次经历试错的过程，直到孩子自己感悟"啊，原来应该这么做"。有些事情反复进行，人就会形成某种概念，身体也会适应这种概念，这一点非常重要。如果孩子就是不听从指令，不听家长的话，家长要先和孩子建立良好的亲子关系，最好的方法就是陪孩子欢快地玩耍。如果对孩子说："妈妈先陪宝宝玩 30 分钟，然后咱们再学习好不好？"孩子会更容易接受一些。

马上就要出门了，可孩子一直没有准备好怎么办？就像前面多次强调的一样，家长按之前说好的去做就可以。

"在这个时间之前，你要把衣服穿好。到时间了，即使你没有准备好，我们也要出门，妈妈会把你抱出去的。知道了吗？"

孩子可能会问："我没穿好衣服怎么办？"

"那就带上衣服出门。"这样告诉孩子就行。

如果实际情况确实不允许再等下去，那么就直接带孩子出门吧。一味地等待，对孩子并没有帮助。要让孩子明白，生活中需要在规定时间完成的事情，就应该在那个时间内做好。

"今天我要送孩子去托儿所，可能要晚到一会儿。"如果妈妈是上班族，这种电话打一两次还是可以理解的，但不能天天这样。所以，妈妈要对孩子讲清楚。比如，妈妈必须要在 8 点 10 分出门，那么告诉孩子"妈妈可以等到 8 点，再晚就不行了，我们要出门"。如果孩子没有刷牙，就带上牙刷请老师帮忙："老师，请您帮帮忙，抱歉。"如果孩子没有穿好衣服，就给孩子穿上外套后，带上衣服拜托幼儿园的老师给孩子穿上。这样孩子才会明白，到了约定好的时间，无论如何都是要出门的。

有一种失误很多家长都会犯，比如，明明说好会等到 8 点，却一直催促孩子。孩子还小，所以家长有必要提前提醒一下孩子，但不要说太多次。"马上8点了，你快点儿吧。"这就足矣，不要再催促。通常，妈妈说"你赶紧穿衣服"后会去忙别的事情，而忙完回来时会发现孩子根本没有穿衣服，这种情况很常见，并不只是个别孩子这样。这时家长要赶紧帮助孩子把衣服穿上，而不是指责孩子："你怎么这么不听话？"例如，帮助孩子将两个裤腿都套上，然后让孩子自己提上去。这种做法无论是对家长还是对孩子，都具有实质性的意义。

节假日不忙的时候也可以做出门练习。周末妈妈不用去上班，孩子也不用去幼儿园，那就在去超市前练习一下吧。"×点×分之前，你要穿好哦。"然后观察孩子是怎么准备的。这时，妈妈因为不着急上班，心情也不会焦虑，所以能更好地发现孩子为了赶紧做好准备出门需要哪些帮助。

看到孩子慢腾腾，父母为什么会焦虑？

下面，我们来谈谈家长吧。为什么家长遇到这种情况会恼怒呢？最能展现孩子磨蹭的情景有两种。第一，有最终期限，孩子却磨磨蹭蹭。上学或外出时就是这种情况。第二，有需要完成的任务。万事开头难，而孩子一再拖延就属于这种情况。

这个时候家长为什么会恼怒呢？最大的理由就是"焦虑"。那么，为什么焦虑？主要有三种原因。

第一，家长原本定好的计划被打乱，有些措手不及，令人生气。通常，我们制订计划的时候会做相应的心理准备，设定好弹性时间，在这个时间范围内可以接受，我们能够控制自己的情绪。比如，计划14点出门。考虑到可能会延误，这时会给自己规定一个最终期限——14点30分。那么，在14点30分之前还是可以容忍的，而一旦过了这个时间，比如到了14点32分，尽管只是过了2分钟，心里也会开始焦虑。心理平衡一旦被打破，人就会非常不安。然后，家长会认为造成这种被动局面的就是孩子。其实，对孩子来说，他也是非常委屈的。能够预测结果，并想出各种应对方法，那就不是孩子了，不是吗？

第二，家长不喜欢由此导致的结果。因为迟到而被人埋怨，是家长不希望发生的情况。孩子要在8点之前坐上幼儿园的校车，如果去晚了，司机会不高兴的。妈妈不希望有这种情况发生，而且也不喜欢因为孩子的错误而自己受人埋怨，即使那是自己的孩子。也许有的人没有意识到这一点，但确实是这样。这类人不喜欢因为别人的原因而被人埋怨，也不喜欢因为某个个体而集体遭受批评。他们喜欢赏罚分明，自己的错误自己承担，即使是被批评得再严厉，也能承受。他们是与他人界线非常分明的一群人，不喜欢别人未经允许碰自己的物品。界线分明是好，但弄不好就会失去对他人的包容能力。他们总是和别人保持界线，维持自己平静的生活，一旦越过这条界线就会感觉非常不舒服。这类人通常都能非常出色地完成自己的任务。

第一种和第二种有相似之处，但也略有不同。第一种的家长对生活的控制是极其严格的，他们通常希望"我今天要这样做，孩子也要在这个时间之前准备好"。做事有计划，井井有条，一切都在掌控之中。而这一种父母对自己的孩子也极有控制欲，凡事都说："快点儿！快！"一旦脱离控制，内心就会变得无比焦虑。焦虑的本质就是不安，因为内心极其不安，所以不舒服。第二种家长对他人的评价非常敏感，很在意别人的眼光。他们指责孩子的潜台词是："你动作麻利一点儿，我就不会被人说了，不是吗？"

第三，杞人忧天。一个四五岁小孩子去幼儿园之前磨蹭，仿佛让家长看到了孩子 30 年后的未来。"像你这个样子，怎么能在社会上生活下去呢？"因此，他们会催促孩子，提出一些过分的要求。"你这么懒，怎么办？"其实，这是担心孩子才会这么说。但是，谁又能知道孩子的未来呢？这种杞人忧天只会伤害孩子的自尊心。

不把自己的焦虑传染给孩子

为什么家长会如此焦虑？如果一个人在小时候，父母未能包容他在那个年龄阶段完全合理的不成熟的行为，而过度严厉要求他，那么这个孩子长大后就有可能焦虑。即使是出现了小失误也被训斥，或者为了不被训斥而焦心，又或者为了讨好父母而费尽心思的孩子，长大后都有可能这样。总之，这样的人是在不舒心的环境中长大的。

经常被训斥的孩子，内心是焦虑的。"这么做的时候不会被训吧？"如此，自己给自己搭建一个不被训斥的保护框架。这种框架通常非常僵硬，而孩子会在这一框架内寻找安全感。虽然有些人说自己小时候没有被父母训斥过，但他们对待孩子的方式显然是小时候经常挨批评的样子。还有些父母虽然不会直接训斥孩子或使用语言暴力，但这些人的情绪也总是模糊的。

爸爸下班回家了，孩子觉得爸爸有些不高兴。这时，孩子会小心翼翼，心里会想"爸爸心情不好，不要去惹他"。孩子鼓起勇气问"爸爸，你怎么不高兴啊"，爸爸回答说"没有不高兴"，但孩子还是感觉有点儿不对劲。其实，我们不仅在做言语上的沟通，也在做情绪上的沟通。孩子总是感觉哪里不对，但又说不清楚。因此，为了不被训斥，孩子会老老实实的。虽然没有人批评孩子，但家里的氛围冷冷清清的。在这种环境中长大的孩子就有可能成为具有明确界线的人。

表扬的力量是强大的，但表扬要恰如其分才能发挥力量。现在的父母都非常喜欢表扬孩子，美其名曰是为了让孩子自信。但是，简单地表扬孩子"好棒"其实是很可怕的。"好棒""做得不错"这种言语弄不好就会让孩子怀疑父母对自己的爱。通常，这样的话是在孩子做某些事做得非常棒的时候、成绩优秀的时候说的。如果过度表扬，孩子会认为父母不是无条件地爱自己，父母对自己的爱是和某种结果或条件相关联的。做得好，父母才会喜欢自己，才会爱自己。孩子可能会这么想，因此会拼命讨好父母。只有讨好才会被爱，只有做得好才会被认可，这其实是很可怜的。从小在这种环境中成长的人，对自己的孩子可能也会如此。

这类人只有在事情按自己的计划和预想发展或可控时，心里才会安定，一旦脱离控制就会一再催促孩子，比如："你快点儿，妈妈不是说 20 分钟之前要做好吗？"其实，之所以这样，都是因为焦虑不安。这种焦虑的负面情绪最终也会传染给孩子，孩子也会变得焦虑不安。孩子会像父母一样，因为在幼小的时候所犯的错误而被指责，度过一个不快乐的阴郁童年。这样的孩子长大后，也可能会成为像父母一样的，或者比父母还要焦虑的人。

"妈妈唱白脸，爸爸唱红脸"，真的好吗？

在养育幼儿或小学阶段的子女的家庭中，父母分担角色，"一个唱红脸，一个唱白脸"的情况出人意料的多。当然，相比在育儿方面根本不交流的家长，这种分工看似好一些，但也并不可取。

"我来负责批评教育孩子，你陪孩子的时间短，表扬孩子就由你来做吧。我训斥孩子后你要抱抱孩子，安抚他。"

这种死板的职责分工会让一方家长总是担任坏角色，久而久之，会影响家长与孩子的关系，孩子的情绪发育也将大受打击。

孩子当然是要教育的。如果出现需要教育孩子的情况，大人就要及时出面。无论是什么人，哪怕住同一个小区的邻居看到孩子的行为有问题，作为大人也应该予以纠正和教育。但是，家长因为想着"我是负责表扬的，一会儿妈妈（或爸爸）回来了再训你"，从而错过教育孩子的时机，这是不可取的。遇事要灵活对待，在孩子犯错时，在场的大人就要及时进行批评和教育。孩子不可能一学就会，要多次教育。从这方面来看，将父母的职责如此简单地进行分工是不可取的。

CHAPTER 2

再怎么哄孩子，也只是徒劳无功

"当孩子不肯乖乖睡觉、吃饭时"

案例 · · · · · · · · · · ·

　　秀智妈妈正在撕煮熟的鸡肉，想着："孩子会爱吃这个吗？"秀智开始吃辅食已有4个月了。别人家的宝宝吃辅食吃得美美的，可秀智（10个月）挑食特别严重。她爱吃的只有土豆粥、大米粥，哪怕食材切得大块一些，或者只是再多加一种食材，孩子都能马上吃出来，然后吐出来。孩子要营养均衡，是不能挑食的。秀智妈妈昨天因为孩子感冒，带孩子去了诊所，结果被医生好一顿批评。

　　"家长，你的孩子跟同龄的孩子比，体重轻，个子也小很多，辅食孩子吃得怎么样啊？这么大的孩子，一顿应该能吃半碗饭了，肉也是每天都要吃的。"

秀智妈妈心想："我求之不得啊，我也希望秀智什么都爱吃，长得胖乎乎的，长成大高个儿。"妈妈每天都琢磨着给孩子做什么吃的，一天三顿水果，零食不断。可秀智太挑食了，不仅吃得不多，而且很多东西干脆不吃。秀智妈妈每次去医院或诊所看到那些同龄的孩子时，或与亲戚见面时，总感觉自己成了一个罪人。

"5个月了吗？什么，已经10个月了？长得有点儿小啊。"

"孩子怎么就吃这么点儿啊？多给孩子吃点儿，吃这么少，孩子能长身体吗？"

妈妈把撕好的鸡肉按一顿的量分成几份，放进冷冻室里。这时传来秀智哭哭啼啼的声音。这孩子，哪怕睡一个小时也行啊，才30分钟就又醒了。唉……

孩子不爱吃、不爱睡，激发父母的负罪感

吃和睡是孩子成长过程中最重要的环节，谁都不能否认让孩子吃好睡好是父母应尽的职责。生下孩子后用乳汁喂养，在孩子哭闹时安抚他，哄他睡觉，这些自古以来是父母的责任和义务。虽然表面上不能说，但内心却因为这些而厌烦孩子的父母，会是什么心情呢？这会激发他们巨大的负罪感。

一个不爱吃东西、不爱睡觉的孩子，从早晨起床到晚上睡觉，

一整天都会让父母费尽心思。哪怕10分钟，父母都休息不好，要随时喂饭，随时哄着玩，随时哄睡觉。父母会感觉身心疲惫，但是也不能因为这样就直呼"我受不了了，我不干了"，然后撂挑子。孩子的作业偶尔可以不检查，但是不给孩子饭吃，不哄孩子睡觉，那就说不过去了。让孩子吃好、睡好是父母最基本的职责。让孩子挨饿的父母是天下最糟糕的父母，这种观念在人们的脑海中根深蒂固，在父母自己的心里亦是如此。

话虽如此，但做起来太难了。学校的老师会偶尔不留作业，但孩子吃饭、睡觉是每天都要面临的问题。没有什么事情比喂养和哄睡孩子更让父母伤脑筋和产生负罪感的了，尤其是喂养。

于是，明知不可以生气，但每次遇到这种情况时，父母的心里难免还是会产生一阵恼怒，心想："我这么用心做饭，你不好好吃，太过分了。"同时，也对自己发脾气产生一种负罪感："作为家长，因为小宝宝不吃东西、不睡觉如此生气，这家长也太不合格了吧。"心里更加难过。孩子2岁前，父母虽然因为孩子而疲惫、难过，但心里明白孩子是无辜的。所以，对连小宝宝都照顾不好还发火的自己失望又自责。

很多年轻的父母因为孩子不爱吃、不爱睡的问题而面临第一次婚姻危机。一个人身心疲惫时，隐藏在内心深处的不成熟开始显露出来。妈妈和爸爸都各自有不成熟的一面，这也可以说是每个人的性格问题。随着夫妻俩各自的性格缺陷暴露出来，矛盾将会激化。

育儿是帮助人类成长的一个过程。谁都有不成熟的一面，这一面通常会在育儿初期显露出来，让很多人措手不及，对自己失望。其中的少数人会通过育儿让自己的性格问题得到改善，向积极的一面发展，最终成长为一个心理成熟的大人。但多数人没有这么幸运，因为太累，相互指责、相互埋怨，责备孩子、责备自己，导致身心疲惫、伤痕累累，甚至因此而患上抑郁症的也不少。

这个时期，如果能有人帮忙带孩子，情况会得到大大改善。否则，孩子的妈妈无论是对丈夫、娘家还是婆家，那种失望和怨恨都是刻骨铭心的。这与一般的失望是不一样的。

在韩国，养育第一个孩子时，丈夫正是工作最忙的年纪，在公司的位置不够稳定，要做的工作极多，收入又不尽如人意。这个时期，丈夫的心思更多地放在职场上而不是家里，并没有太多的精力去帮助妻子。

妻子对丈夫感到失望，觉得委屈时就会唠叨得没完没了，直到打响家庭内战。妻子对一件小事也会非常敏感，处理各种问题时都会针锋相对。从回想自己幼年时期与父母的矛盾，到对自己因不成熟、不尽如人意而冲着孩子发火的行为自责，这些情绪日积月累，沉重得让人窒息。于是，妻子对丈夫的每一句话都充满责备与憎恶："既然这样，当初为什么和我结婚？""孩子是我一个人生的吗？""为什么让我如此不幸？"听到妻子的埋怨，丈夫也会感到伤心和委屈。白天被上司痛批一顿"不想干就走人"，下班后还要加班。晚上很晚回家，妻子不仅不安慰，还一顿斥责和抱怨，丈夫当然不爱听。

婆家不帮忙，女方当然心里不高兴，更糟糕的情况是，如果女方在成长过程中与自己妈妈有过矛盾，而且妈妈又不帮忙育儿，过去的委屈和怨恨会一下子爆发出来："小时候就让我受尽委屈，现在还是袖手旁观，妈妈怎么可以这样对我？"忧郁、悲伤和痛楚刻骨铭心。大人在养育孩子的过程中，不仅自己的不成熟显露出来，曾经与父母之间未解决的矛盾也再次浮出水面。孩子偏食和不肯睡觉的行为打翻了埋藏在大人内心深处的"潘多拉魔盒"。

孩子也不容易，适当迁就一下

婴幼儿时期，孩子不爱睡觉、偏食会让父母非常辛苦。但是，2岁之前的孩子不睡觉或不吃东西并不是故意的。气质是天生的，感觉敏锐也是天生的。那么家长该怎么办呢？要迎合孩子。

比如秀智的案例，对于不爱吃饭的孩子，家长要尊重孩子的敏感气质和感觉，慢慢地添加辅食。辅食也要尊重孩子的口味，不能一直喂白米粥，要逐步添加符合孩子口味的食材。如果孩子不喜欢，就应该想"这也是难免的"，然后再尝试其他的食材，但要采用孩子喜欢的烹饪方法。

最重要的是，妈妈对待孩子吃东西这件事的心态要平和。如果在给孩子吃某种食物的时候，焦虑地想着一定要让孩子吃进去，孩子也会感到有压力，吃不好。妈妈应该说"没关系，如果不喜欢吃，妈妈下次给你做点儿别的"，然后给孩子准备他爱吃的东西来弥补那顿饭就可以了。

只因孩子不吃东西，妈妈又哭又喊，大发脾气，孩子会想："我这么做，对妈妈有这么大的影响力？"并且知道那是妈妈的软肋，所以会触碰它。如果孩子不好好吃东西时父母感到没面子，孩子是知道的。其实，赌上自尊心就是暴露弱点。

但是，千万不要误会。孩子的行为并不是为了折磨父母，他们只是为了自己的生存。孩子也有生父母的气的时候，也有委屈的时候。但是他们无法像父母一样条理清晰地说出来，只能以不好好吃饭来反击父母。孩子拒绝吃，父母喂了就吐出来，吃饭时走来走去，不吞咽食物而含在嘴里。一句话，孩子是为了自己的生存才那么做的。

喂孩子吃饭时需要放平心态。味觉敏锐、挑食严重的孩子到10岁左右就会好很多。孩子们不吃特定的食物，是因为他们觉得那种食物像毒药一样。虽然孩子心里清楚不是那样，但吃到嘴里就是那种感觉。为了不吃那种食物，孩子会想尽办法。一句话，就是为了生存。对于这样的孩子，能因为挑食就说他们不听话吗？孩子说："妈妈，我感觉吃这个会死掉的。"父母说："孩子，吃得均衡才健康。"这简直就是你说东，我说西。如果父母执意地要喂孩子吃，孩子就会用前面所说的被动方式和父母对抗。

仔细观察偏食的孩子，就会发现他们也有爱吃的东西。只要没有吸收障碍或代谢性疾病，孩子总会有那么几样爱吃的东西。列个清单，家长就会发现种类出乎意料地多，那么就以那些食物为主烹制菜肴给孩子吃就可以了。

等孩子们再长大一些，能听懂话的时候，要对孩子讲大原则。"吃东西非常重要"，这是大原则。"宝宝来看看爱吃什么，妈妈把宝宝爱吃的东西记下来，以后给宝宝做饭就以这些为主吧。有什么特别想吃的也告诉妈妈哦。"把一些美味诱人的食物图片摆在孩子面前，让孩子在其中挑选，也是不错的方法。以那些食物为主做饭给孩子吃时，孩子吃的量和种类都会有所改善。

如果孩子在新生儿时期睡不好，家长可以抱着哄睡，等孩子睡着了再放到床上。但是，孩子一旦习惯于被抱着睡，只要被放到床上就会醒来。对于2岁的宝宝，父母陪着一起睡会让他有安全感。但是如果孩子长到一定年龄阶段还是如此，就要想办法培养孩子的前庭觉（又称平衡觉）和本体觉了。培养前庭觉和本体觉，会改善过度敏感问题，让各种感觉保持平衡。

有些孩子睡觉时稍有不舒服就受不了。稍微改变自己睡觉的姿势，或者被子稍微重了，就会不耐烦地哭闹，一旦醒了就很难再入睡。只有大人抱着才会睡、只有大人背着才能睡的孩子都属于这一类型。这些孩子要多做一些促进平衡觉发育的游戏或运动，比如玩能够带来左右摇晃的感觉，或可骑在上面玩的玩具，这些玩具对矫正这种敏感很有帮助。最近，儿童咖啡馆和室内游乐场也设有很多这样的玩具。在家里，家长可以把孩子放在毯子上来回摇晃，也可以像包紫菜包饭一样用被子把孩子卷起来轻轻按压，陪孩子玩耍。

有些家长对幼儿期的孩子讲解什么是"生长激素"，并强调要早睡觉，这是不可取的方法。通常，孩子不爱睡觉是因为一闭上眼睛就害怕，或者是因为睡觉了就不能做游戏了。这时，家长与其跟孩子讲道理，不如每天重复一定的行为，让孩子养成习惯。

对于不容易入睡的孩子，家长可以安静地陪孩子躺下。可以先陪孩子说大约 20 分钟的话，然后就不要再继续回应孩子，也就是要装作睡着了。如果一直讲下去，孩子会越来越清醒。父母先装睡，孩子会喊几次"妈妈，睡了吗"，然后过会儿自己也会睡着，很神奇。

有些孩子在熄灯后会很害怕，这时如果有父母陪在身边会感到很安全。如果孩子有大人陪着时睡得好，家长可以陪孩子睡一段时间，没有哪里规定"孩子到了几岁必须自己一个人睡觉"。人与人是不同的，有些人主张为了培养孩子的独立性，要让孩子自己睡觉，其实是没有必要的。培养孩子的独立性有很多其他的方式。

为了营养均衡，反而坏了孩子脾气

我是早产儿，出生时非常瘦小，非常敏感。据说，我一到晚上 9 点就哭闹，以至于邻居们都不用看时间就知道是几点了。这种情况持续了很久。另外，我小时候偏食特别严重，还经常生病。虽说我现在身体很好，也不挑食，但我在小学低年级时，会吃的菜只有紫菜、小鳀鱼和煎鸡蛋。不是因为家庭困难，只是因为除了这些，其他的菜我根本就不吃。别人看着现在的我，可能无法想象这些，不过当时我的饭量非常小，长得又瘦又小。我不是绝食，也不讨厌吃东西。相反，对我来说，每一天的用餐时间总是那么令人愉快，因为妈妈会准备好我爱吃的东西，让我在愉快的氛围里用餐。

记得有一次去医院，医生看着我说："你不爱吃东西，所以才会经常感冒呀。"妈妈听到医生的话，笑着对医生说："她呀，是医院的回头客，可能长大想当医生吧。"这让我在走出医院大门时，感觉无比自豪。周边的人说我长得又瘦又小时，妈妈也没有责怪我。如果别人问："这孩子的脸怎么这么黄？"她会说："别看她这样，跑步可快了呢。"妈妈的积极反应对我的成长给予了极大的帮助。

用心喂养孩子的理由之一就是让孩子长高，人们认为孩子吃得好才会长得高；另一个理由就是强壮身体，防止生病。人们通常认为孩子是因为不爱吃饭，所以小病不断。那么，果真是如此吗？其实不然。身高是随父母的，虽然有人说遗传的因素只占25%，但我个人认为父母遗传的影响要比这大得多。当然，不能因为这一点就放任偏食的孩子不管。要努力，但不要过度。如果对孩子过多强调外貌或身高，会让孩子对自己的身体不自信。

我认为，最近父母把幼儿期孩子吃饭的环节想得过于复杂而混乱。说要吃得好，又说哪些食物是有害的；让孩子多吃，说会长个儿，结果孩子吃多了，就说会长胖；当孩子去吃某些食物时，又说会影响发育。这些大人的观念，错误地传递给孩子只会造成混乱。"吃东西是一件快乐的事情，吃得好，身体才会好。"简单地告诉孩子这些就足够了。

即使担心孩子发胖，也不要对孩子说"如果你长胖了，小朋友就不喜欢和你玩了"。虽然家长是因为担心孩子的健康才会这样说，但不管大人还是小孩都不喜欢听别人说自己个子矮或身材胖。这只会给孩子增加压力，吃得更多。而且，即便孩子自己不胖，但看到别的胖胖的小朋友时也会带有偏见。对孩子说"这些东西油太多了，还是少吃些比较好，咱们换另一种尝尝吧"，就足够了。

如果孩子吃得过多或暴饮暴食，家长要告诉孩子"你好像总是忍不住吃东西呢，学会忍耐是非常重要的"。对于稍微大点儿的孩子，可以告诉他："不懂得忍耐的人是不幸福的。不善于忍耐的人，会把在别人看来没多大压力的事情也当作痛苦。"告诉孩子需要学会克制和忍耐的还有沉迷智能手机、贪玩等行为。

没有养成正确饮食习惯的孩子，一般进入集体生活后会向别的同学学习。另外，父母当下如此在意的饮食问题，其实在孩子长大后基本上不是什么大问题。大部分孩子会变得不挑食，也不偏食。还有，即使孩子吃的东西少，也不是什么大问题。成年后真正带来问题的是性格，如果孩子的性格不好，问题会很多。如果孩子小时候总是因为饮食而和父母闹别扭，性格也会变得不好，因此父母因为饮食而和孩子闹别扭是一件百害而无一利的事情。

父母的态度，孩子都放在心上

我曾见过一个小朋友，是一双小手长得非常漂亮的一年级小女孩。"你的手好漂亮！"我说，并轻轻握住她的手。"没有啊！"

她飞快地抽出自己的手，似乎对自己的身体很不自信。通常，这一类孩子的自尊感都很低。这个女孩的爸爸是位精明能干的职场成功人士，对妻女也疼爱有加，为了咨询等了好几个小时也没有不耐烦，遇到我时也有很多好奇的问题想问。女孩漂亮聪明，但内向胆小。虽然不是很敏感，但是没有勇气，缺乏自信心。为什么呢？小女孩变成那个样子，原因在于父母。

妈妈文静漂亮，特别温柔，善于读懂孩子的心思，对别人也很包容。这位妈妈说，自己的弟弟有残疾，所以自己从小就必须比同龄人成熟稳重，但也经常感到不安。这位妈妈的不安表现为洁癖。爱干净是好事，但她简直有点儿强迫症。孩子回家不洗手就去抱妈妈，她会说"天啊！不要碰妈妈"。孩子把手放在脏兮兮的桌子上，她就会大叫："不行！别碰！"而且随时让孩子漱口。另外，为了健康，更为了防止发胖，这位妈妈只要日落后就什么也不吃，也绝对不会给孩子东西吃。另外，她说生长激素分泌旺盛才不会影响生长，所以要求孩子必须在晚上9点之前睡觉。

爸爸呢，虽然不是有意的，但经常谈论有关外貌的话题。经常对妻子说："你是不是长胖了？平时要多运动。"甚至在看电视的时候也会常常讲某某苗条、漂亮，看到路过的女子时还会说"那个女的得减减肥了"。

在这样的父母照顾下长大的女孩，告诉我"想把自己大腿上的肉割下来"。这是一个上小学一年级的一点儿都不胖的小孩子讲的话。父母从未想过自己讲的话会给孩子造成什么影响，通常不假思索地就说出来，而如果家庭内某个人的影响力过大，那么他即便只是无意中讲出的话也会给孩子造成巨大的影响。所以尽管爸爸不是直接对孩子说"孩子，你长胖了"，但他偶尔冒出的有关外貌或体重的言语影响到了孩子。另外，这位爸爸很少夸赞孩子，甚至孩子跳绳后问爸爸："爸爸，我跳得好不好？"他也会说："爸爸小时候比你跳得好多了，你再练练。"

我对这家爸爸、妈妈讲了孩子当前的状态，然后告诉他们应该立即改变对待孩子的态度："爸爸妈妈这么做对孩子是不利的。"内心舒适是所有幸福的根源，内心不适是所有痛苦的开端。营养均衡可以预防体弱多病，但从早到晚强调健康，反而会增加压力，适得其反。其实，对身体不好的东西不吃就好，太脏的东西不碰就行。人有自我保护能力，有上皮细胞阻隔细菌等进入体内，因此除非脏得不得了的东西，只是摸一下是不用过于担心的。我认为，开开心心地工作，快快乐乐地吃美食，对健康最有益。

太心急，让缺乏耐心的孩子更难学会

　　对于原本有耐心的孩子，最糟糕的育儿方式就是给予孩子大量的强烈刺激。比如，孩子要写五个句子的小作文，这对于不擅长写作或不爱写作的孩子来说相当困难。如果这时家长对孩子说"铅笔要正确抓握"或"挺胸，要不然，体态就不好看了，脊柱弯了就不长个儿了，得去医院了"，唠叨个没完没了，那么原本就没有耐心的孩子一受到这种刺激，就会立即爆发，而有耐心的孩子也会感觉很烦躁。

　　现在的孩子大多都缺乏耐心。作为父母，我们应该帮助孩子培养耐心，哪怕是让孩子坚持做好一定要做的事情。而如今的父母任何事都不会轻易放过孩子。如果孩子受到的刺激过多，心里就会不舒服，摆脱当前境况会变得更困难。就这样，当受到的刺激越过某一界线时，孩子就会非常不舒服。本来，父母不在旁边刺激的话，孩子还可以忍受，而父母的不断刺激导致孩子情绪爆发。对于缺乏耐心的孩子，要教他们学会等待；对于耍脾气的孩子，教他们不能这么做就可以。剩下的内容等孩子把当前家长教育的这些做好后再教也不迟。

　　对于缺乏耐心的孩子，另一种最糟糕的育儿方式就是不遵守约定。孩子再小，也不要和孩子做无法遵守的约定，只要做出了承诺，就要遵守。只有这样，孩子才会听从父母的教育。只有当孩子尊敬父母、爱父母时，才会听父母的话。没有正当理由不遵守约定，只是一味地告诉孩子忍耐，这属于打破孩子对父母信任的典型行为。

CHAPTER 3

第三章

总是对孩子的表现不太满意

"当孩子做事拖泥带水时"

案例 ● ● ● ● ● ● ● ● ● ● ● ●

"这都第几天背诵 6 的乘法口诀了，6 乘 4 怎么可能是 23？妈妈有没有说过跟 4 乘 6 是一样的？你不是会背 4 的乘法口诀吗？为什么 6 乘 4 就错了？你能不能好好背？"

东民（4 岁）低着头，只是摆弄着自己的手指。

"你还在玩手指头？"

"……"

"为什么不回答？要一直玩手吗？"

"不。"

东民直起腰，端正坐好。

"再来一遍。"

东民妈妈用凶狠的眼神看着东民。

"6×1=6，6×2=12，6×3=18，6×4 等于……嗯，6×4，嗯……"

妈妈不禁用指尖点了一下东民的小嘴。

"不是 24 吗？你傻吗？怎么总是记不住！"

东民的眼睛里噙满了泪水。

"哭什么哭？妈妈刚刚教你的又错了，胜哲都会背九九乘法口诀了，你比胜哲笨吗？你是因为不专心，是不是？30 分钟后我再考 6 的口诀，好好背！"

"咣当——"妈妈狠狠地关上门走了出去。东民继续背诵 6 的乘法口诀。

∙ ∙

先审视一下父母所谓的标准

让一个不到 5 岁的孩子背诵九九乘法口诀，也许各位读者会觉得这是在拔苗助长，但这是来找我咨询的妈妈和孩子之间真真切切发生的事情。我们要求孩子"做事要干净利落"的情况与此并无多大不同。在大部分情况下，父母的标准和孩子的实际水平是不相符的。

那么，父母的标准为什么变得这么高呢？那是因为孩子做不好，就要由父母来承担责任。在公司或学校，如果下属或学生做错了，就要由上司或老师来承担责任。通常，当一方需要好好教育另一方，并要确保其做好时，两者间就发生责任关系。下属或学生做不好，上司或老师就要承担责任，但如果不想这样做，只要辞掉那个下属或忍耐那一个学期就可以了。但血缘关系没那么简单，无法画上句号，父母在孩子做错了事时总是要承担责任，所以他们都希望孩子能做得好一点儿。因此，孩子在那个年龄所能达到的水平和父母期望的标准之间会出现差距，父母的标准会一直提高。

如果父母感觉孩子总是做不好，看孩子总是不顺眼，就应该反思一下自己的标准："我的标准是不是过高了？""是否考虑了孩子的发育状态？"要以70%的同龄孩子能做到的水平作为标准，而不是在同龄的孩子中找出最优秀的那个来作为自家孩子的标准。

此外，父母还要反思一下这个标准是否过多地反映了自己的童年。比如，父母小时候很聪明，经常受到表扬。那么当把这一点投射到孩子身上时，父母就会指责孩子："为什么做事总是拖拉？真是搞不明白。"然后提出无理的要求。相反，如果父母小时候非常讨厌大人让自己做事利落干净，那么在这方面可能会过于宽容："没关系，不用做，妈妈给你做。"这当然也不可以。我们要确保孩子能做到70%的孩子都能做到的水平，总是说"没关系"的父母也不是好父母。当父母对孩子要求过高或过低时，都要反思一下是否将自己的童年投射到了孩子身上。

聪明、做事麻利，这是与他人比较后得出的结论。虽然父母心里的"他人"具体是谁尚不清楚，但总是将别人家的孩子与自家孩子做比较，如果在比较后感觉自家孩子没有胜出而是被比下去时，父母就受不了。孩子被比下去时，父母从不认为做得不好也是正常现象，而是会想："为什么做不好？"虽然是那个年龄段的孩子的正常水平，父母接收到的信息却是"做不好"。

举个例子，家长前段时间和朋友一起用餐时，发现朋友家的孩子用叉子用得特别好，于是表扬了一番。那个孩子比自家孩子小一个月，但是自家孩子总是用不好叉子，食物撒得到处都是。家长看着总也做不好的孩子，突然想起朋友家的孩子，不禁进行比较。虽然家长没有明说"别人家孩子比你小一个月，可比你做得好多了……"但心里想着自家孩子不如人家孩子，难受得不得了。家长在想着自家孩子不如人家孩子的同时，虽然脑海里只有一个无意识且模糊的画面，但会联想到孩子在未来面临的各种竞争中不如同龄人，什么都做不好、做事不利落，想着自己作为父母要为孩子承担的责任，压力很大，于是不知不觉间冒出"哎呀，你都多大了，连叉子都用不好"的话，一阵恼怒。

如果是父母的第一个孩子，情况会更严重。养育第一个孩子时，父母可谓对育儿一窍不通，一旦孩子发烧哭闹就会无比恐惧，有的父母甚至跟着孩子一起哭。尽管在书上或去医院都能了解孩子发烧时会哭闹的情况，但对于没有亲身经历过的父母来说，面临的情况让他们无比恐慌。但是，父母在养育第二个孩子时，遇到孩子发烧时就能应付自如，知道哄着孩子说"你是发烧了，没关系的，一会儿烧退了就好了"。希望孩子做事麻利也是相同的道理，所以父母对第一个孩子尤其严厉，要求孩子能把事情做得更好。

"你怎么这么笨？别的小朋友都做得很好呢。"当孩子听到父母这么说，会是什么心情呢？假设作为大人的我们听到这样的话，会是什么心情？肯定会觉得对方轻视自己，心情会很糟糕。不是建议"试试这样做"，而是指责"你怎么这么笨"，说这样的话就是瞧不起对方。一个被人瞧不起的孩子，能有想做好事情的欲望吗？那可是自己亲爱的爸爸妈妈讲的话呀，被自己的父母瞧不起的孩子，怎么可能会有这种欲望？大多数孩子在被人轻视时会很伤自尊，不再自信，父母与孩子的关系也将降至冰点。

让孩子"麻利点儿""认真点儿"，意味着家长只是重视这种结果。对于稍微大一点儿孩子，父母绝对要禁用的一句话就是"要做你就做好，要么就干脆不要做"。孩子听到这样的话，脑子里想的不是"我要好好做"，而是"既然不能做到最好，干脆就不要做了吧"，结果连试都不想试。与其纠结于结果，不如称赞并鼓励孩子认真去做的过程。从小听着"你能不能做好"长大的孩子，很有可能会形成"我没有一件事情能做好"的自我认知。这是非常危险的，见到如此自卑的孩子，我经常像下面这样与他们交谈。

"为什么你一定要做好某件事情呢？"

"人人都有自己做得很棒的事情，就像金妍儿*那样。可是，我没有一件能做好。"

"你好好想想，你肯定有擅长的事情，但那不一定非得是出类拔萃的。像金妍儿这样的人能有几个？为什么要和他们做比较？"

看到网络上的育儿妈妈的文章，妈妈们会感到焦虑。世上怎么有那么多出色的孩子？感觉就自家孩子不行。妈妈一焦虑就会变得暴躁，开始折腾孩子。但是，对于那些网络上的孩子或者因为聪明

---

*金妍儿，韩国前花样滑冰运动员。

而上电视节目的孩子，又或者各方面都很出色的"别人家的孩子"，我们并不了解他们的全部。我们看到的只是那些孩子的一部分，就拿来和自家孩子比较。而且，不是对孩子们进行整体比较，而是把某个孩子身上的优点拿来和自家孩子的缺点比较，如此一来，自家孩子永远都是比不过人家的。养育孩子时尤其要注意这一点。

如果孩子做不好的时候父母总是生气，那么父母首先要做的就是反思自己的标准。如果自己的标准不是很高，接下来就要检查孩子了。如果孩子一直跟不上同龄人的水平，就要看看自己教育孩子的方式是否有问题、孩子是否有什么问题。孩子偶尔达不到同龄孩子的水平是没关系的，但如果总是做不好，就是有问题的。如果父母认为孩子确实需要帮助，就应该积极寻找方法。

标准过于严苛的父母，背后是悲惨的童年

下面来谈谈案例中东民的妈妈。我们暂且叫她秀美吧。秀美毕业于名牌大学，结婚前一直在大企业工作，是前途一片美好的职业女性。丈夫的人品很好，学历也高，事业也很好，日子过得很宽裕。秀美结婚后生了儿子就辞职了，就是为了好好培养孩子。

秀美的梦想是把孩子培养成才，所以将自己的精力全部投到了孩子身上，还送孩子去上离家两小时车程的国际幼儿园。即使专门照顾孩子的保姆在家时，秀美也不会把孩子托付给她。她来我这里

咨询的时候，也频频给家里打电话询问孩子的情况。秀美不太会做饭，但孩子吃的东西都是她自己亲手做的。这么做当然要花很多时间，也让她很累。虽然家里有家政保姆、育儿保姆，但是秀美每天过得都很累。带孩子上幼儿园，回家后教功课，喂孩子吃饭后再哄睡觉……这样一来，到了晚上，秀美总是累得像一摊泥。

秀美的孩子东民每半年接受一次"英才测评"。那是因为秀美想得到认可，想听到官方机构说自己的孩子是"英才"。测评显示孩子的认知能力非常优秀，但不是"英才"，而这一点让秀美无法接受。"为什么孩子一定要是'英才'呢？这个水平已经很好了，孩子已经很聪明了。"尽管机构如此评价，但秀美依然固执地认为孩子必须是"英才"才能在人生舞台上获得成功。"孩子是不是'英才'和人生成功是两个概念。"无论对方怎么说，她都固执己见。

秀美非常爱孩子，但看她教孩子学习的过程，简直是在虐待孩子。孩子背诵九九乘法口诀时出错，她就打孩子的嘴；如果孩子在英语考试中拼写错误，她就会扇孩子耳光。要知道，东民是一个还不到 5 岁的小孩子啊。

秀美有个姐姐。从小，姐姐就深受母亲的认可，而秀美恰恰相反。为了获得认可，尽管她非常努力学习，但未能考取比姐姐更好的大学。不过，秀美后来还是进了大企业。大约在这个时期，她的家境开始没落，秀美开始往家里汇生活费。只要母亲来电话说家里要用钱，她毫不犹豫就给家里汇去，但即便如此，她还是没有得到母亲的认可。秀美的母亲总是责怪她，认为秀美填补家用是理所应当的事情，而且还总是对秀美说谁家的孩子挣多少钱，给家里送很多钱，谁家姑娘嫁到有钱人家，婆家还给娘家买了套房子，等等。相反，对于姐姐，母亲是无条件地爱。尽管姐姐也知道娘家生活拮据，但从不给家里汇生活费。直到现在，秀美还要往家里汇款，而母亲也是依旧只感谢姐姐，还说姐姐家的孩子是全校第一，永远是她的骄傲。

秀美得不到母亲的认可，其实也是因为母亲的性格缺陷。此时，秀美应该学会对自己说"你已经做了很多了，做得够好了"。但是，秀美的童年经历对她人生的影响根深蒂固。虽然当前的生活相当小资、幸福，但她还是想考入研究生院，做同声传译，不是因为自己喜欢，只是为了得到外界的认可。尽管孩子非常优秀，但她还是无法接受孩子不是"英才"的事实，天天折腾孩子。秀美一心想把孩子培养成"英才"，作为自己成功的一部分而得到认可。

哪怕孩子跑步时摔倒，她都会说"你怎么这么笨，跑步还会摔倒"。让一个不到 5 岁的孩子背英语单词，如果孩子拼写得不对，她就气得不得了。看到孩子做事不麻利，秀美心里就会想："我拼死拼活地努力，也没有得到认可，你怎么连这点事都做不好呢？"

秀美的问题是因为小时候没有得到父母无条件的关爱。其实秀美也清楚，即使现在取得了所谓的成功，也不会得到父母的认可，但长时间遗留下来的心理阴影是无法轻易摆脱的。而且，这种阴影正在给孩子带来负面影响。看着这样的秀美，我不禁产生一种悲凉的感觉。

做事务必干净利落，究竟是为了谁？

任何父母都希望自己的孩子聪明，没有人希望孩子笨。那么，为什么希望孩子特别聪明呢？父母希望孩子有一个好的前程，所以希望孩子做得好。这虽然是为了孩子，不过有时也是为了自己。"是为了你好""是为了你才让你学习的"，这些话当然没有错，但话里也蕴含着孩子表现良好，也会对我有所帮助的考量。

在我们的传统观念里，父母和子女不能分离。孩子的成功就是父母的成功，是家族的荣耀。其实，西方社会也曾非常重视家族，但是当今社会发生了很多变化，个人变得更加重要。现在是个人比家族更重要的时代，但在东方的文化中，我们仍然把个人视为家庭中的一员，其次才是一个独立的个体。我们试图在总结一个人的特性时，也会把这个人和他的家庭联系起来。

最典型的例子就是孩子的作业。客观地说，父母应该关注孩子的家庭作业，引导其完成。但是，因为未完成作业而受老师批评或没有得到小红花，都是要孩子自己来承担后果的。父母过度操心，也是因为没有很好地认识孩子和自己的关系。作为父母感觉有压力，觉得自己应该对孩子负责一辈子，认为孩子做得不好是父母的责任，可能会影响整个家庭。相反，如果孩子做得好，不仅自己感到荣耀，整个家庭也会以此为荣。

当即将大学毕业的孩子提出想继续深造时，有些家长经常无条件反对，这并非出于经济原因。他们告诉孩子赶紧找工作，甚至有很多父母明确对孩子说"我不想再承受你给我的压力了"。因为父母的这种强硬态度，来找我咨询的大学生也为数不少。甚至孩子们提出会自力更生去上学，但家长还是无条件地要求他们就业。孩子们告诉我，感觉父母反对不是为了自己，而是为了减轻父母自己的负担，所以感到很伤心。虽然知道不能一直依靠父母，但孩子们确实对父母感到失望。

其实这时最需要的是坦诚地和孩子对话："如果你想再继续深造，就去做吧。但是给你提供经济上的支援有点儿困难，你自己想想办法吧。"如果孩子说想出国深造一年，父母可以说："我们同意你去，但是去那里要花的费用超出了我们的能力范围，不管你是做兼职还是上班，攒够学费再去，自己找找方法吧。也可以贷款，以后再还。"这也是培养孩子责任心的一种方法。父母只因经济负担而左右孩子的人生是越界的行为。如果父母越界，孩子在为自己的人生做任何决定时都会犹豫，他们会觉得自己不孝，所以无论是选择为自己的理想去奋斗还是放弃，都会感觉不舒服。最终，当他们选择父母决定的方向时，人生会留下遗憾。人生是漫长的，只要不是做坏事，自己想做什么都可以尝试。做一些可能会让自己后悔的事，也能从中吸取教训。在漫长的人生路上，这些可能是很有帮助的事情。

"找工作吧""结婚吧"，越是如此催促孩子的父母，对子女的责任心越强。他们人生最重要的价值标准是"责任心"。父母责任心强时，不管孩子多大，都会对孩子负责，不会让孩子"自己看着办"。甚至因为责任心太强，自己替代孩子完成事情。他们认为，不管孩子做得好不好，都是自己的责任。因为父母心中有这种责任心，所以孩子不爱吃东西时，他们就会追着孩子喂，直到孩子把规定的量吃完。这种生活能不累吗？

过犹不及，越是责任心强的人，越是掌握不好那个度。虽然说这是为了孩子，但事实上这可能是源于父母的过度焦虑，他们认为自己没有尽到做父母的责任。对孩子尽心尽责，终究是为了父母自己。

孩子做得不好时，只需以身作则地教导

有些爸爸因为孩子做事不够干净利落而极其容易暴怒。做事缜密、有强迫症且完美主义的人通常都是如此，他们无法忍受孩子笨手笨脚。

小学一年级的孩子用不好筷子，那么家长应该教孩子怎么抓握筷子、哪些部位要用力，耐心教孩子就可以了。但是，他们通常只是训斥孩子"你怎么连筷子都不会用？我小时候可是用筷子用得特别好呢"。爸爸的初衷可能是想激励孩子用好筷子，但这种言语真的能让孩子得到激励吗？相反，说自己的失误或曾经的失败经历对孩子更有帮助。告诉孩子，爸爸小时候也有过这些困难，也有过这种感觉，当时是怎么克服的，现在回想起来觉得当时处理得很好，等等，孩子会从中学到一些东西。

孩子做事不够干净利落的时候，家长最需要做的就是教他方法。不是在口头上教孩子做得干净利落，而是亲自干净利落地进行示范。

"妈妈来教你，你要好好学，这是你必须要做到的。"如果孩子不太会用叉子或筷子，就拉着孩子的手好好教他，穿衣服的时候也可以告诉孩子方法："来，你看。衣服上有个洞吧？要把胳膊伸到这里。穿之前要先看这里，不看的话胳膊伸不进去，总是乱塞，这样花的时间会更长。来试试吧。做得好！"

当孩子觉得自己做不好时，家长说话要谨慎。如果家长漫不经心的一句话包含着太多指责、轻视，孩子的自尊感会受到打击，失去自信。

要想提高孩子的自尊感，需要做到两点。第一，要让孩子感受到父母无条件的爱，这与孩子的能力或努力的结果无关。第二，父母要审视自己是否有按照子女的水平进行养育。做到这两点，才能提高孩子的自尊感。因此，父母不仅要无条件地爱孩子，如果孩子落后于同龄人，还要帮助他们赶上。对于落后于同龄人的孩子，如果只是告诉他们"你很漂亮""你是最棒的"，无论父母怎么称赞或表扬，孩子的自尊感也不会得到提升。

如果真心想顾虑孩子的自尊感，最基本的是要对孩子的成果给予充分认可。

孩子涂色后，问："妈妈，我做得好吧？"那么妈妈要说："真的好棒！"如果这时妈妈心不在焉地回答"哦，这里还没涂好，这个也涂完吧"，孩子就会泄气，自尊感下降。

还有更糟糕的妈妈，说："好什么好？不是没涂完吗？看，这里都空了，要好好涂。"这时，孩子原有的自尊感也会瞬间消失。

孩子炫耀自己的成果时，家长即使看到需要再补涂的地方，也要先称赞他："涂得好棒！混合了颜色后更好看呢！"然后再补充一句："你还要再涂吗？裙子就这样涂完了吗？"这样问孩子时，如果孩子说："我会把它涂完的。"那么家长说："好吧，再填满就更好了。"这样告诉孩子不足的地方就可以了。如果孩子说"涂完了"，那么就不要再劝了。对孩子来说，那幅画已经是成品了。

自己的事情自己看着办，
总不能一直让我替你张罗吧？

昨天，妈妈一边给孩子穿衣服，一边说："这个纽扣，妈妈要帮你扣到什么时候啊？哥哥都能自己扣了，你也该自己扣了。"所以，孩子今天想自己扣。今天的衣服扣子比昨天多，妈妈想帮孩子弄，但孩子坚持自己来扣。看着孩子自己扣扣子，妈妈急得不得了。不仅扣得慢，而且还扣错了，第一个扣子被扣到了第二个扣眼里。妈妈忍无可忍，终于爆发："行了，你看你扣成什么样子了，妈妈不是说给你扣吗？"

爸爸们也有类似的情况。对孩子尤其严厉，导致孩子在父母跟前一声都不敢吭，而且还不断地对孩子讲"自己的事情自己做，人生是你自己的"。而当孩子想自己做主做些什么时，又训斥孩子："喂，你搞什么？你不问一下爸爸再做吗？"如果孩子发表意见，又大发雷霆："一点儿礼貌都没有，就按爸爸说的做。"

这是多么自相矛盾啊！既然告诉孩子要自己动脑子，自己做主，那就应该让孩子自己做，父母不能替代孩子。父母不应该一边告诉孩子"自己的事情自己做"，一边又在一旁不断地帮孩子做，然后又一脸不耐烦地说"要帮你做到什么时候"。既然告诉孩子要自己做，就应该以孩子的意见为主。

当父母做事没有原则时，孩子会特别困惑。尽管如此，性格非常温顺的孩子还是会按照父母的要求去做，久而久之会精疲力尽。一般的孩子会本能地感到有些不对劲，会越来越固执地反对父母的指示。因为如果父母的指示没有一致性，孩子就会觉得是在折磨和打压自己。

第四章

CHAPTER 4

棍棒底下出孝子?

"当孩子做错事，需要管教时"

世钟（4岁）在认真地摆积木，还差两块就成功了。这时，弟弟世俊（2岁）不知从哪儿冒了出来。

"不要过来，会弄坏的。"

"我也要玩！"

世钟怕弟弟把积木弄坏了，用身体挡着不让弟弟过来。世俊挣扎着越过哥哥的肩膀，伸手要够积木，结果积木全散了。火冒三丈的世钟用拳头使劲打弟弟，弟弟哇哇大哭。世俊的哭声引来了妈妈。

"世钟，你怎么又打弟弟了？不是让你好好说吗？妈妈是不是说过，你再打弟弟，妈妈就打你了？快去拿藤条过来。"

世钟很委屈。

"不是的，是世俊先弄坏的！"

世钟捧着坍塌的积木伤心地哭起来。见孩子不去取藤条，妈妈又喊了起来。

"还不快去？快点儿！"

"不要，我不要！"

世钟把积木扔得满地都是，大声哭泣。

"你以为不拿藤条就不会挨打？你也挨打试试，看你疼不疼！"

妈妈气呼呼地把藤条取来，把坐在地上不想起身的孩子拽起来，开始用藤条抽打孩子的小腿肚。

∙∙

无论是因为暴怒而管教，
还是在管教时暴怒，都是暴力！

世钟妈妈这是怎么了？肯定是之前世钟经常打弟弟，所以妈妈想借此机会管教一下孩子。"不管发生什么事，都不能打弟弟！"妈妈是想告诉世钟这个道理，看到孩子做出错误的行为，作为父母肯定是不能坐视不管的。

可是，世钟妈妈的行为不是管教。正确的管教是不喊叫、不生气、不打孩子的。世钟妈妈做的不是管教，而是暴怒。暴怒对孩子而言是暴力。不论是因暴怒而管教，还是在管教过程中暴怒，都是暴力。但是很多父母经常以暴怒行为进行管教。

韩国有一个幼儿园教师因为一个 4 岁的孩子不吃泡菜，扇了孩子一耳光。这个老师狠狠地打了孩子，孩子一下子倒在地上，但很快又站了起来。这个老师还让孩子吃掉自己吐出来的食物。不仅如此，这个老师还会因为孩子散漫、不睡午觉、和小朋友吵架、打小朋友、偷东西而打孩子，而且都说是出于管教才那么做的。因为暴怒而大喊大叫、挥动手臂，还说是在管教孩子。这些不是管教，而是暴力，是虐待儿童。

那么，拿着藤条吓唬孩子又是什么行为呢？"你想挨一次打？""你再这样，我就打你了。"也许，父母以为这样只是吓唬孩子，不打孩子就没有关系。但实际上，威胁孩子和打孩子的性质是一样的。对孩子吼叫、吓唬时，孩子会被吓得畏缩不前。尽管没挨打，但其实与被打无异。

妈妈想教给世钟的价值观大概是"不管出于什么原因，都不可以打人"。不让孩子打人，却以打孩子的方式来教育孩子，这不是自相矛盾吗？"你打了弟弟，你也挨打吧。"这句话不对。另外，轻轻地打、只打一拳、吓唬孩子也没有任何意义。用藤条管教孩子，孩子就会学到"根据需要，可以吓唬或打别人"，那是万万不可的。在家庭这个私密的空间里，家长要树立一种观念，哪怕是对于自己亲生的孩子，也不能殴打、压迫、威胁或制造恐惧感。只有这样，孩子将来在学校、公司才不会发生可悲的暴力事件。

管教是在孩子不遵守社会规则或做出社会上不允许的行为，又或者继续做某些可能会影响与他人和平相处的行为时进行的。家长要教孩子"不能有那样的行为"，此时传授给孩子的价值观绝不可有妥协或协商的空间。"妈妈说过会忍你三次"这种话是不对的，不能让孩子有"打弟弟的前三次是可以被原谅的"的错觉。

不过，绝对不能妥协并不是说要严厉地对待或压迫孩子，也不是说家长可以暴怒。很多父母因为暴怒而带有攻击性地对待孩子的问题行为，然后用"对这孩子好好说的话，他从来不听""我有点儿暴躁"等理由责怪孩子，或者把自己的行为合理化。懂得管教的人不会做出这些行为。因为这些都只是冠以"管教"的名头而已，并不是真正的管教，很可能只是为了解气。"你过来，你也挨打试试。"这只是在表面上效仿管教，实则在发火。这样的管教是失败的。暴躁意味着家长在情绪调节方面有很多问题，以暴躁为借口是弱化了自己的问题，也就意味着家长根本不会反省自己的行为。

在父母管教时，孩子如果顶嘴，则会让父母更受不了。父母已经说了"不要做"而孩子并不立刻停止，就会觉得孩子是在无视自己。即便是面对自己的孩子，大人也是很伤自尊的，于是就暴怒起来。那一瞬间大人和孩子不是父母与子女的关系，而是人与人的关系。

越是控制欲强的父母，越会生气，而控制对方其实意味着不认可对方。他们在潜意识中认为"你还小，什么都不懂，还是作为大人的我懂，你要听我的话"。这怎么能说是教育呢？这简直就是独裁。

因此，无论出于什么理由，打孩子或对孩子进行语言暴力是绝对不可以的。

何谓管教？管教是"不行就是不行"

深得父母喜爱的孩子会充满能量地在这个社会上生存下去，但仅靠这些能量是无法在社会上安全地生存下去的，孩子还需要懂得社会秩序和规则。如果不懂或不遵守规则，势必会遇到各种大大小小的问题。如果父母给予孩子的能量不够充足，孩子将处于无法"运转"的状态，因此父母一定要给孩子注入满满的能量。对于这样的孩子而言，懂得社会秩序和规则并非当务之急。

相反，如果孩子的能量充足，但不懂得社会秩序和规则，就像是一个懂得驾驶，但完全不知道交通信号和交通规则的人驾车行驶在马路中央，多么危险啊。管教是教孩子社会秩序和规则，帮助孩子在这个社会上安全地生活下去。在管教过程中，有的父母看到被挫败的孩子哭泣或者用可怜的眼神求情，就会感到心痛和怜悯。但如果家长现在不好好教育孩子，孩子就不能融入社会。因此，管教不是父母的权利，而是义务，是对孩子有大爱的表现。

管教是家庭教育的第一步。管教不是因为孩子性格不好才要进行，而是要教孩子什么是正确的、什么是错误的，哪些是被允许的、哪些是不被允许的。因此，不可强压孩子，也不可过于宽容。

有些父母认为只要能满足孩子所有的要求，孩子就会幸福，还说"等孩子长大了就自然会了，小时候还是宠一宠吧"。但是，小时候不懂的道理不可能到了 20 岁就会自然明白。如果年纪大了自然就会自我调节，那么那些无法控制自己情绪的大人又是怎么回事呢？事实上，自我调节能力是需要在很长一段时间里慢慢养成的。无论何时何地，在任何情况下，如果不学习遵守规则，不培养自我调节能力，孩子在成长过程中会时常感到痛苦。

　　例如，老师正在上课，可孩子们都非常渴。但是老师说"等会儿，这个学完了我们就去喝水"，要等的时间并不长。通常这时，孩子们会说"好"，并耐心等待。但总是为所欲为的孩子却是坐不住的，会难受得不得了，说"我要渴死了，不行，我现在就要去喝水"，然后起身就走。有的孩子即使不会那么做，也会因此感觉非常烦躁。对于其他孩子来说根本不算什么的事情，却让这个孩子感觉无比烦躁，这样的孩子未来会很难幸福。

　　学习遇到这些情况时如何应对，就是在学习自我调节。如果不具备自我调节能力，孩子对于一些小事情也会很困扰，最终会因为这些事情而一天到晚都不开心。因此，如果家长真的希望孩子幸福，就应该教育他们"不该做的事情是切不可做的"，这才是管教。

　　管教孩子时，有些家长尤其受不了与孩子发生矛盾。看到孩子难过的样子，自己也难过得不得了。

　　面对这种情况，我经常对家长这样说："孩子妈妈，你想想如果孩子一个月只能赚 100 万韩元，但每天晚上却因为无法购买价格过亿的进口车而彻夜未眠，你会给他买吗？会把房子卖掉，再贷款吗？"

"当然不会呀。"

"如果现在不把孩子教育好，将来他可能无法忍受自己的欲望得不到满足。对于在别人看来微不足道的事情，他也会难过得不得了。"

若希望孩子幸福，就要告诉孩子"不行的事就是不行"，应该忍受的就要忍受，这是只有父母才能做到的事情。

管教方法因年龄而异。对于0～2岁的孩子，家长要尽量满足需求。如果不是非常危险或有害健康的需求，大体上要满足孩子。这时，让孩子充分感受到父母无条件的爱最为重要。如果孩子的需求得不到满足，长大了可能会成为一个性格特别执拗的人。在得到牢固的信任与爱之后，孩子才能好好学习规则和自我调节。

孩子2～3岁时，可以简单地给孩子说明哪些可以做、哪些不能做。不是管教，只是每次遇到不可以做的事情时都要坚定地告诉孩子那件事是不可以做的。

3岁以后需要进行积极的管教。3岁是孩子接受社会秩序和规则、学习最基本的自我调节的重要时期。孩子做出错误的行为时，家长要积极管教，及时纠正。这时，父母可以适度采取以下的"管教姿势"。

之所以要保持管教的姿势，一是为了孩子的安全。孩子耍赖时会全身挣扎，把头撞得哐哐响，双臂双腿乱挥动，很容易受伤。这时家长要让孩子坐在自己的腿上，抓住孩子的双手，这样孩子就算挣扎也不会受伤，也不能抓挠或打家长了。这么做可以控制住孩子，不让他做不允许的行为，同时又确保孩子不受伤。

二是为了教孩子自我调节。3～5岁的孩子还没有足够的语言概念，仅靠讲道理是达不到预期效果的。如果不能用语言来调节行为，就要用力量来控制行为，进行教育。当孩子蹬腿挣扎的时候，控制住孩子，以此教育孩子"虽然是自己的身体，但也不能为所欲为"。

孩子过了幼儿期，到了小学期，家长应该和孩子面对面坐下来冷静地交谈。这时很难通过控制孩子的身体来教育孩子，要通过对话解决问题。

如何管教 3 岁以上的孩子

我们举个例子，如何对一个打弟弟的 3 岁以上的孩子进行管教。

首先，家长要告诉孩子一个原则"再生气也不能打弟弟"，并等待片刻，因为孩子需要时间去理解父母的话。家长要耐心等待，直到那句话被孩子完全理解并记住。有些父母经常没有这个耐心，反复说同样的话。久而久之，这样的话就成了唠叨，孩子会拒绝听父母的话。给孩子指示后等待时，如果观察到孩子的态度发生了变化，孩子似乎理解了父母的话，对于这样的孩子无须采取管教的姿势。

相反，父母给孩子指示，而孩子说："不要！"这时父母要再说一遍："听话，爸爸妈妈要跟你讲重要的事情。"如果这时孩子拳打脚踢、大哭大叫，父母就要立即采取管教的姿势。

通常，家长要在孩子做出攻击性行为时进行管教。比如扔东西、咬人、推人、挠人，因为一些小事就撒泼打滚儿，或者伤害自己，这时必须进行管教。因为攻击性行为不仅会对孩子自身也会对他人造成伤害。

第一阶段，要把孩子举起来。一个做出问题行为的孩子，如果家长靠近他，就会躲着家长到处跑，甚至会像玩游戏一样咯咯地笑。管教绝对不能成为游戏，所以家长要用严肃的表情一下子把孩子举起来，只有这样孩子才知道情况不妙。这时，父母切不可被孩子牵着走，不能表现出抓不住、抱不起来的软弱样子，那只会降低父母的权威。因此，父母要下狠心，要能抓住孩子，把孩子举起来。

第二阶段，要正式采取管教姿势。把举起来的孩子带到安全的地方。如果是在家里，就带到客厅中央。家长两个脚腕交叉着坐，两腿稍微立起并张开，形成菱形。让孩子与家长面对面而坐，把孩子的腿伸直放在家长的腿下方，让孩子的腰部位于家长的大腿内侧，这样就摆好了姿势。然后家长用右手抓住孩子的左手腕，左手抓住右手腕。要轻轻地握住，不要让孩子感觉到痛。孩子如果动胳膊，家长也跟着动。当摆好管教姿势后，家长要坚决地对孩子说"不能因为生气就打弟弟"。

第三阶段，要保持平常心，等待孩子冷静下来。家长摆出管教姿势了，孩子就会乖乖听话吗？当然不是，孩子会想尽办法逃脱。不过，如果家长摆好姿势，孩子是绝对逃不出去的，再怎么乱动也不用担心受伤。当然，家长会有些辛苦，孩子可能会用头撞家长的胸口，也可能调皮捣蛋来气家长，甚至还可能会吐口水，或者咬家长的手。但家长务必保持住那个姿势，当孩子张嘴咬时，家长要看着孩子的眼睛，坚决地说"不能咬"；孩子叫喊的时候，家长要坚决地阻止，告诉孩子"不能喊"。

第四阶段，要沉着应对突发情况。孩子可能也会制造出让家长不得不放开他的情况。他可能会说想小便，还会说口渴，也可能会因为胳膊疼而哭，或者因为哭而咳嗽得厉害。这种情况下，家长通常会心疼孩子，想放开孩子，但万万不可。如果不是身体出现异常状况，即使孩子说想小便，父母也不能中断对他的管教。父母不必理会孩子，也不必担心孩子的反应。比起这些，父母当下要给予的教导更重要。要告诉孩子"你需要忍着，我会等到你冷静下来"，然后沉着地等待。

第五阶段，待孩子冷静下来回答"好"时，放开孩子。如果孩子频繁乱动，就让他看着父母的眼睛。如果孩子总是躲避，就告诉他"不看着我，就不能说话"。当孩子看着父母的眼睛时，父母要用更加柔和的声音说"乖，做得好"，然后抚摸一下孩子的头或脸。"哭完了吗？"父母也可以这样问。如果孩子乖乖地回答"嗯"，就要抚摸着孩子的头说"做得好，不错"，然后对孩子说："那现在和我面对面坐下来谈谈吧。"如果孩子回答"好"，父母可以再次表扬孩子"做得好，不错"。

第六阶段，和孩子面对面盘腿坐好，并给他指导。放开孩子后，让孩子盘腿坐好，并把手放在膝盖上。如果孩子按照指示做好了，一定要表扬孩子"做得好"。然后再告诉他刚才哪些事做错了。妈妈说"生气的时候不能打弟弟"，如果孩子说"好"的话，妈妈一边点头一边再重复一遍"生气的时候不能打人哦"。如果孩子答应，妈妈就要说："做得好，那我们就这么说好了！"并和孩子拉钩，然后拥抱孩子，拍拍他说"做得好，今天做得很棒"。

这样摆好管教姿势时，一开始闹腾不已的孩子慢慢地就不会再使劲反抗了。"原来，这样做是行不通的啊。""我再怎么反抗也没用了，刚才好怕，以为会发生很可怕的事情，还好没有。"孩子会这么想。是的，什么事也没有发生，父母不打不骂。当父母在没有任何动摇的情况下，目光温暖地、态度坚决地等待孩子冷静下来时，孩子会想"啊，原来这是需要学习的"。"这是要学习的，你一定要记住，这种行为是绝对不能做的。"家长在等待过程中对孩子这么说，效果更佳。

在摆好姿势进行管教的过程中，孩子会学到两点。一个是比起发飙抓狂，好好记住父母的话，不再做这些，对自己更有利（事情解决得更顺利）。另一个是学会控制自己的身体。在管教过程中，父母表扬孩子"是的，就是这么做的""嗯，做得很好"时，孩子心里会产生安定感，自然而然地学习了调节自己身体的基本方法。

管教不奏效的几个原因

有些父母经常管教孩子，但孩子又总是重复相同的问题行为，这就表明管教失败了。其实，哪怕只进行过一次有效的管教，孩子的态度也会大有改变。如果是经常反复管教孩子的家长，应该反思一下自己的管教方法是不是出了问题。父母管教失败有以下几种情况。

管教时，如果父母心里不舒服，就会失败。 在教父母如何管教孩子时，我都会问家长心情怎么样。有的家长会回答"有点儿难过""很生气"。听到这样的回答时，我都会让他们停止管教。心里不舒服说明父母还没有理解管教的本质。

父母要管教好孩子，孩子才会幸福。如果孩子没学会遇事应该如何行动、如何忍耐、如何调节，长大后即使是对于极小的事情也会生气，对于别人无所谓的事情，也会独自难过焦心。那将是一个多么不幸福的人生？因此，管教是父母必须要做的事情。当我如此强调管教的重要性时，父母原本不安定的目光会渐渐回归平静，对待孩子的态度也发生了变化。曾经冲孩子喊叫"不行！不要动！"的父母，在理解管教孩子的意义后，管教时会用既不可怕也不温柔的坚定声音告诉孩子"不可以这样"。

心里不舒服有很多种原因，可能是因为厌烦不听话的孩子，因为不想听到孩子哭闹的声音，因为无法忍受孩子不听话、哭闹时周围人投过来的视线，又或者因为觉得孩子可怜、让人心疼。记住，父母切不可以这种心态开始管教，要彻底以孩子为中心进行思考。管教是为了孩子正常成长而迈出的第一步。比如，公司里有一个特别让人喜欢的后辈，这个后辈如果做错了事，那么我们会出于要好好培养这个后辈的心态，训斥和教育后辈，这就是管教。对孩子也应是如此。

如果管教时发火，强压孩子，就会失败。如果那是你非常喜欢的后辈，想好好教育并将其培养为有用的人才，这时你是不会发脾气的。管教时发脾气，表明没有很好地控制自己。当父母对孩子持有"让你跪下就跪下"的心态时，若孩子跟不上自己的节奏，就会生气。父母说了一两次，孩子还没有改正，父母就会不高兴。这时为了更快地取得效果，父母就会使用更强压式的方法，找出强力的手段，比如抽鞭子。在大人发脾气时，孩子会感觉非常害怕，更何况是教自己的老师、照顾自己的父母暴怒，他们会更加感到害怕，于是就会马上乖乖地听话。但这是妥协，而不是学习。

父母在管教过程中经常会威胁孩子，但制造恐惧感的威胁不是管教。威胁与坚决显然是不同的。威胁是因为父母急切地盼着孩子快点儿学会，所以提高了要求。这不是为了孩子，而是为了父母本人的心安。管教应该由父母掌握控制权和主导权，但在实践中不能过分强压控制孩子。

不要想着立竿见影，管教的过程比想象中的要久。孩子越是固执、越是耍赖，管教越是起步得晚，需要的时间就会越久。

管教时给孩子主导权，就会失败。管教应由大人掌握主导权和控制权。做游戏时可以给孩子主导权，征求孩子的意见。"宝宝，你想玩什么？""我玩这个！""行！那妈妈做什么呢？"但管教是另一回事，在教孩子社会规则的管教过程中不能给孩子主导权。即使孩子提出妥协方案，也不能接受。"你想长大成为好人还是坏人？""你以后还做不做？""现在乖的话，回家给你买东西。"这些都是非常错误的方法，父母只要教孩子"不行"就可以了。即使孩子说"放开我，我会好好听话的"，也不能同意。当孩子提出建议而父母接受时，主导权就转移到孩子身上了。一旦移交主导权，管教就会失败。虽然只是在孩子做出问题行为的情况下才会管教，但管教的意义还在于教孩子听从父母的指示。因此，主导权必须由父母掌控。

管教孩子时父母最容易犯的错误就是向孩子提问。"你为什么那样做？"很多父母在管教孩子时会这样问孩子，这种提问不是在管教过程中该做的事情。管教是教孩子在社会中应遵守的基本秩序或原则，即使孩子讲的理由可以理解，也不能就这么算了。不管理由如何，不可以就是不可以。管教孩子时，父母不能进行任何提问或让孩子做出任何选择。

另外，不能和孩子做太多的交流，管教不是对话。我们来设想一下，在教育孩子"不可以打人"的道理时问其缘由。

"你为什么打他？"

"因为生气了。"

"是啊，刚才看确实挺让人生气的。"

管教不能这样进行。在十字路口要遵守交通规则，不遵守就可能发生事故，不仅自己受伤，也会伤害到别人。父母不能因为自己着急而改变原则，应该在管教结束后双方感到舒适的时候再问其缘由。

管教时和孩子比力气，就会失败。有的父母误以为摆正管教姿势就是用力量压制孩子。在管教过程中控制住孩子，应该是用身体教孩子"虽然是自己的身体，但不能为所欲为"。有些父母会把孩子按在床上，这种方式绝不可取。"让你调皮捣蛋，我比你有劲儿。"以这种方式进行管教是会失败的。管教孩子不是"看你赢还是我赢"式的力气较量，而是大人教孩子对错的过程。若希望孩子学会一些道理，就应该让孩子感觉到眼下是安全的。哪怕掺杂一点儿强压，都无法让孩子学好。

但是父母要保持力量的均衡。孩子挥动胳膊、蹬腿时，父母尖叫或被孩子推倒都是万万不可的。孩子挥动手臂时，父母不要说："你竟敢……"而是要说"不能因为生气就拳打脚踢"，并紧紧抓住孩子，这时孩子会被父母的气势压住。在这里，"气势"是指父母要好好教育孩子的决心。若孩子感受到这一点，就会投入父母的怀里。有的孩子一进入管教姿势就向父母吐口水。这时父母不可躲避，擦干净口水就行了。孩子吐口水是为了吓唬父母，展示自己的力量。父母躲避正是孩子所希望的，躲避就等于被孩子的气势压住。要知道，使管教成功的不是物理力量，而是内在力量。

管教时想速战速决，就会失败。 管教时间短则 40 分钟，长则 2 小时以上。但是很多父母想在 5～10 分钟内搞定。时间长了，父母要么觉得孩子可怜，要么自己生气，总之心里很不舒服。如果父母坚定地坚持一段时间，刚开始管教时拼命挣扎的孩子就会进入"可怜模式"，一边咳嗽一边说口渴。这时父母都会心里一颤，想给孩子水喝。此时，家长要考虑一下："孩子渴得受不了了吗？"如果不是，就应该让他等。不管孩子说什么，都回答两次"等一会儿"，然后就不再回答。回答两次之后，孩子是完全能够接收到信息的。如果孩子继续要水喝，那表明孩子是想挣扎到最后，也就是说要自己掌握主导权。父母说"等一会儿"后，不要答应孩子的要求，要坚持下去。当然，如果孩子不喝水就会有生命危险，那当然要给孩子水喝，但通常情况下并非如此。

有的孩子还会说"要小便"。这时父母也要观察孩子是否真的急着要上卫生间，如果刚刚去过卫生间，那还是说"等一会儿"。也有可能孩子真的想小便，这时父母也要坚决地告诉孩子"那你就在这小便，不用担心，换衣服就行了，现在学规矩比什么都重要"。有时真的会有孩子小便，然后非常得意："你看，不是说要小便吗？

衣服弄湿了吧。""没关系，衣服洗了就行了。"父母要如此平静地对孩子说。这样，孩子的气势才能一下子减弱。

管教一旦开始，就要坚持到底，直至孩子学会。不要强压孩子，不要生气，也不要叹气。静静地看着，并等待。如果管教的时候正好有快递到了也不要去收，来电话也不能接。若想给孩子留下"现在父母在教你非常重要的东西"的印象，父母就只能专注于当前的情况。

滥用管教，就会失败。父母应该告诉孩子什么事情不可以做，而这时孩子也应该能听从大人的话，这才是"家庭教育"。如果父母在讲非常重要的内容，而孩子用头撞、用脚踢、抓狂，还吐口水，这时就要好好进行管教。

又比如，孩子虽然在听父母的话，但是又有点儿不高兴的样子。这时，父母不能转而就此事管教孩子。孩子虽然有点儿不高兴，但还是在听着，那么家长就接着说就行了。不能因为对孩子的态度不满意，就想去控制孩子。

父母是为了让孩子在社会上过着正常、平和的生活，不侵犯他人的生命和权利而进行管教，并非为了培养出一个让自己称心如意的孩子而去管教。如果感觉孩子心情不好，父母可以说"你可能心情不好，但这是我必须告诉你的，你要好好记住"。另外，如果连琐碎的事情都想管教，那么在真正重要的事情上孩子是不会接受管教的。过度控制孩子的一切就是暴力，不能把它美化为"管教"。

孩子一定"要使用礼貌的语言"才行？

父母经常教育孩子"讲话要有礼貌""要使用礼貌的语言"。但对于大声喊叫的孩子，这种提醒不可取。孩子大呼大叫时，要告诉孩子"不要大声喊叫"，而不是说"要使用礼貌的语言"。

"你给我做这个！"孩子生气而大叫，对这样的孩子说"要使用礼貌的语言"是万不可取的。正在气头上的孩子怎么能听进去呢？这个时候，父母就要说"不要大声喊叫，我听到了"就可以。孩子对别的小朋友发脾气，大叫"你走开，走开"。此时，要告诉孩子"不要对朋友大声喊叫"，而不是"对朋友要用礼貌的语言"。

有的父母在那种情况下根本不顾孩子的情绪，只是一味地说"要使用礼貌的语言"。这真的不可取，说话是为了向对方传达自己的意思，讲礼貌并不是目的。教育孩子时，要思考在当前情况下应教孩子什么内容，并有针对性地提供指导。仅是这些内容，已经让孩子有些承受不住了。

CHAPTER 5

我已经很累了，能不能不要再吵我了？

"父母想休息，孩子却不停地要这要那时"

案例 • • • • • • • • • • • •

　　东哲爸爸正在看球赛，东哲（4岁）在爸爸旁边摆积木。孩子好像遇到了困难，一直拿着一块积木摆这边又放那边的。折腾半天还是做不好，喊爸爸过来帮忙。

　　"爸爸，这个帮我插一下！"

　　爸爸的眼睛一直盯着正好抢到足球的前锋。

　　"爸爸，爸爸！"

　　东哲扯着嗓子喊爸爸，这时爸爸才回答。但眼睛一直没有离开电视。

　　"这个做不好，这个帮我插进去！"

　　"等会儿，等会儿，马上踢完了。"

　　东哲又开始尝试自己插进去，但还是做不好。

"快点儿，快点儿，我已经等了好一会儿了！"

东哲喊着喊着，干脆挡着电视，开始跺脚。

"唉，爸爸看会儿球都不让看？哎呀，让爸爸看看。"

爸爸粗暴地抢过孩子手中的积木，但爸爸也插不好积木。分明是按说明书做的，但不知怎么搞的，就是不行。爸爸气呼呼地开始摆弄积木。这时，电视里传来欢呼声，原来是刚刚那个前锋进球了。爸爸粗暴地把积木扔在地上，积木块一下子滚进了沙发下面。东哲喊着"妈妈"哭了起来。

"爸爸不是告诉过你这个太难了，不让你买吗！你的玩具要自己玩，怎么让爸爸帮忙呢？看我下次还给不给你买！"

爸爸带孩子好不过 3 秒，就变得抓狂暴躁

"哎呀，就不能消停一会儿，让你看孩子，这么一会儿就把孩子弄哭了。不管是在家还是在儿童乐园都这样。"妈妈们经常这样抱怨。爸爸们这是怎么了？

爸爸和孩子在一起时发脾气的原因大致分为以下三种情况。

第一，爸爸本来就脾气不好，容易发脾气。这种人不仅是和孩子在一起的时候爱发火，和妻子在一起时，甚至自己一个人时也爱发火。

第二，爸爸自己也是那么长大的。小时候，他的父亲经常用这种态度对他，所以他也要以同样的态度对待自己的孩子。

第三，在前面的"教孩子时，不必在乎旁人的眼光"一章也讲过，有些人无法忍受孩子在公共场所给周围人造成影响。

东哲爸爸属于上面的第二种情况，不能好好陪孩子玩。他们觉得陪孩子玩很烦，孩子提出某种要求时，爸爸总是会说"等会儿"。

当然，"等待"也是需要教孩子的，但那是为了教育孩子自我调节和控制。遇到这种情况时，要在孩子跟前陪他，等待他调节自己的某种欲求。不能告诉孩子"你等会儿"，然后自己忙自己的事情。不要离开当前的位置，要在那个位置静静地守护孩子。

而这位爸爸告诉孩子"等会儿"后，自己在那儿看球，就是为了先满足自己的欲求。有些时候，父母要马上回应孩子，满足孩子的需求。比如孩子组装玩具时，他是等不及的，因为要把那一步完成，才能进入下一步，而爸爸总是让他等待。这时，通常孩子在反复请求之后会做出问题行为。他会跑过去把爸爸正在看的电视关掉，甚至会打爸爸。接着，爸爸就会把家里弄得鸡犬不宁。

通常，爸爸们在外面忙碌一天后，回家就想好好休息。但孩子总是要求爸爸陪自己玩，总是让爸爸做这做那，在旁边喋喋不休说个不停，拉着爸爸，甚至会骑到爸爸身上。这时，爸爸们会觉得特别烦。孩子越小，越是如此。如果爸爸小时候没有从自己父亲那里得到过照顾，就更做不好。他们小时候如果和父亲没有很多交流，长大后会认为父亲的角色任务就是出去赚钱。他们认为，育儿是家务事。下班回来的爸爸觉得自己的任务已经完成，回家后就想彻底放松休息。那时，如果孩子过去缠着爸爸，爸爸就会不耐烦，说："爸爸是不是说过不要这样？"

其实，孩子不是在折磨爸爸，孩子对父母这样做是出于自然，他们想亲近父母，想和父母玩，会向父母求助。孩子是在满足依赖需求的过程中成长的，而爸爸却对孩子大喊大叫，让孩子不要那样做。

每当爸爸用这种态度回应孩子时，妈妈会非常伤心。丈夫几乎每天天黑了才回家，周末都不愿意陪孩子玩，妈妈心里会失望难过。

自己的欲求优先于孩子的欲求，爸爸们原来就这么自私吗？千万不要误会，并不是所有的爸爸都这样。当今社会，有很多男人像企鹅爸爸一样呵护孩子，牺牲自己的休息时间。那么，让人们感觉自私的爸爸都是怎么回事呢？再重新回顾一下依赖需求吧。幼年时期依赖需求没有得到满足的人，在自己成年后也很难为孩子付出。而依赖需求没有得到满足的爸爸出乎意料的多。当然，并不是所有依赖需求未得到满足的人都会对孩子自私。也有不少人，只因这个理由而对孩子更好。

通常，依赖需求未得到满足的爸爸分为三种。

第一，对父母过于孝顺。孝顺并非坏事，但过度就不好了。得到父母太多宠爱的人，达到一定年龄后情绪上和心理上都会和父母分离得很好，分离得很舒适。但依赖需求没有得到满足的人却始终离不开父母。没有从父母那里得到什么，却过于孝顺。

而当他们真的需要依赖父母、需要父母帮助时，却开不了口。

一位嫁给这种丈夫的女性，见到我后向我诉苦，说丈夫小时候，家里最偏爱的是二儿子，而现在家里一有事就找大儿子——她丈夫，呼来唤去，掏钱的事都是大儿子做。如果把钱给公婆，他们就会把钱存起来给二儿子。当妻子对丈夫提起这些不公时，他就会说："你别管，我自己看着办，我是大儿子，我当然要赡养父母了。"虽然这样的丈夫看起来像是非常独立的人，但是其中有很多人是因为对父母的依赖需求没有得到满足，所以一直守在父母身边。

也就是说，比起对子女和妻子，有的男人为父母花费更多的时间、精力和金钱。这类人希望在亲戚关系中得到认可。通常，这类人在社会上成功了，在家里就会表现得有点儿大男子主义。但即便如此，也不能让他们和父母断绝关系，只因为他们自己在心理上还有未解决的重要问题。

第二，非常自私。自己没有从父母那里得到过什么，所以也不懂得给予。不仅是对待父母，连对妻子和孩子也很吝啬。生活费也不怎么给，在孩子身上花钱很心疼。这类丈夫总是说要省钱、攒钱，但奇怪的是，他们在自己的兴趣爱好方面会很大方，他们只是专注于自己。对于时间、金钱，都是如此。这类爸爸也不会给予妻子和孩子精神上的支持，可以说是非常自私。

第三，特别不能接受情感付出。有的人责任心强，工作努力，也给孩子提供很多支持，但就是不能接受情感付出。他们认为只要满足金钱上的需求就可以了，除此之外没有概念。

依赖需求是想要自己被爱，疲惫时想和希望亲近的对象亲近，在需要的时候希望被对方安慰或保护。依赖需求主要是情感方面的。

除了金钱上的支持外，要有被父母爱的感觉，才能解决情感上的欲望。但是这类爸爸却无法满足孩子的情感需求。东哲的爸爸也属于第三类。这样的爸爸不能说他们只是脾气不好，这是因为他们和父母之间存在没有解决的情感问题，才不可避免地出现案例中的情况。

儿时的依赖需求未得到满足，让妈妈不愿亲近孩子

妈妈们的依赖需求未得到满足也经常导致育儿问题。

恩贞也和其他妈妈一样来咨询孩子的问题。2岁8个月的儿子还不太会说话，她很担心。我检查了一下孩子，相比同龄的孩子说话晚，个子也偏矮。还好，虽然孩子语言发展缓慢，但非语言沟通能力却很强，情况没有想象中的那么糟糕。

问题出在恩贞身上。她与帮助照看孩子的母亲在育儿方面矛盾很严重，而且也没照顾好孩子。她是上班族，回家后就以工作累为由不愿意亲近孩子，自己也想出去和朋友聚会，而不是在家陪伴孩子。可以肯定的是恩贞也很爱孩子，但不愿意为孩子付出自己的时间和精力。看来，恩贞小时候也曾有过依赖需求的问题。

据说，恩贞结婚前有喜欢的男生，不过后来和另一个男人有了孩子，就匆忙结了婚。婚后生活并不幸福，老公天天喝得醉醺醺的，凌晨才回家，而且经常会对恩贞实施家暴。最后两人离婚，恩贞搬回娘家生活。

但是，恩贞受过母亲对她的伤害。恩贞7岁时，父亲死于癌症，

母亲一边做生意一边独自抚养恩贞。恩贞心里总有这样一种想法："如果母亲再供我多读几年书，我就不至于过现在这样的日子了。"而每次跟母亲提起这样的话题时，母亲总是会说："我已经尽力了，我还送你去上过钢琴班呢。"

仔细回想，她好像没有考虑过母亲独自一人抚养自己的辛苦。但是恩贞希望得到的照料并不仅仅是金钱上的，更多的是情感方面的需求。在恩贞的记忆里，母亲一到晚上就出门，穿上好看的衣服，打扮得漂漂亮亮的。当母亲打开衣柜挑选衣服时，恩贞总是会问："妈妈，您也会带我去的吧？"而每当这时，母亲都会面无表情地回答一声"哦"，然后趁恩贞不注意悄悄出门。漆黑的夜晚，恩贞一个人留在家里，真的很害怕。

好在母亲的生意还可以，日子过得不算太拮据，恩贞还上过补习班，但是恩贞始终觉得母亲没有好好供自己读书。恩贞高中毕业后就工作了。虽然现在也在上班，但她很想再去读几年大学，哪怕是夜大。恩贞觉得母亲有太多东西没有给自己，比如实质性的照顾、情绪上的照顾、教育上的照顾等。

可是恩贞却把自己的孩子交给了那样的母亲去照看。恩贞原本不想把孩子交给母亲，而是想送到24小时托儿所托管。但是孩子太挑剔、敏感，发育也慢，所以还不能送去保育中心。而恩贞自己也不具备在家带孩子的条件，要一个人抚养孩子就得挣钱，而且由于工作原因，家也只能三天回一次，没办法。

恩贞说，两人经常因为孩子激烈地争吵。孩子小时候洗澡时，可能是因为冷，从浴缸里抱出来就会哭得很厉害。感觉敏锐的孩子一露出肚子就会大受惊吓。看到孩子哭，母亲就会说"快点儿给孩子穿衣服吧"，并把孩子"哐"的一声放在铺着薄被子的地上。每次恩贞都会说"妈妈，轻点儿，拜托您轻点儿放下孩子"，而母亲每次照旧。看着母亲的样子，恩贞想起了自己小时候没有得到的照顾，而母亲可能根本不记得了。

依赖需求没有得到满足的人，一见到孩子就会想起自己小时候未能得到父母的爱，随之会很难过。如果抱着这样的心态，更用心地去养育孩子当然是好，而很多人却恰恰相反。恩贞亦是如此。她也为了孩子认真工作，努力生活，但一切不尽如人意。三天回家一次，孩子跑来缠着妈妈抱时，她就感觉精疲力尽。她硬撑着陪孩子玩，母亲又会大发脾气，说把屋子弄乱了。

我和恩贞的母亲也交谈过，其实也能理解母亲的立场。恩贞陪孩子玩玩具后从来不收拾。母亲腰痛得不得了，可收拾房间总是要由她来做，让她苦不堪言。而且，恩贞隔几天回一次家时也不是下班就直接回家带孩子，让母亲休息，而是约朋友逛街到很晚才到家。恩贞的所作所为也让母亲很无奈。其实，女儿的行为只从表面看是无法理解的，如果母亲能想到女儿与自己还有未解决的矛盾就好了，可她的世界很冷漠，她不懂得这些。

育儿是自己不断为孩子奉献的过程，而依赖需求未得到满足的人很难做到这一点，让他们付出太难。即便已成年，为人父母，还是依旧能感受到自己未曾获得的关爱与照顾。

依赖需求未得到满足的妈妈，有些会在经济方面过度地想满足孩子。当今社会的妈妈们还好，十几二十年前，每个家庭都有很多孩子，而其中的女孩子总是会被男孩子挤到一边，在家里永远排在后面。这让女孩子在成长过程中受尽委屈。在这种环境中长大的女孩子当了妈妈后，即便是给孩子买书都会买全套，孩子想要的都尽量去满足。衣服专挑贵的买，婴儿车、奶粉都买最好的。孩子越大，妈妈的这种行为给家庭的负担越沉重。一听说谁家孩子学什么，自家孩子就要马上跟上。培训班当然也要选最好的，表面上看起来妈妈非常重视孩子的教育，实则不一定如此。

这样的妈妈对自己没有虚荣心，不奢侈，很少买自己的东西。就像恩贞小时候家境并不贫穷，但依赖需求未得到满足一样，在物质上有太多缺憾的妈妈们并非因为有贫穷的童年。即使在富裕的家庭里，如果感到不公、委屈，也会留下依赖需求问题。小时候没有得到足够的照料，没有得到足够的情感照顾，因为不公平而受委屈，这些都可能导致儿时的依赖需求问题。

当孩子感知不到被爱包围时，就会不停地找父母

孩子们还未成熟，各种功能未完全发育，能力也不足，没有足够的自信来独立完成某件事情，想得到保护，因而会喊叫父母。有父母在身边，他们会觉得很安全，心里踏实。在具备自律、自主、独立、主导的能力之前，大部分孩子都会不断寻找父母。看不到父

母就会找，在做某些行为之前等待父母的信号。无论做什么，都想坐在父母跟前，在父母旁边做。总之，这是因为喜欢父母，只有这样做他们才有安全感，因为父母是他们最信赖的人。如果父母连孩子的这种需求都满足不了，就很有可能出现如前文所述的幼年时期和父母未能解决的问题。

但是，有些孩子尤其离不开父母。对这些孩子首先要怀疑其是否对父母的爱的满足感不够。当孩子感觉父母给自己的爱不充分、非常少，觉得父母不爱自己的时候，他会变得急躁，因此更频繁地喊叫"爸爸""妈妈"。以大人的情况为例，更好理解。自己非常爱对方，觉得没有对方自己活不下去了。但是对方不是，好像对方不够爱自己。那怎么办呢？一开始，会紧贴着对方，想得到对方的爱。如果不行的话，会变得有点儿偏执："刚才为什么不接电话？一个小时都干什么了？"孩子们也是如此，他们会不停地要求父母，父母不马上答应就会哭闹，因为他们认为父母不爱自己。

即使孩子这样喊叫，父母也不回答，会怎么样呢？孩子会关上心门，既不愿意听父母的话，也不愿意跟父母讲话。孩子呼唤父母，也可以看作是想方设法得到满足的一番挣扎。

什么样的父母让孩子感觉不到满足？

第一，反应平淡的父母。如果父母过于内向或不善于表达感情，就有可能导致这种问题。这类父母经常板着一张脸，由于面部表情不丰富，情绪表达也是有限的。如果父母有忧郁症，情况可能更严重。父母对孩子做出任何反应时，都要相应地做出表情或动作。例如，如果孩子开心地跳舞，妈妈也应该笑着耸动肩膀跳舞或者做出兴奋的表情。如果妈妈面无表情地说"嗯，跳得不错"的话，反应太平淡了。相反，有些妈妈即使是小事也会过度兴奋，反应太大。这两种反应都会降低孩子的满足感。此外，也有反应不匹配的情况。"妈妈，我今天在学校回答得很好，老师给了我小红花。""啊，是吗？但是你不能骄傲哦。"放学回家的孩子兴高采烈地告诉妈妈，而妈妈一脸严肃地如此回应的话，孩子肯定会非常泄气。还有反应的时机不对的情况。当孩子需要的时候，妈妈正在想着别的事情，过后才问："嗯？你说什么来着？"这样孩子就会说"没什么"。这些都是反应方式不尽如人意的父母。

第二，反应失控的父母。父母莫名其妙地大喊大叫、发火、挖苦贬低孩子、说粗话、骂人时，孩子当然不会感到满足。

孩子不够自信时，也会动不动就找父母

孩子想知道"做这件事行不行""这样做行不行"时就会叫父母。孩子对自己不了解的事情问父母是正常的。在这种情况下，父母应该积极帮助。但是有些孩子虽然已经到了可以自己做事情的年龄，却根本不去尝试，而是直接找父母。对于这样的孩子，父母应该想想他的"自信感"是不是太低。

我们身边有优秀的孩子，他们能做出其他孩子在那个年龄做不到的事情。因为那些孩子，父母常常忘记自家孩子所处的发展阶段，

经常会说"你自己做吧"。但是，这里混杂着孩子自己可以完成的事情和完成不了的事情，与之相应的，父母的育儿态度也变得杂乱无章。

对于孩子无法独立完成的事情，应该说"妈妈来帮你"。只有这样，孩子才不会有挫败感，才能更好地学习。对于孩子可以做的事情，应该告诉孩子"好吧，你来试试"。即使孩子有点儿不熟练，父母也要耐心等待，让孩子一个人尝试着做。只有这样，孩子才会有自信。父母让孩子做他自己做不了的事情，却根本不教他，还来一句"哎呀，连这样的事情都做不好吗"。对于孩子可以尝试的事情，却又说"妈妈给你做，妈妈做得更快"。如此一来，孩子就失去了挑战、学习和体验的机会。孩子得不到父母的认可，能有多强的自信心？

教孩子某些事情的时候，千万不要操之过急，因为这也是打击自信心的一种行为。要让孩子在自己能做到的程度上反复试做多次。这一过程中，如果孩子失败，要鼓励孩子"再试一下，这么做好像更容易一些"。如此通过一次又一次尝试，孩子既学会了东西，也培养了自信心。

有些父母性格特别急，看不得孩子慢腾腾。这种急性子的人要求快速取得进展，如果中间某一环节做不好或太慢，就受不了。不断地催促孩子，让孩子快点儿做，对孩子说"快点儿""不是告诉你好好做的吗""上次不是教过你吗"这样的话，而孩子就会更加慌张，不知所措，失去了一步一步地培养自信的机会。

焦虑的父母受不了孩子试错的过程，一想到会有不好的结果，就焦虑得不得了。于是，父母干脆自己来替孩子做，因为这样结果会好。这与过度保护有些不同。"妈妈给你做吧，快点儿做完赶紧走。"这种方式虽然不是在催促孩子，但结果和急性子的父母是一样的。孩子没有经历失败或试错的过程，就没有自我锻炼的机会，变得不够自信。稍微感觉困难，孩子就会马上放弃，让父母做，说"请帮我做""我不会做"，要么就是不停地喊"爸爸""妈妈"。

如果确实想教孩子一些东西，父母一定要沉稳。如果父母着急或焦虑，是什么都教不好的，父母首先要改正这一点。从过马路走人行横道开始，一步一步沉稳地学习，孩子才能真正地掌握这些东西。父母催促、焦虑，孩子也会慌张。如果孩子开始慌张，即便成功了，也是掌握不了的。因为这些事情是在仓促间完成的，孩子自己都不知道是怎么做好的，下次让孩子再做一次，肯定还是做不好。当父母说："上次不是做过吗？我教过你啊，你又不会做了？"孩子又慌了。这种恶性循环在育儿中起着非常负面的作用。孩子们本来就很生疏，学什么都要花很长时间，因此想要教孩子一些东西，父母必须耐心等待。

孩子做得笨手笨脚也要称赞，做得慢也要鼓励和等待。只有这样，孩子下一次再尝试，才会越做越好。就比如让孩子洗碗，即使孩子十分笨拙，父母不得不再洗一次，也不能唠叨。如果在一旁唠叨，那就没有下次了。父母要说"谢谢"，然后结束。只有这样，孩子才会再次尝试，慢慢地会做得越来越好。

在家里有多个孩子的家庭里，父母会觉得这样一系列的事情很辛苦。孩子自己做事，会比大人慢很多。等待孩子试错的过程，等着等着，不知不觉间家务和育儿工作堆积如山。随之，父母的心情会变得急躁，做家务飞快，不然工作量会积压得太多。但是育儿是要循序渐进的，父母不可以自己有时间的时候告诉孩子试着做，着急的时候就帮孩子做，育儿不能没有一贯性。当然，偶尔会有突发事件，有变数，但要尽可能有计划地接近。只有这样，父母才能沉稳地对待孩子。

父母针对多个孩子制定训练计划时要有时间间隔，每段时间集中训练一个孩子。如果有 7 岁、5 岁、2 岁的孩子的话，目标可以定为未来大约 2 周的时间训练 7 岁的孩子。在这段时间里无需教 5 岁的孩子做事，而是要帮助孩子快速完成。在这约 2 周的时间里寸步不离 7 岁的孩子，耐心地教孩子做事的方法，并观察孩子自己完成的过程。当 7 岁的孩子学会的时候，再为 5 岁的孩子制定目标。

教育孩子的时候，应该估测一下自己身为父母能承受到什么程度。能同时教育两个孩子而不会急躁的话，也可以那样做。但如果没有信心做到，就要一个一个来。教育孩子的原则是要投入足够的时间去等待。

凡事都征求孩子意见的父母是好父母吗？

　　凡事都征求孩子意见的父母是好父母吗？这些父母中，很多人都主张不能批评孩子。他们无法忍受孩子情绪低落或心情不好。乍一看像是善良的父母，但其实他们是害怕承担责任，有向孩子转嫁责任的想法。

　　孩子发烧很严重，但就是不吃药。这时，父母要坚决地说："药再苦也得吃，不然病情会加重的。"但凡事都征求孩子意见的家长即便在那时也会问孩子："吃药吗？不吃？吃还是不吃啊？"在饭店孩子到处乱跑，这时应该告诉孩子"你总这样妨碍别人用餐，我们就不能在这儿吃饭了，今天就回家吧。下次你不淘气时咱们再来"，并带孩子出来。但喜欢征求孩子意见的家长则会问孩子："我们来问问别人，你这么跑来跑去，可不可以？"这是在必须坚决地告诉孩子"不行"的时候，反而问孩子"你还要继续吗"。父母原本应培养孩子的责任心，但如此一问，就是将自己的责任转嫁给孩子："我不知道怎么办才好，你的事情自己看着办吧。"

　　这样把孩子养大，孩子就可能会成为凡事都要抱怨的人。社会规则很多时候不能满足每个人的要求。比如，有人可能会说"为什么要在绿灯时才能过马路呢？连问都不问我就定好了，为什么让我遵守"。
当然，"要穿红色裤子还是蓝色裤子"或者"玩积木游戏还是过家家游戏"
这些是可以随便问的，但是对于一定要教的事情不要问孩子，要能坚
决地说出来。只讲好听的话是培养不出优秀的孩子的。

第六章

CHAPTER 6

我家孩子究竟为什么会这样?

"当孩子不肯尝试、拖拖拉拉，连简单的事情也不会时"

"妈妈，这个帮我做一下，我不会做。"

"你都没试就说不会做吗？你自己试试，不行妈妈再帮你。"

"不嘛，我做不好，妈妈做。"

这是在文化中心参加折纸活动的昭润（4 岁）和昭润妈妈的对话。同龄的孩子都想着自己做，只有昭润稍微觉得有点儿难就找妈妈帮忙。老师走过来了，妈妈心里更急得不得了。

"来，看看妈妈是怎么做的，把这一端对准折一半……"

妈妈在一旁认真教孩子，但昭润根本不想碰彩色纸。"是不是昭润年龄太小了，不适合折纸？为什么不想折呢？"妈妈看了看周围的孩子，说是招 4～5 岁的孩子，但其他孩子好像都 5 岁了。妈妈问了一下老师。

"今天来的孩子当中好像我家孩子最小啊。"

"不是的，很巧，今天来的孩子都和昭润同岁呢。"

老师微微一笑，走过昭润的桌旁。妈妈突然非常生气，其他孩子都做得挺好，为什么自己孩子就不行？

"你赶紧做，别的小朋友都做得挺好的，你笨啊？"

听到妈妈的话，昭润哇哇大哭，让妈妈更是难堪。感觉周围的人都在看她们母女俩，妈妈开始飞速折纸。

"唉，这是什么课啊，是妈妈在上课吗？受不了，妈妈就这次帮你做，知道吗？"

孩子很聪明，但就是不肯尝试

有一位妈妈来找我咨询，她有明年上小学的儿子和未满 3 岁的女儿。我和两个孩子交谈过，都聪明伶俐、善良可爱，但就是过于内向和胆小敏感。不过也不是敏感得性格尖锐或神经质的孩子。小女儿在家特别爱讲话，在外面时也很活泼，但一进幼儿园就不讲话。儿子也开始做上学准备了，但认知能力差，不喜欢接受新事物。孩子们这是怎么了？

孩子们的爸爸妈妈都是非常好的人，通情达理，很善良。两人智商高，经济富裕，家里有三名帮助育儿或做家务的保姆，真是一个看起来完美的家庭环境。问题就在于这个家庭缺少的东西太少了。

这位妈妈养育孩子的最重要的理念是"只要条件允许，尽量满足孩子们所有的要求"，这里的条件指的是时间、金钱、精力。妈妈以为自己这样做，孩子们会成长得很好，而结果却恰恰相反。

第二个孩子出生后，父母对大孩子稍微疏忽一些是正常的现象。孩子在承受这种变化的过程中，变得更加坚强，社会性更加发达。但是这位妈妈不这么认为，家里原来有一名保姆，而第二个孩子出生后，又请了两名保姆。妈妈认为，只有这样，才能更好地照顾大孩子和小孩子。

这位妈妈根本不想让孩子们经历在成长过程中会遇到的问题、不可避免的一些挫折。所以孩子们既善良又聪明，但是他们的忍耐力特别差。只要有一点儿不舒服就无法忍受，只要有一点儿困难就轻易放弃。案例中的昭润很有可能属于这种情况。

两个孩子上了一所又好又贵的幼儿园。通常，孩子从幼儿园回家后哼哼唧唧时，一般的父母都会说"休息一会儿就好了，你是今天玩得太累了"。不管玩得多开心，上幼儿园或托儿所回来都会很累。那么让孩子休息一会儿，恢复一下就行了。但是这位妈妈会想："是什么让孩子那么累？要换别的幼儿园吗？在幼儿园发生了什么事？要让阿姨跟着去吗？"只要孩子说有点儿不舒服或者稍微有点儿累，妈妈绝对不会想着怎么做才能让孩子坚持下去，而是只要自己的经济实力和时间允许，就想把问题解决掉。这其实是对孩子的溺爱。

昨天，妈妈正在给妹妹洗澡。"妈妈，剪刀！"突然传来哥哥的声音。如果当时不立即使用剪刀也不会出什么大事，一般妈妈都会说"等一下，妈妈给妹妹洗完澡再给你找"。但是这位妈妈有保姆等候着，所以一听到孩子喊着要剪刀，妈妈立即让保姆送了过去。这就是她养育孩子的方式。

最近，哥哥一听到妈妈说什么就会喊"哎呀，吵死了"。妈妈哭着说自己真的尽力了，但不知道为什么会这样。我知道，但是我不能告诉孩子妈妈："你已经尽力了，请像现在一样尽全力。好了，孩子们都这样。"客观地说，她是对孩子有害的妈妈。孩子们不可能总是快乐的、幸福的和欢笑的。孩子们该经历的也要经历。

溺爱孩子的妈妈们无法忍受孩子的不适和痛苦，总是亲自出面解决问题。这样的妈妈认为自己平时很照顾孩子、包容孩子、爱孩子，然后在某个瞬间会一边想着"我一直都对你那么容忍，你却……"，一边发火。这位妈妈也承认偶尔会大喊大叫，发脾气。孩子知道妈妈爱自己，但是会对妈妈的突发行为感到不安。同时，孩子也会成为不能很好地应对压力和焦虑的人。

两个孩子生性胆小，但是这种气质在成长的过程中会有很多机会去克服，只是妈妈抢夺了这些机会。孩子们的情况越来越严重，而妈妈却错把自己的行为当成了爱。

"那么，我该怎么办呢？"号啕大哭的妈妈问道。需要等待的事应该让孩子等待，需要忍受的事就要让孩子忍受。据说，女儿在幼儿园不说话。妈妈问女儿："你不喜欢老师吗？"孩子说不是。"想去幼儿园吗？"妈妈问。孩子说想去，可又接着说"老师不喜欢听我说的话"。妈妈陷入了沉思，考虑是否要换幼儿园。让我们分析一下，老师要同时面对近二十个小朋友，怎么可能有时间和精力去一直听某一个孩子讲话呢？家长要对孩子说："那里有很多小朋友，所以老师不能只听你一个人说话，这是理所当然的。"听完分析后，这位妈妈才点头。

我劝这位妈妈去看心理医生。妈妈说自己成长过程中没有什么问题，好像没那个必要。其实，我不是说有问题。虽然作为大人的个人没有问题，但是面对育儿，每次遇到在别人看来无所谓的常见问题，她都会感到苦恼和不舒服的话，那么妈妈的成长过程或内心肯定是有一些未能解决的问题的。

父母找出那些没有解决的问题并安抚自己，对于孩子来说是非常必要的。孩子们在不断地成长，而每个成长阶段都难免有困难，这些不算什么问题。父母如果以后不想成为对孩子有害的人，现在就要查明自己内心没有解决的问题的真相。这对于父母本人的成长也是有益的。

其实，妈妈无论是上班还是全职带孩子都可以，因工作而陪伴孩子的时间少，或者尽管全职带孩子却做得不够完美，这些都不会对孩子造成致命的影响。不过，妈妈因工作而没有太多时间陪伴孩子会让自己太痛苦，或者虽然整天和孩子在一起却非常想出去工作，这两种心态都会对育儿产生不良影响。这完全是源于妈妈内心没有解决的问题。这位妈妈也说自己想出去工作，但是因为要好好抚养孩子，所以把全部精力都投到了孩子身上。这就是这位妈妈要解决的问题。

有些妈妈因为自己是在职妈妈，所以要把孩子托管给托儿所很长时间，只能晚上陪孩子玩一会儿。但她们认可这种情况，并认为在有限的时间内应该对孩子更好。因为和孩子在一起的时间少，看到孩子身上一些不成熟的地方，可能会感到歉疚，但这并没有让自己承受太大的困扰。相反，即使毕业于名牌大学，有能力做专业性工作，但妈妈自己想"比起工作，我更喜欢带孩子。让老公挣钱好了，我要待在家里"，那也没有问题。全职妈妈偶尔可能会想"我也出去工作的话会怎么样"，但如果不是想工作想得让自己痛苦不堪，那就没关系。

"很想工作，但要专心育儿，所以不能工作"，问题是这种想法本身。如果对自己的选择总是犹豫，又对未能实现的想法总是感到痛苦，那么内心肯定有某些没有解决的问题。

当孩子犯错时发火，只会养成不愿尝试的孩子

有的孩子因为不自信，甚至连尝试都不肯，表现得不安而胆小。对于孩子们来说，"我做出来了！"这种成功的经历固然必要，但"怎么总也做不好"的失败经历也是必不可少的。孩子在未来的人生中不可能所有的事情都顺顺利利的，或许经历的失败会多过成功。因此，能够坦然接受失败的经历比获得成功的经历更加重要。

但是，如果孩子做错事时家长大发雷霆，可能以后孩子连尝试都不敢尝试了。不是因为结果而难过，而是从尝试到结束的整个过

程对孩子来说就是一个挨批评的心情糟糕的过程。父母在一旁大呼小叫，自己一边哭一边做，虽然也做了出来，但整个过程太艰难，相比成功的喜悦，留下的更多的是再也不想触及的伤心回忆。过后再回想起来，孩子已不记得自己那天有没有做好，只记得半个多小时挨批评的令人郁闷的经历。如此一来，孩子当然就不喜欢做了，甚至再也不想做了，所以父母教孩子时千万不可发火。

担心自己会做不好而不去尝试的孩子总是处于紧张的状态，警惕性特别高。若希望这样的孩子能够勇敢地去尝试，无论结果如何，都要让孩子舒适地经历从开始到结束的整个过程。要让孩子尽可能舒适地、反复地尝试。也许，相比孩子，父母需要有更高的觉悟能力，要坚定决心。与结果无关，重在让孩子快乐地尝试和体验。

父母对待孩子时从不指责或批评，总是迎合孩子，那么孩子的承受力就会减弱。要知道，这个社会并非像父母打造的温室般风平浪静，因此孩子进入社会后就会更加焦虑。那么要怎么做呢？哪怕是一件小事，也要让孩子自己经历和体验。例如去医院打针，过于顺从孩子的妈妈看孩子打针时会难过得不得了，甚至会问医生："下次来打不行吗？"看到孩子哭泣，就会对孩子讲"妈妈知道，妈妈对不起你"，然后自己也跟着孩子一起哭。这是万万不可的。

需要经历的事情还是要让孩子经历的。要坚决地对孩子讲"不打针会病得更厉害，打针只是有一点点痛，是可以忍受的，针是必须要打的"。如果这么讲，孩子还是哭，那就安静地看着孩子。"不许哭！"不可以这样吓唬孩子。要等到孩子冷静下来后告诉孩子"我们必须打针，没有办法，你就算哭，我们也不能不打"。如此一来，孩子渐渐培养出一种可承受这种情况的能力。孩子哭一会儿，稍微冷静后，可能会问："是很大的针吗？""不是大针，是非常小、非常细的针，数三下就结束了，你这么哭会更痛的。"这么告诉孩子并耐心等待。如果需要排队等待，可以让孩子自己选择什么时候打。"咱们也可以最后一个打，你想那样吗？"这样孩子状态会好很多。

有一位妈妈说，给孩子打预防针要去三四次儿科。孩子哭得太厉害，妈妈实在是无奈，就告诉孩子"明天再来打吧"，然后带孩子回家。这位妈妈要思考一下，难道第二次去孩子就不害怕了吗？为什么只经受一次就可以结束的痛苦，还要让孩子经历几次呢？优柔寡断地对待孩子，孩子是承受不了那个过程的。在以后的人生道路上，只要遇到一点儿困难，孩子就会说"我不做这个了"。这样一来，孩子成为小学生、中学生后，遇到某些困难时，其他孩子没怎么当回事，唯独自家孩子忍受不了，这时父母就会爆发。"快点儿做吧！""不做，看我怎么收拾你！"如此强压式地对待孩子。该控制孩子时不好好教育孩子，等孩子长大了，出现问题了，才开始过多地控制孩子。

如果孩子过于拖拉，必须限定一条底线

孩子无论做什么都慢腾腾的，有些父母就会"噌"地火气冲天。孩子之所以慢，首先要考虑可能是因为注意力不集中。孩子不是因为懒，也不是有意地想让对方生气，只是孩子的大脑处理信息的速度慢。

注意力或专注力是非常宽泛的概念，不是单纯地指学习时集中精神。"注意力"是高层次的认知功能之一，直到成年期才培养完成。因此，应该认识到孩子的注意力还在发育中。但是，如果与同龄孩子相比发育太慢，就需要向专家咨询了。通过检查孩子的注意力与相应年龄应达到的水平的差距，父母可以决定是静观、教育、治疗，还是做其他方面的努力。

注意力不集中的孩子，就如同速度慢的电脑。尽管面对的任务难度不高，但思考速度慢，信息处理速度也慢，因此反应慢，行动也慢。孩子做某些事情的时候起步就慢，完成也慢。有些孩子甚至说话也很慢。

另外，孩子也有可能是因为过于紧张，所以才慢。过度紧张，就如同我们观看的视频一直处于缓冲状态而无法播放一样。要继续工作，首先要降低紧张感，才能提升速度。对于处于缓冲状态的孩子，如果父母指责孩子说："为什么这么慢？还不快点儿？"正在缓冲的孩子就会完全崩溃。因此，当孩子做事慢的原因在于注意力时，如果父母总是因为速度慢而发火，那么孩子的注意力问题就会进一步扩大。

看着做事太慢的孩子，父母有时会怀疑"这孩子是不是故意的"。这也是有可能的。如果孩子在平时对父母有不满，有可能在关键时刻故意为难父母。

不过，也有可能孩子是为了引起父母的关心。例如，几天前弟弟刚刚出生，妈妈肯定为了照顾小宝忙得不可开交。孩子仔细回想，平时自己做事麻利时，妈妈基本上注意不到自己，而自己慢腾腾的，妈妈就会跑来让自己快点儿做，并帮助自己做。无论怎样，这是对自己的关心，所以有些孩子就故意磨蹭。

如果孩子是为了引起父母的关心，那么父母直接无视孩子的行为并不可取，不过也不宜过度地做出反应，要客观地进行指导。准备外出时，如果孩子行动过慢，指着钟表提醒："恩慧，指针走到这儿，我们就要出门了。我女儿好棒，自己应该能做好。要是做不好，需要妈妈帮忙就告诉妈妈。"这么说本身就是关心孩子，可以说是满足了孩子想得到妈妈关心的愿望。父母稍微提供一些帮助就可以，比如孩子要穿袜子，就帮忙把袜子套在孩子的脚上，让孩子自己往上拉。

如果孩子不是故意做事慢，可以规定一段时间，让孩子做快速完成的练习。别的孩子 20 分钟之内可以完成的事情，给自家孩子 2 倍左右的时间，然后告诉孩子"在这个时间内要做完哦"，帮助孩子形成时间观念。在日常生活中，很多事情都是要在规定时间内完成的。孩子如果学不到这一点，未来的生活将变得更加辛苦。

如果孩子特别容易紧张，先告诉孩子无论结果怎样都没有关系，然后再进行练习。"不一定非要做得很好，以后会做好的，现在重要的是去尝试。"这样对孩子说，可以大大缓解孩子的压力。

"注意力稍微集中一些，就不至于那么慢啊。"父母一开始先会着急，最后就会爆发。父母想着孩子做事慢分明不是有什么理由，而是因为意志力差，甚至会想"做事这么慢，以后长大了怎么在社会上生活下去呢"。其实，如果孩子不是每次都特别慢，不用把事情想得过于严重。偶尔一两次，其实没什么关系。孩子可能觉得在家里可以放松，又是在自己最亲近的父母面前，于是解除了防备。

我曾见过一个小学三年级的小男生，他的两根眉毛都被剃得干干净净的，让我惊讶不已。一问孩子，结果说是因为生气才那样做的。孩子非常不喜欢妈妈进自己的房间批评自己，或在厨房训诫自己。

"家长教育孩子时，难免会有批评或训斥的时候啊，不是吗？"我问孩子。

"不是的，比如我去洗手间，没有冲水就出来了。难道我在外面也会那样吗？去别人家时，我不会那样的。只是因为在家里，有点儿太放松了，就忘记了。结果妈妈就训斥我'都告诉你几遍了，稍微用心一下就能记住的事情，怎么总是忘记，去朋友家也不冲水，去外面也要这样吗'。妈妈总是这么说，让我很生气。"

孩子说得没错，这种时候家长简单地提醒一下"你又忘记冲了呀，下次不要忘记了"，就可以了。

青蛙莫忘蝌蚪时

很多父母看到孩子连简单的事情都做不好，就会一下子暴躁起来。我的建议是，请家长记住"孩子永远都是父母、老师不断地教育的对象"。这与孩子做得好不好无关。

青蛙总忘记自己从前是蝌蚪，大人亦是如此。大人总是以当前自己的视角看孩子的现在，他们从不去想对于孩子来说这是一件困难的事情，继而变得焦躁，指责孩子"这么简单的事都做不好"。父母是大人，知道的多，判断力也比孩子们强，可以更全面地判断是非。因此，如果父母从自己的角度看孩子，会出大问题的。

此外，父母最大的错觉就是"我的出发点是好的"。即，父母认为只要是为了孩子好，采用什么样的方法都可以。即便出于好意，父母也绝对不能讲伤害孩子的话语。孩子做不好简单的事情时，父母很容易就冒出这样的话："你这是像谁呢？""唉，这个笨蛋……""到底要教你多少遍？""唉，这个有这么难吗？"当我告诉他们这些话可能会对孩子造成很深的伤害时，父母都会无所谓地说："唉，这算什么难听的话啊。"也许大人听到这样的话感觉无所谓，虽说也会心情郁闷，但过会儿可能就好了。但孩子则不然。孩子化解伤害的能力与大人不同，大人过几天就能忘记的话，孩子有可能会记在心里数十年。

当孩子简单的事情也做不好时，父母不要忘记自己是大人，要彻底放低心态，从孩子的角度看待问题。如果有问题，父母就要按孩子当前的发育水平思考如何才能帮助孩子。

所有的教育都是需要学习新事物的，学习新事物就要将信息深深地刻在脑海里，如此才会保存在记忆的仓库中。这个过程需要反复进行。

这个过程不是单单地传递信息就能完成。传递信息时的氛围、情绪将很大程度地影响传递的效果。例如当时是否下雪了、是否下雨了、是否在打雷，当时家里的光线是否明亮，妈妈当时穿着什么颜色的衣服，以及当时自己的感受等。总之，那些所有的信息和氛围都会盛装在自己的"情绪口袋"中。如果接收信息时心情特别不好，可能什么都装不下，因为"情绪口袋"太不结实或已破裂。因此，如果孩子想学习新事物，就要多次反复学习，在学习的过程中，心情要非常舒适。如果是愉快而幸福的氛围，那就再好不过了。

比如说孩子在学习认字。如果孩子认一些简单的字也总出错，父母肯定会批评孩子。但是，这样一来孩子的心情会特别糟糕。也就是说，孩子肯定会学不好。如果父母正确理解了信息总是盛装在情绪的"器皿"里，就应该说"再来一次？要快乐学习哦"，而不是训斥。教孩子时暴躁是因为只关注"做得有多好"。如此一来，如果孩子停滞不前，或者教了很多次也不理解，或者总是出错或注意力不集中，父母就受不了。

父母要不断地教孩子，老师也是如此。教某人一些东西，需要将信息和互动，以及互动时的情感交流相结合。也就是说，教授的人对待学习的人的态度，也属于教育的整体过程。如果无法理解这一点，是什么都教不好的。

孩子敏感，只是因为特别挑剔吗？

　　如果对孩子没有耐心、有攻击性、哄不好、不吃不睡等令父母暴躁的情况进行分析，可知这些孩子通常都感觉敏锐。但是，只要好好帮助孩子，孩子的敏感性在他们长大后有时也会变成优点。

　　我家孩子的感觉也特别敏锐。小时候很怕生，连岁宴都没办成，见人时稍微感觉陌生就会哭。认生的孩子对视觉信息很敏感，现在我的孩子在视觉方面掌握信息的能力惊人。汽车从旁边一闪而过，就知道是哪一年的款式。即使视力不好，也能找到某种晶体的瑕疵。观察力也特别强，能很好地观察动物行动时的样子等。孩子的这种能力与小时候很认生有关，对通过眼睛获取的信息非常敏感。我家孩子对声音的刺激也很敏感，只听汽车启动的声音就能辨出车型。

　　我也非常敏锐，偏食很严重。但是我的这种敏锐向好的方面发展，让我成为一个善于洞察别人内心的人。

　　如果孩子的感觉非常敏锐，家长在养育孩子时会有些吃力，这是事实。但是如果好好观察和理解孩子，指导他不要越界，这种敏锐的感觉反而会成为特别的能力。

当配偶暴怒时，另一方如何保护孩子免受伤害？

爸爸妈妈暴怒的时候，孩子还好吗？暴脾气不能马上改掉，但要想办法把对孩子的伤害降到最低。当一方暴怒的时候，另一方该怎么做？请家长仔细阅读以下建议并加以利用。

★对孩子暴怒后不该做的行为

不要粉饰暴躁配偶的情绪

"爸爸是因为太累了才发脾气，所以我们应该理解。"通常，这样安慰孩子的情况很多。妈妈担心孩子被暴躁的爸爸伤害，所以美化了爸爸的情绪。也许是希望孩子了解情况，少恨爸爸。

乍一看做得不错，但孩子在成为小学生之前是很难接受的。孩子只是想玩，怎么能理解突然大喊大叫、发火的人呢？让孩子提前了解并理解大人的情绪，这太强求孩子了。在这种情况下，最感到困惑和害怕的是孩子，这时候让孩子理解爸爸是不对的。

不要把暴躁归咎于孩子

孩子在做游戏的时候，突然不知什么事情让他很恼火，把玩具都给扔掉了。妈妈在一旁看到孩子扔玩具时，千万不能大声呵斥孩子说"你干吗？妈妈不是告诉你不要扔玩具吗？妈妈生气了"，或者说"你上次也向小朋友扔东西，在幼儿园也扔玩具吗"。这是为了结束当前的状况，把责任推到孩子身上的行为。

虽然孩子扔了玩具，但妈妈的尖叫让他吃惊。这种时候，"不要扔玩具"的教诲是行不通的。应该先安慰孩子因父母暴怒而受惊的情绪。如果不这样做，孩子只会伤心，不会觉得自己哪里做错了。

★配偶暴怒时对待孩子的方法

首先，要安慰孩子的感受；其次，指出犯错的是父母

"吓到宝宝了吗？我让爸爸陪你玩，爸爸大声喊叫把你吓坏了吧。妈妈去问爸爸为什么对你大喊大叫。不管是什么情况，大喊大叫都是不对的。"妈妈应该这么说，这样孩子才能学会"在任何情况下都不应该大喊大叫"。

在孩子面前，指出配偶错误的方法

如果配偶过于暴躁，不如带孩子回避。回避指的是换个地方。离开一会儿，不舒服的心情就会平复下来。这时，不要给配偶留下气得跑出去的印象。应该告诉配偶"我先和孩子出去一会儿，你平

静一下再出来"。

当配偶的怒气缓和一些时，不能责怪配偶，而应该告诉配偶"你这样做没有教育意义，孩子是做错了，但我希望你也能反思一下你爱发脾气的性格"。这样对话时，孩子在旁边就能学会如何安全地处理别人的不适情绪。

事情的最后总是要安全地结束

夫妻交谈后，引导配偶直接向孩子道歉。"刚才你这样发火有点儿吓到我了，孩子也吓坏了。宝宝是不是吓坏了？"这样问孩子。如果孩子正在哭，就让暴躁的配偶对孩子说"我刚刚大喊大叫把你吓坏了，对不起"。父母暴怒后，减少对孩子的不良影响的最好方法就是安全地收尾。父母不能因为生气而骂人，或是因为某人的离去而处于冷战状态，而是不管过程如何，最后都要安全地结束，不要在感情上伤害对方。只有这样，孩子的情绪安全感才能得到保障。

如果配偶经常暴怒，应该让其接受夫妻心理咨询

夫妻中的一方如果总是很容易发火，而另一方为了迎合他而忙得不可开交，那么最好去接受夫妻心理咨询。夫妻心理咨询并不是针对夫妻的问题进行争论。接受咨询后就会明白自己心理反应的特点等，能够正确地了解自己。不能总是想先了解对方，而是首先要

了解自己，这样沟通才会变得更好。谁都知道不能在孩子面前吵架，隔几年在孩子面前吵一次架还好，但如果争吵频繁，就必须努力改善。

即使孩子装作不知道，问题也一定要解决

昨天暴躁地吵架的父母，今天像什么事都没有发生一样。如果问孩子，孩子会说不记得爸爸妈妈昨天发脾气的事了，或者说没关系。在这种情况下，也一定要处理和解决那个问题。其实孩子非常混乱，也许夫妻俩并未完全消除昨天的矛盾也能相处得若无其事，但孩子不行。孩子的情感承受力和大人的情感承受力大不相同。

也许孩子真的不记得昨天的事了，因为昨天的事情太令人不舒服，孩子的大脑有意识地给忘记了，但记忆并没有完全消失。孩子看到、听到和感受到的所有信息都会以某种方式存储在大脑里。即使孩子不记得了，也要对孩子说："昨天我们去超市的时候，妈妈和爸爸不是大声说话了吗？那是因为妈妈和爸爸的想法有点儿不同，所以声音变大了，但是妈妈和爸爸是相爱的，很抱歉在你面前大喊大叫。下次我们会好好说的，对不起。"配偶也应该向孩子道歉。这样孩子才会想着"啊，问题已经解决了，爸爸妈妈又和好了"，心里会变得舒服一些。

如何避免孩子成为
暴躁的大人

CHAPTER 1

第一章

暴躁的人需要认清的几点

如果人人易怒，这个世界怎么会安全？

案例 1 ● ● ● ● ● ● ● ● ● ●

　　交通严重堵塞。旁边车道上的一辆车不停地打灯，示意要变道加塞，但当时的路况根本不允许这样做。只见那辆车穷追不舍，车主一直骂骂咧咧。几分钟后司机下车，直接拦下正在行驶的车辆，用三节棍开始砸车窗玻璃。

案例 2 ● ● ● ● ● ● ● ● ● ●

　　一个男子出现在闹市，帽檐压得很低，只见他突然掏出一个打火机，点燃了家纺店门口堆积的被子。火苗瞬间蹿出，店铺燃起熊熊大火。该男子只因妻子嫌他挣钱少，常常无视自己，刚好前辈又拒绝借钱给他，于是一冲动便实施了报复性纵火行为。

家里办宴席，亲朋好友欢聚一堂，推杯交盏，载歌载舞，氛围很热闹。酒过三巡，宴席马上进入尾声时，人群中突然嘈杂起来。原来是姐夫和小舅子在酒席上发生了口角。小舅子大声质问姐夫为什么对姐姐一副嫌弃的模样，并给了两拳。冲动打出的这两拳，导致姐夫脑出血昏厥过去，很快没了生命体征。

凌晨过后的闹市灯红酒绿。8个20来岁的年轻男子互相拳打脚踢，就像电视剧里的场景一样。直到警察出动，才制止了这一切。斗殴的起因仅仅是对方看自己的眼神不友好。

上幼儿园的4岁宝宝把嘴里的泡菜吐了出来，幼儿园老师一拳打下来，孩子就像个布袋子一样直接趴倒在地。等孩子站起来后，老师强迫他咽下刚才吐出的食物。这个老师平时也会因为孩子不肯吃蘑菇而打孩子的脸，或者因为孩子吃饭时掉饭粒而打孩子的手心。这个幼儿园老师被拘留后声称自己一时控制不住情绪才对小朋友使用了暴力。

以上列举的所有案例，都是在韩国发生的真实事件。在浏览器中搜索"冲动""暴躁"，就会出现一连串相关事件，让人不禁皱眉，顿时感到当今社会的可怕。这种可怕不仅仅是因为我们可能会成为受害者，还因为犯下这些罪过的人曾经都是生活中非常平凡的人，就像你我一样再普通不过。

必须有意识地告诫自己务必改掉冲动的脾气，否则会肆无忌惮地冲动、暴躁下去。这不是简单持续，而是会变本加厉，让暴躁倾向变得更为严重。这是冲动特有的特性。一个每天脾气暴躁、不好好说话的人，偶尔正常说话时总觉得意犹未尽，感觉对方不可能听懂自己的意思，必须扯着嗓子喊"喂"，如此强势才能完整地表达自己的情绪。看到对方被自己震慑到，才觉得对方听懂了自己的话。

人这种动物，在强压别人时会从中感受到微妙的快感。一次体罚孩子后便再也无法收手，或许也是出于这种心理。冲动也不例外。人在遇到猛兽、遭到攻击时，身体就会处于一种防备和对抗状态。而情绪冲动时恰好会处于这种状态，所以看到对方对自己的凶煞状态示弱时，便会有微妙的胜利感和征服感。一旦对这种快感上瘾，当遇到根本不需要如此极端表现的情境时，也会做出一样的凶煞状态。暴躁和冲动是会让人上瘾的。

人在喝醉时容易闯祸，是因为大脑功能已经被麻痹。跟一个已经醉醺醺的人，是不可能进行理性交流的。他们不仅顽固，举止反常，也容易做出失态、冲动的举动。当摄入酒精过多时，大脑里负责理性判断和行为的额叶会停止工作。人在冲动时也会进入这种状态，很难自我控制。有的人在暴躁时突然做出在理性时不可能做出的行为，正是因为这个原因。正常状态下绝对不会做出格行为的人，一旦冲动了就会完全失控，闯下大祸。一个性格暴躁爱冲动的人，一旦喝醉了酒，简直是颗定时炸弹。在这样的环境下，我们都可能成为潜在的受害者或犯罪者。

假设我们身边布满这样的"定时炸弹"，甚至"定时炸弹"也包括我们自己，那么危险将时时刻刻存在。在这种环境中成长的孩子，该有多胆战心惊。

你的情绪垃圾，无权丢给任何人

当一个人突然暴躁，发一通脾气时，对方大多会先唯唯诺诺地说："是，是！"这倒不是因为惧怕，更多是出于保护自我的目的。家长冲孩子咆哮时，孩子变得安静，也并不是出于对父母的尊敬，或者觉得家长的一番训斥和说教有道理。孩子还年幼时，会因为害怕家长的这一面，瞬间身体僵住，一动也不能动；但是稍微长大后，就会心里嘀咕"又开始了"，便开始尽可能避免与家长发生正面冲突。无论当前我们的情绪有多糟糕不堪，只要是不应该流露给其他人的不当情绪时，就应该懂得收敛和改变态度。毕竟在这个世界上，我们无权将自己的情绪垃圾发泄给任何其他人。

冲动暴躁与一个人的道德修养也有很大关系。一个人能够考虑到自己的一言一行将会给别人带来什么影响，且懂得尊重别人的权利,这才是道德修养的体现。

应该重新反思一下我们内心极力捍卫的道德价值。创建和维护安全稳定的社会秩序,必须遵守这三点:

第一,任何人无权殴打他人,哪怕是父母。

第二,我们无权把自己一团糟的情绪发泄给任何人。

第三,别人的权利也很重要,即便与自己的利益相违背,也应该给予尊重。如果侵犯了他人的权利,哪怕是自己有损失也应赔偿他人。

每个社会都有必须遵守的规则。当然,这些规则不可能让所有人都觉得完美。有些规则可能在某个人看来不合理,有些则可能影响到个人利益。但是无论怎样,这些规则必须严格遵守,这才是首位的。如果把个人利益凌驾于别人的权利和社会秩序之上,万万不可取。千万不能出于私心把公德和底线抛之脑后。

举个大多数家庭经常遇到的例子。爸爸在职场辛苦一天,好不容易拖着疲惫的身体推开家门时,孩子们呼唤着:"爸爸!"一拥而上。爸爸虽然觉得累,但是不能说:"你们到一边玩去,爸爸现在很累!"千万不要这样说。虽然你已经精疲力尽,如果满足孩子们的需求,就会更加疲惫,影响到个人休息,但也应该尽可能满足孩子们想要跟爸爸一起玩的愿望。职场生活本来就是个人应面对的事情,不能因为工作带来的疲劳,让孩子们的亲子幸福感大打折扣。自己的问题自己来面对,而不应因此影响孩子的权利。

从家庭到学校、职场，乃至整个社会，希望人人都能遵守以上这三点。

自我省察能力与人生发展密不可分

有些情境确实换谁都会很生气。"怎么可以说这种话？"尽管心情不佳，一时气愤，但是自尊心强的人，并不会因为这些动摇自尊心。而自尊心弱的人，一旦生气或情绪差，就会自尊心受损，所以才更容易冲动，引发很多不堪设想的后果。

我们可以回想一下。行为脱离常规的人，哪里都会有。比如有的人态度傲慢无礼、有失教养，这肯定是不对的。自尊心足够强大和心理健全的人看见这类人时的心理活动是："原来有人是会这样理解和行动的。"也就不再去想这件事。就算是心情不好、生气，也不至于到暴怒的程度。不冲动、不暴怒并不代表心情不受影响、不会生气。大多数人面对常理上该生气的事情，肯定会生气。只是这些还不至于动摇自己的自尊心，仅仅是心情不好，也就算了。

"退一步海阔天空。"古人的这句话确实说得通透。忍一忍其实是另一种意义上的胜利。自尊心弱的人，无法承受自己输了这个事实。因为输意味着撼动了自己仅存的自尊。所以有的人即使知道自己错了，也绝对不会承认这一点，而是一直固执己见。因为一旦想到自己确实做得不对，或输了时，会觉得这是在否定自我。

足够自信强大的人，就算受了伤也能自己调节好。自卑懦弱的人，受到一点儿小伤也会一直备受煎熬，所有的关注点和精力都耗费在没有意义的事情上，时刻像刺猬一样，想着如何防备他人，不让自己受伤。

自卑的人，不能真实地表达自己的内心感受，而且也不擅长去面对和回应各种情况。他们由于不能表达自己的想法，所以总会吃亏，却把这种情况归结为受害，于是找更弱势而好欺负的对象，去发泄自己的情绪。这个对象包括家人、配偶、子女。这种情况下爆发的脾气，对孩子来说就是暴力。自尊心很弱的人，他们发泄的对象除了自己的家人，还有网络社交平台上的陌生人。在网上留言刻薄的人，大多是生活中很懦弱、不敢发声表达自我主见的人。

如果觉得自己有经常发脾气的倾向，需要思考一下："为什么我的自尊心这么弱？"如果刚想到这里就随即想到："我怎么可能自卑！我已经很了不起了！"甚至莫名产生一股火气。那么自尊心弱的可能性确实是很高。而如果能想到："难道我会有这一面？"或者想到："哦，也许我也存在这一面。"那么自尊心还算是比较良好。总之，审视一下自尊心很有必要。这个过程不仅仅是情绪上自我审查的过程，也是恢复自尊心的基本方法。

应该认真看待自我省察能力。倘若有人给了我糟糕的影响，虽说不是我的错，但我也应该努力去安抚和鼓励自己走出这些阴影。同时反思一下在这件事情上，我有没有需要改进的地方。如果略过自我反思的环节，只是图痛快发脾气，等于只将所有不顺自我合理化，将暴怒当作自我防御的工具而已。

虽然我不具有危险的攻击性，但我其实是一个攻击能力强的人。

我认为这是我的能量、我的原动力。曾经有段时期，我的攻击能力远比现在强。下雨天人们为了打车排队等待，队伍很长。有人却插队，站到了最前面。我看到了肯定不会就这么罢休的："麻烦您到后面排队。这里这么多人，大家都在排着呢。"这就是攻击能力的表现。当这种攻击能力脱离控制，以带有攻击性、情绪化、冲动的行为表现出来，就变成了前面所说的暴怒。

但是现在要是遇到同样的情形，我应该不会像以前一样出面去干涉。不是因为害怕对方，只是现在我的内心相比过去多了一种看法，那就是恻隐之心。以前也有对他人的恻隐之心，但现在可能更为透彻。恻隐之心可以分为两种：一种是"那个人应该也是为生活所累，过得不太好吧"；另一种是"后面那么多人排着还好意思插队，真是过分"。想到这里，我就收敛了带有攻击性的一面。

人们在人生的不同阶段，看待自我和世界的眼光会发生一些变化，对待人生的态度也会变得更加全面客观，这是人的发展方向。如果不反思、不反省、不做任何努力，看待世界的眼光也不可能改变。眼光不改变，那么冲动也不可能收敛。孔子所说的"不惑""知天命""耳顺"可不是到了年龄就能自然悟到的境界。

第二章

CHAPTER 2

父母总是发火，
该如何寻求改变？

大方承认自己的不安焦躁，
承认自己是不会控制情绪的"大孩子"

冲动的人，"情绪口袋"很容易出现裂纹。就像将热水倒入玻璃器皿，玻璃很容易破裂，所以要稍微凉一凉再倒。但冲动的人是等不及水变凉的。

社会上每天都会发生各种事件，大大小小的刺激因素很多。冲动的人面对这些，并不是调整自己的心态，而是被情绪笼罩，做出很多后悔莫及的事情。

这种冲动并不会因为年纪增长而自然改善。如果时间能解决一切，那么也就不会发生六七十岁的老人冲动惹事的事件了。近年来媒体频频报道老年人愤怒犯罪事件，这充分证明了冲动如果不加以收敛，只会与日俱增。敏感和焦虑如果不积极努力去改正，哪怕过了 10 年也不会改变。总之，不能放任不管。

想要管理好自己的冲动情绪，首先要做的是正视自己的敏感、焦虑和情绪不易控制的问题。这些问题像箭一样刺痛自己，也会刺痛身边的至亲。这些问题全因自己而起，不能怪罪他人。虽然在受到外界刺激时会变得更敏感，但根源在于自己，这一点必须承认。这终究是个人的问题，需要去解决的主体也是自己。

如果经常有"不安得受不了"的想法，就能判断出自己敏感、焦虑，也会比较容易承认这个事实。但有时候自己都难以察觉不安的情绪，一再压抑下，最后发展成暴怒。

感知到某种负面情绪时，要正视它，"嗯，这一点确实是个问题，让人担心。""啊，这点不至于那么严重。没关系。"然后慢慢调节情绪。极力否认是因为害怕直面和调节那些情绪。由于害怕触碰情绪本身，所以才会去否认它的存在。

过于想要掩饰自己不成熟和弱点的人，很容易敏感和不安。内心越是强大的人，越敢于展示自己的不成熟和弱点："这个我不擅长。""这种情况我总是变得脆弱。""遇到这种事情我就会比较担心。"但过于焦虑或不安的人，做不到这一点。他们总会表现出很强大、很完美的状态。

对时间、金钱过于苛刻的人，也很可能是出于焦虑。他们为了不使自己陷入焦虑，所以喜欢用数字来控制身边的人。典型的例子就是孩子的回家时间。孩子比约定时间迟到 5 分钟，家长就开始焦虑不安，所以会对孩子极为苛刻。就算是正确的事情，如果过度管控对方，很可能也是由于背后的焦虑心理。事情一旦没有按照自己的预期运转时，就会感到不舒服。有些人对一元钱也很计较，这不是精打细算会过日子，很有可能是焦虑心理在作祟。

有时候身体会出现一些不适症状，这也有可能是心理焦虑和不安的表现，只是自己没察觉到。去医院检查一切正常，但是经常消化不良、头痛、腹泻、腹痛，那就应该考虑一下是不是属于焦虑、敏感的性格。因为感到紧张不安时，就会觉得身体这里和那里不舒服。如果有谁惹到自己就会很烦躁，一些小事也大发脾气，变得神经质、暴躁，那么也不妨自我分析一下是不是属于敏感、焦虑的性格。

我们每个人是自我情绪的主人。"为什么我这么急躁？""是不是我过于敏感？"应洞察自己的内心情况，才能亲自解决问题。如果每次都觉得"是他们惹我生气""是他们说话没素质"，一旦为自己的冲动找借口，就无法解决问题。

看到孩子没耐心的样子就忍不住生气的话，其实和孩子没什么区别。去分析孩子没耐心的原因，和查找自己动不动就发脾气的原因，其实是殊途同归。找到自己的原因，事实上也等于是帮孩子找到了解决方法。如果父母有性格方面的问题，要首先努力解决自身问题。

罗列一下那些让自己暴怒的情境

暴怒糅合了各种情绪，但相比正面情绪，负面情绪居多。这些情绪积累到一定程度，一旦有导火线，就会瞬间爆发。

能成为导火线的事件非常多。对有些人来说，孩子吵闹就会点爆负面情绪，咆哮道："别吵了！"有些人听到孩子的哭声会异常敏感。还有些人非常忍受不了饥饿的感觉。在自己已经很饿的情况下，如果孩子一直在旁边提要求，那么平时原本可以好好满足孩子需求的父母，这时候会突然脾气爆发。有些人在疲惫、困倦、心情差、忧心忡忡时更容易冲动、生气。

养育孩子，谁都难免会有暴怒的时候，但是仔细分析的话，会发现其实每个人的原因和情况都各不相同。要想弄清具体是什么原因，可以把日常中自己暴怒的那些情境记录下来，这样比较容易看出来在什么情况下暴怒的频率高。一旦了解了，就可以运用到日常生活当中，提前预防。

例如，如果感到饥饿时容易对孩子发怒，可以备一些面包、饼干放在自己跟前。特别是育儿初期，常常会顾不上做饭，所以忙的时候哪怕简单吃几块饼干，也能避免饿肚子。如果教孩子时很容易咆哮，那么最好还是不要自己辅导功课，让配偶或其他家庭成员辅导。

静下心来仔细分析一下生气的原因。因为可能有不止一个因素在影响着父母。孩子做出攻击行为让父母失去平和心时，也是一样的。生气以后如果能重新恢复平静，那问题不大。如果许久都无法恢复平静，还做出和孩子一样的攻击行为，就应该认真反思一下，并努力先改正自己的行为。

寻找自身暴怒的原因，并从根本上改掉，需要很长的时间。当务之急是丢掉靠发脾气来管教孩子的错误想法。孩子是从父母身上学会如何表达情绪的，而且是耳濡目染长期不断地学习。如果用攻击行为控制孩子，那么孩子会越来越像父母，变成一个极度缺乏耐心、暴躁、攻击性强的人。如果意识到自己经常会在心事重或赶时间时冲动，那么遇到烦心事时，可以在这一天时时自我提醒："我现在是因为那件事变得焦虑。我要冷静。"家长要对自己的情况有个清晰的了解，才能避免因此带来的伤害。

除了对孩子发怒，回忆一下在外对别人发怒时的情形。"我还算是个凡事很能忍的人，但唯独这种时候控制不好自己。"比如，有些人特别看不惯不讲理的人。只要对方死犟，明明是不用当回事，却一定要争吵一番才行。有些人特别看不惯有人插队。这时嘟囔两句"怎么有这种人啊"，其实也就过去了，却瞬间变得脾气暴躁。这是因为有未解决的心结。

记录下平时容易发怒的情形之后，再进一步记录下其中自己所表现出的相同的反应。平时留意去做这件事的话，对于了解自我会非常有帮助。仅做到这一步，也能大大改善暴怒的情绪。

A 女士是我的咨询患者，很年轻。有一天她在澡堂跟别人吵了一架，原因是旁边的人淋浴时水滴总是溅到她身上。被水溅到，A 肯定不太高兴，结果对方朝这边看了一眼，A 以为对方已然知道了怎么回事。没想到对方并没有收敛的意思，A 忍无可忍地说道："水都溅到别人身上了，麻烦你小心一点！"本以为对方会说："对不起。"但对方回了一句："这么多地方，你去别的地方洗不就可以了？干吗非在跟前不走！"两人就这样光着身子直接吵了起来。

这位 A 女士我认识了很久，不是爱发脾气的人，人品也绝对很好，但是经常会和别人闹矛盾。我问 A，和她发生冲突的那些人有没有什么共同特点？交谈许久后，我发现了 A 最难以容忍的是，对方做出缺乏常识的行为。A 一直很努力做一个懂常识、懂规矩的人，而且也会尽量不去给别人添麻烦，即便自己吃亏，也能接受。

我建议 A："你的标准在理论上接近正确答案，你的生活方式是没有问题的。但是这套标准如果套用在精神变态、反社会人格者，或者暴力的人身上，还能讲得通吗？要看对方是谁。"A 立刻懂了我的意思。确实，即便我是对的，这个世界上总会有说不通、不讲理的人。A 认同地点了点头，但似乎还是有些无法释然，问："可是这样，岂不是很委屈吗！"当然会感到委屈。但是对于素不相识的人，也不至于那么委屈。我问她："那人不是第一次见吗？重要的不是陌生人让你感受到的委屈，而是你在与某个重要成员的相处关系中感受过委屈，这才是问题。"

如果自己反复作出一些未曾察觉的相同的反应，或者总在特定的某个情境获得相同的感受，这对于自己而言是非常重要的信号。哪怕在外人看来觉得"那点小事有什么可计较的"，一旦相同的问题重复出现，就应该用心窥探一下自我。这样才能查找原因，找到解决方案。

重新审视自己与父母的相处模式

想要了解自己，需要回顾一下自己与在意的人之间的关系，比如父母。回顾和父母的关系，并不是为了揪出父母的过错，得到父母的道歉，也不是为了把父母改变得更好，事实上，岁数高的父母很难改变。回顾与父母的关系，应该是从"原来我是受到了这方面的影响啊……"的角度去理解。在此基础上，去回顾这给自己与配偶、自己与孩子的关系带来了怎样的影响。

为了能够回顾自己和父母的关系，可以去接受专家心理咨询，或者去看一看相关书籍。可以把小时候的重要记忆写到本子上，把特别美好的记忆、糟糕的记忆等重要事件记录下来，经常去回顾一下与冲动有关的情绪经历。美好回忆越多的人，与父母关系和谐的可能性也高一些。事实上，亲子关系不可能百分百完美。埋藏在自己潜意识中的记忆不会轻易苏醒，需要经过多次深入思考才能挖掘出来。

很多年轻的家长在回顾与父母的关系时，大多表示希望能收到父母的道歉。他们渴望父母能接纳自己的情绪，哪怕一次。这种道歉并不是父母对他们说一句："是我们做错了。"而是："原来是这样。当时我们并不是这个意思，没想到让你伤心了。"但这么简单的一句话，父母绝不肯轻易说出口。越是不肯表达、不能正视情绪的合理性的家长，越无法理解和共情孩子的情绪。

养育孩子需要的不仅仅是物质方面的照顾，还需要情绪上的照顾。但是这类父母通常只会看重物质方面的满足。所以当子女倾诉童年不快乐时，他们反而会说："我们不吃不喝，用全部心血去养你，你怎么能说这种话呢？"由于不懂得孩子成长需要情绪呵护，所以无论子女再怎么解释和说明，他们都不是很理解，只是强调自己付出的辛苦，为自己感到委屈。有些父母甚至在听到子女说童年不快乐时会发火。所以对不懂的人，说一百遍也没用。

对于这样的家长，子女的情感是爱与憎并存。既得到了物质的满足，也感受到了父母的爱，但内心确实有着心结和缺憾。他们并不是讨厌父母，而是存在一些不能释怀的情绪。未婚的时候，虽然父母不能够接纳自己的情绪，但能懵懂感受到父母的爱，尽管有着矛盾，但能够忍受和生活下去。但是等到自己做了父母时，就是另一种情形了。原生家庭的矛盾，会在自己的育儿过程中时不时地重现。

举个例子，爷爷、奶奶来家里玩。刚好这一天孩子的状态不太好，所以爸爸哄着孩子："是不是累了？"爷爷看到这一幕，觉得看不下去："你可不能这样惯着孩子，省得被娇惯得没大没小。"爸爸说："平时也没这样。今天宝宝有点儿不舒服所以才会这样。"奶奶在一旁跟着说教："要我看啊，明明是你们在惯着孩子。"一到这时爸爸的火气就"噌"地冒了上来。父母一心一意为自己付出，这一点这位爸爸很清楚，但是在自己的记忆中好像从来没有在父母面前撒过娇。他不想让自己的孩子也这样长大，于是积压的情绪突然就爆发了出来。

有个值得关注的大环境是，从二十世纪七八十年代开始，韩国人逐渐认识到教育的重要性，开始远赴国外留学，也开始掀起读研热潮，有意识地去提升自我。进入二十一世纪之后，家长们开始关注孩子的心理情绪，试着理解和读懂孩子内心，努力感受。随着文化素质的提升，人们对于心理学的关注和重视度有所提高，也开始对于自己童年时期的一些心结有了后知后觉的感悟。特别是在育儿过程中，不断学习专业的育儿知识，从而体会到了"天啊，书上说的这些不应该对孩子做的行为，我爸妈竟然一个不落地用在了我身上"。于是伤感和委屈涌上心头。而这些没有解决和释怀的心结，也凸显为亲子矛盾的主要因素。

冲着不相干的人动怒，问问自己"这个人对我有那么重要吗？"

前来咨询的患者当中，有些人常常会在外面冲陌生人发脾气。

对于这些患者，我会问他们一个问题："对方是认识的人吗？"

"不。"

"哦，不认识。那么将来有没有可能和对方共事呢？是很重要的人吗？"

"也不是。"

"哦，不是什么重要的人。"

通常说到这里，患者基本上自己就已经想明白了这件事情。

人的情感丰富多样，遇到一些窝心的事情，生气和恼火都是正常的。但是我们必须要弄清对自己来说，当前什么是重要的，什么又是不重要的。人的情绪能量是有限的，需要我们合理分配和使用。对我们来说不重要的人和事，就少一些关注和在意，要学会轻描淡写地翻篇。否则，等到真正面对重要的事情时，反而力不从心，因为已经在其他没意义的人和事情上耗尽了能量，现在需要拿出心思去面对时，精力早已枯竭。

有些人总是义愤填膺，觉得人们都太过我行我素，这样下去这个社会得乱套了。比如在韩国，有人在人流量很大的步行道上嫌其他人挡住了自己去路，就用尖尖的签子去扎别人，以此来逼别人让开，这就令人气愤。但如果是被一辆装满废纸箱的手推车不小心剐了一下，就不必如此暴怒。不遵守社会规则、道德败坏是应当被谴责的问题。除了这些，不至于在日常小事上气急败坏。不是说小事就可以不受大众的监督，人们可以为所欲为，而是说对于日常生活中的大多数事情，我们不必那么愤慨。

这个世界上有还算不错的人、相当好的人、不好不坏的人、差劲的人，这几种人都分别占据一定比例。一个蚂蚁兵团，如果剔除掉所有勤劳的蚂蚁，专门由游手好闲的蚂蚁重新组建一个新兵团时，我们会发现还是会有相对勤劳的蚂蚁和完全游手好闲的蚂蚁，情况和之前差不多。或者把那些偷懒享乐的蚂蚁撇开，由勤奋的蚂蚁组建兵团，其实也是一样的结果。人类社会也是如此。出类拔萃的人聚集到一起，在一个共同体内生活，其中还是会有还算不错的人、相当好的人、不好不坏的人、差劲的人。这一点一定要考虑到。

能做到自己为人正直善良才是硬道理。没必要因为别人的言行不符合自己的标准，就一定要说教一番，非让对方低头承认："对，是我做人太失败。"如果对方没有马上遵从自己的话，也没必要火冒三丈。何况是和自己素不相识的人，何必大动干戈。如果是与自己长期相处的重要成员，发生不和谐时可以相互谦让、磨合，否则，没必要因为汽车追尾，或者态度不友善而争个头破血流。

当今社会，人们越来越变得口无遮拦。如果有人对自己出言不逊，那么先去衡量下这个人于自己究竟有多少分量，如果不重要，自然就不必较劲和耿耿于怀。但如果是对自己重要的人，那么要认真去想想对方说的究竟有没有道理。如果说的没道理，自然不必去接受。如果当时对方所说的话可能会伤到自己，就回应一句"你这句话过分了，不是你想的那样"。但是，如果是很亲近的人说了这样的话，恐怕就很难克制情绪理性对待了。所以越是对待家人，越要注重说话方式。如果家长没能和孩子好好地沟通，一定要解释一下："抱歉啊，但总体而言我是爱你的。至少这份爱，希望你不要怀疑。"如果孩子反问："爱孩子就可以这样讲话吗？"那么一定要诚恳表态："当然不可以。这点爸爸一定改。"

对方冲动时，最好的回应方式是大大咧咧、幽默风趣地说："没必要这么火冒三丈的，快点儿消消气，气坏了身体可不好。"这样"不了了之"时，就不太会有自己吃了亏的感觉。这需要极高的自尊心，才能做得到。幽默与风趣也是领导能力中相当重要的素质。

不要埋怨别人，即便是对方在动怒

埋怨和怪罪，恐怕没有比这个更容易激怒对方的了，基本上会百分百引爆对方的脾气。不针对当前的矛盾状况就事论事，努力往好的方向解决问题，而是去翻旧账，把责任推到对方身上，基本上当场就能激怒一个人。而且翻旧账时，说着说着好像确实都是对方的过错。这时就会觉得自己是个受害者，就连对方生气的样子，都好像是贼喊捉贼，于是也会让自己更加生气。由此可见，当我们在使劲怪罪对方时，自己的火气也会像气球一样一点点膨胀。

在育儿过程中，有太多磕磕绊绊，那些反复出现的细节问题很容易引发夫妻吵架。每当这时，有的人最常用的辩解就是："我知道我也有问题，但是如果你能在育儿上哪怕多花一点点心思，我可能也会好许多。"习惯性地对孩子、配偶说："我真的挺讨厌这一点的。你跟孩子只要在这一点上不挑战我的底线，我怎么可能发脾气。"这类人想到的并不是要收敛一下自己的脾气，而是对方的言行激怒了自己，使自己现在忍不住发脾气。这种行为好比是一边走路一边吐痰，如果有人在旁边说句不满的话，反而会狡辩："空气本来就很糟糕，能怪我吐痰吗？"空气可能确实很糟糕，但是大多数人都不会去吐痰而引来周围人的不悦。就算不舒服，顶多干咳两声也就算了。

无论冲动暴躁的原因是什么，都是负面情绪积压到一定程度后在某个瞬间爆发的。但这种情绪需要自己处理和消化。如果偏执地认为这一切都是对方诱发的，而不肯从自身找问题，这种暴脾气是永远改变不了的。

不仅如此，当对方在发脾气后试图怪罪于你时，也千万不能被对方道德绑架。"你受累了，让我来分担一下。"作为夫妻，应努力传达这样的信息，让对方明白自己不是独自拼搏，这样才会让对方的火气消下来。

妈妈在辅导孩子功课时很容易歇斯底里,原因有很多种。比如同样的题孩子错了又错,写作业磨磨蹭蹭,丢三落四,注意力不集中,写字姿势不标准,嘴上说写却半天也不见动笔写时……简直能把妈妈气炸。如果这时爸爸下班晚回家,进屋就抱怨妻子:"都这么晚了怎么还在训孩子?别写了!"

丈夫这么说就更加火上浇油了。妈妈说:"你懂什么?就让孩子们别写了!这都是作业!"

在妈妈看来,丈夫的那句"别写了"的潜台词是:"啊,吵死了。我不管你们在写什么、凶什么,要是想吵,那就干脆别管了!"

其实这时,丈夫可以先用几分钟来了解一下事情的来龙去脉,然后跟妻子好言沟通:"事情的原委我大概了解了。我呢,也会投入时间和精力,尽可能去分担一些。"

孩子吃饭磨磨蹭蹭,到了睡觉时间还兴奋地玩,不肯入睡——这大概是许多妈妈都头疼的问题。这时爸爸肯定又会火上浇油地来一句:"你怎么当妈妈的?连个饭都不会喂!""就这样怎么可能让孩子好好吃饭?"这种说话方式当然不可取。孩子不是靠妈妈一个人抚养的,而是需要爸爸共同参与抚养。如果妈妈对喂孩子吃饭或哄孩子入睡感到巨大压力,那么作为爸爸,至少可以参与哪怕一次。比如利用周末休息时,抱着孩子哄他入睡,拿出共同育儿应有的态度来。这样才能缓解妻子的育儿压力和烦躁情绪。比如妻子说"宝宝不肯吃,把喂的食物又吐了出来"时,如果丈夫说"行了,别喂了。我让你别再喂了",在妻子听来就像是在说:"真是没用。连个饭都不会喂。""不行就干脆别喂了。"

爸爸可以试着这样说："要不让我来试试？我来喂宝宝吃饭。来，把碗给我。""是不是宝宝现在肚子不舒服？"用行动积极参与进来。

有些爸爸总是不了解情况就急着发脾气，也根本不会想去搭把手。暴脾气的人，很不擅长管理情绪，通常都是因为某种情绪积累久了，某一天突然爆发，于是措手不及，急于表达情绪，急于消除当前糟糕的状况。这样一来，根本顾不上冷静地观察和分析当前的状况，一心想着尽快结束当前的局面。因此看到妈妈正在和孩子发牢骚，就想着赶紧结束头疼的局面，恢复宁静。所以粗暴地要求："吵死了，别弄了！"

这可不是解决问题，而是终结问题。

妻子对孩子发脾气，丈夫听了一会儿，大概了解了事情的来龙去脉。这时不能用激将法或推卸责任式地说："都是因为你平时这样，孩子才会这样。"作为夫妻，不能用专家或治疗师的姿态来跟对方说教。就算再有道理，同样的话出自专家之口和另一半之口，作为听者的感受完全不同。如果每次教育孩子时都免不了发脾气和吵架，还不如不教，建议把孩子送到培训班或者让孩子自己做练习册。"如果每次辅导孩子都要吵架，还不如不教。"同样一句话，专家说和配偶说，听起来肯定是不一样的。夫妻是需要共同患难、一同解决问题的关系，所以以旁观者的姿态像专家一样指指点点，说"不会教就别教"，那简直是让人火冒三丈的事情。努力用平常心去看待问题，这一点也很重要。不过过于中立的态度，很容易让对方误以为自己觉得"这与我无关"，所以一定要把握好度。

夫妻双方有一方明显表现得有些暴躁时，另一方总喜欢说："都怪你这暴脾气。要是你能把脾气改一改，这个家就什么问题都没有。"这样的态度非常危险。因为这句话未必经得起推敲。虽说不应该对孩子发脾气，但如果孩子确实做错了事情呢？再加上可能另一半也有火上浇油的成分，刺激到本人。所以这个问题应该全面看待才行。如果孩子或配偶身上存在问题，除非是两人都能改正过来，否则将来在遇到相似的情况时，同样会引发暴脾气。所以应该正确看待自身问题和孩子身上的问题。笼统地说"要是你能把脾气改一改，这个家就什么问题都没有"，根本就不是想要解决问题的态度。

我们在与人沟通时，如果不是试着客观地去找问题的原因，而是急于责怪对方，那么只会伤害对方的自尊心，刺激到对方的脾气。

第三章

CHAPTER 3

那些在孩子面前不动怒的父母

自我审视一下，在育儿这件事情上，有没有过激的表现

当日程表被各种学习和活动排得满满的时，孩子会想方设法偷懒。家长拖着疲惫的身躯，费时费力带孩子上各种补习班，体验各种活动时，孩子不但不能认真去学，写作业也是胡乱应付，一心只想着玩。妈妈突然觉得心理不平衡，说不清是辛苦、委屈还是生气。

近年来年轻家长们争相为孩子们报各种培训班，而这对那些脾气暴躁、不懂情绪管理的人来说等于给自己挖了个坑。冲动的背后都是急性子在作祟。急于求成，恨不得让孩子一口吃成胖子，和不能有条不紊地处理情绪、一点就爆的，都是同一类人。

在我小时候，相比那个年代的好多同龄孩子，算是接受了比较丰富多样的教育。这并不是因为父母在这方面刻意培养，大部分都是我自己要求学的。钢琴学了很多年，作曲也很有天分（当然，现

在搁置了太久，基本已忘得差不多了）；因为喜欢书法，各种字体都练过，还得过奖，只是现在也写得大不如前了。现在看来，小时候多练还是少练一首车尔尼的曲子，区别都不大。一些主张"过度教育"的专家，会具体细分到几岁时应该教什么，一旦开始学习又应该达到什么级别。我的观点是不管学什么，能快乐学习就好。而不是硬性规定必须几岁上什么培训班，达到精通水平。我认为这种苛求和死板就是一种过犹不及。

我这样说并不是说不必学那些。如果孩子想学钢琴，就让他开心学。能弹一两首简单的曲子就可以。假设孩子自己不情愿，没必要强迫他去学七八年。游泳也是如此。如果不想溺水，游泳是必学技能。而且会游泳的人，玩水过程中会获得双倍的乐趣。所学技能基本能达到这个程度就可以。但是家长非要让孩子坚持学游泳，也不顾天气冷不冷、孩子是不是情愿，非要拽着去上游泳课。这样真的有意义吗？把家长多余的虚荣和贪心通通收起来，单纯地让孩子快乐地学习和参与，岂不是一举两得，大人和孩子都很好？

无论是让孩子上补习班，还是去博物馆，有些父母做什么都有急功近利的倾向。大脑想要储存信息，必须给大脑一个休息的时间。如果日程安排得满满当当，学习则成了沉重的任务和课题，孩子就会变得一得空就想着偷懒和玩耍，而等学习正式课程时，会产生厌学心理。长远来看，当前的提前教育很大程度上是一种无用功。由于孩子的自主性大打折扣，这场马拉松学习基本坚持不了多远。

记得我小学时，和其他同学相比，无论是学习资源还是来自家长的关心都不如人家。其他孩子的家长，会积极地到学校参加各种家长活动，以这种方式来支持孩子的学习，而我的妈妈一年里也未必能来一趟学校。有些孩子上美术培训课，有些上小提琴培训课，每当看到这一幕，我都会忍不住焦急起来："怎么办，好像只有我自己什么都不会。"小提琴可能奢侈了一些，所以央求妈妈同意我学钢琴。"家里没钢琴，怎么学？"妈妈的态度看起来并不是很积极。我只好说，只要给报名一定认真学，恳请妈妈同意。那时附近并没有钢琴学校，不得不步行30分钟到较远的钢琴学校去学弹琴。但总之，我终于可以学喜欢的乐器了。

现在的孩子，在自己萌生想要做什么的动机之前，家长已经提前安排好了一切。不是说不需要家长提早干预，但不应该过度。就像吃饭这件事，饿了才会有食欲。孩子一点儿饿意都没有，家长却总喂孩子，孩子肯定会讨厌吃饭，甚至厌食。我总觉得这个时代，育儿上的很多事情都有过之而无不及，导致家长每天像陀螺一样忙碌，身心疲惫，脾气也急躁起来。家长想要在育儿过程中不急躁，需要反思一下自己有没有操之过急的倾向。

给孩子"过度教育"的妈妈，觉得什么都要让孩子尝试，才能从中找到适合孩子的课程。家长可以尝试给孩子报多种培训课程，但是始终要把握一个度，不能违背孩子的意愿，强迫孩子学。

有些孩子天性胆小，家长却让孩子学滑冰。但孩子因为害怕在冰面上摔跤就不敢去学。这就是家长没有顾及孩子的感受。金妍儿在银色冰面上驰骋时，韩国有很多妈妈拽着孩子的小手，像跟风"打卡"一样，一窝蜂地送孩子去上滑冰课。

一些才艺海选节目也呈现出低龄化趋势。虽然大家都在夸又一个天才诞生，但在我看来这都是在拔苗助长。重要的不是学什么，而是当前孩子能不能消化和吸收所学内容，而家长恰恰忽略了这一点。

我曾在巴黎停留过一周，在那段时间，我几乎天天去卢浮宫。我发现那些游客不约而同地喜欢在《蒙娜丽莎》前拍照留念，然后转向下一个取景点。有的妈妈对孩子说："你看，达·芬奇的《蒙娜丽莎》，确实没有眉毛，对吧？好，下一个打卡地！"

难道不应该是让孩子自己欣赏，然后孩子问起"为什么画成这样？"时，妈妈再给孩子说说时代背景吗？但很遗憾，我并没有看到这一幕。从千里之外慕名而来，难道只是为了让孩子走马观花"打个卡"，而不是让孩子的脑海中多一些深刻而美好的记忆？

这次参观会给孩子怎样的教育意义？会给他留下怎样的记忆？

多么难得的一次与名画"对话"、开阔眼界的机会，就这样浪费掉了。

重新思考"效率""迅速"的价值

有位爸爸出身贫寒，后来白手起家，为生活努力打拼，也很爱自己的家人。对于自己唯一的儿子，他更是宠爱有加。只是这位爸爸看待问题都喜欢从"经济上划不划算"来权衡。如果投入无法得到应有的回报，就会觉得是多此一举，浪费资源。对待孩子的问题也是如此。如果孩子成绩不理想，就会当着孩子的面说丧气话："这孩子不是学习那块料。"报了个昂贵的英语班，成绩不见提高，就会说："真是心疼那些钱。我看这英语班还是别上了。"自以为通情达理说出来的话，依然很伤人："要是学习那么累，还是别上英语班了。反正上英语班的这些钱，攒起来将来都是你的。"

家长在育儿过程中如果追求时效性和成就，那么注定会有很多惹人生气的事情。我们养育孩子不应该以这些为标准。家长只要尽到家长的责任就好，剩下的就靠孩子自己了。切不能认为"我已经尽力了，你也必须拿出最好的成绩才可以"。父母对于孩子的爱应该是无条件的。如果孩子听话表现好就去宠爱，达不到期望值就态度冷漠，这是绝对不可取的。

前些天刚好见到这位爸爸的孩子。我问他："你学习一定很好吧？"

孩子说："不好，数学考了零分。"

"怎么会考了零分呢？"

孩子回答没有用功学习，并说："院长，我爸爸说做什么都要做到最好、完美才行。"

"那你自己是怎么想的？"

"我觉得，一个人只要自己一点点积累实力就是好的。"

"说得很在理啊，挺有主见的嘛。如果我们很完美，何必上学？人都是一边犯错，一边学习的。只要不停地改正、提高就行，而不是被失败打败。"孩子听完笑了笑。

所有父母都望子成龙、望女成凤，希望能用爱和优质的教育来培养孩子成才。但是如果方法不当，反而会误了孩子。特别是爸爸们，在工作上，他们对于如何做好自己分内的工作十分擅长，但对于如何关爱孩子、表达父爱，却无比笨拙。要是问如何推出新产品，如何推行营销方案，可能难不倒他们。但是对于如何和孩子沟通，如何跟家人一起和谐、幸福地生活，他们会感到一片茫然。为了支撑一个家，爸爸们可以在社会和职场上承受任何风雨和压力，但在家庭中得不到家人的认可时不免有些辛酸。孩子们尽管享受着父母提供的优质物质资源，却感觉不到温情，这也同样令人心痛。

现在的家长经历了工业化的剧变和快速的经济发展，经历了物质和成绩至上的时代，所以习惯了只专注眼前可见的成果，对于看不见的价值观的教育十分忽视。因为他们经历的是这样的教育，所以在对待自己的子女时，也同样将错误的价值观当作是最重要的因素来奉行。

为什么不现在开始尝试着改变呢？养育孩子不可能是以追求效率为标准的。一味地强调结果，往往会忽略过程。至于是怎么解决的、过程如何，很多人通通不去关注，只要能尽快解决、结果是好的，那么就算完美。

在教育子女这件事情上，过程非常重要和关键。家长只有在孩子成长过程的每个阶段都呵护孩子的内心，给予鼓励和支持，尽到父母的责任，才能让孩子身心健康，茁壮成长。千万不能忘了先有好的根系，才能结出美好的果实。

观察孩子，建立孩子的资料库

"老师，您是如何做到让孩子立刻改变的？"常常有人问我。遇到家长口中的"问题孩子"，我都会耐心地观察孩子，然后认真听孩子在说什么。接触的孩子多了，自然能从中总结出一些共同的问题。如果不想做一个在孩子面前发脾气的家长，需要投入长时间进行观察，收集客观信息，了解孩子的现状，该接纳的欣然接纳，然后父母共同商量如何面对存在的问题。

如果孩子每次去超市就会哭闹，应该和另一半共同商量对策。"你是怎么打算的？东西还得买，孩子也得看着。你看是你去买还是我去买？要不买东西还是我去吧，具体要买什么我比较了解。""行，那我看着宝宝。他可能一会儿还会哭闹，我先去买点饼干和水，马上回来。你带着孩子先等一下。"购物和照看孩子分工好，就立刻分头行动。这避免了焦头烂额的情况，自然也就避免了暴躁发脾气。

父母平时应留意观察，孩子是不是一到宽敞的场所就喜欢乱跑？是不是无法容忍和小朋友分享玩具？是不是肚子饿或者困了就容易烦躁？是不是一到餐厅就表现出一些问题行为……

除了这些，还要仔细留意一下家长如何做时，孩子能表现出较好的忍耐力。多观察，客观分析，该接受的理性接受，该认可的给予认可，然后针对其他问题找出合适的对策。

我在前面多次强调，身教重于言教。如果孩子一到外面就不受控制到处乱跑，一定要牵好孩子的手。家长被孩子牵着鼻子走，不是力气大小的问题，而是引导能力的问题。大人肯定在力气上占优势。如果孩子想挣脱大人的手乱跑，家长就应看着孩子的眼睛告诉孩子"不能松手。这种场合不可以乱跑。赶紧停住"，重新牵好孩子的手。这才是正确的引导。如果被孩子牵着走，或是跟在后面追着跑，嘴上喊："别跑了！你去哪？"这说明家长没有能力引导好孩子。越是低龄的孩子，家长越应该在自己的管控范围内管好孩子。这样做无论是对孩子还是对别人都很重要。

越是低龄的孩子，家长越应该多去观察。比如看到孩子哆嗦，妈妈问："你是冷了吗？用不用帮你套个外套？"让孩子感受到妈妈懂孩子的心，懂孩子的需求。

如果孩子瑟瑟发抖，但是妈妈只顾着和朋友聊天。孩子想要回家，妈妈却刻薄地说："你不是答应妈妈今天不会哭哭啼啼的吗？不是说了吗？如果不乖就跟奶奶待在家里！"其实孩子只是因为感到冷才会提出想要回家。如果孩子不耐烦地说："我现在冷！我冷！"妈妈这时又说："所以不是告诉你了吗！让你穿厚点儿！就是不听！"这位妈妈显然没有用心去观察孩子，孩子的内心肯定会觉得被冷落了。

有的孩子可能特别喜欢哭。孩子偶尔哭闹很正常，但如果总哭就是问题；孩子喜欢顶撞父母，偶尔顶撞很正常，但总是这样就是问题；孩子偶尔发脾气很正常，但总是动不动发脾气就是问题。这里所说的问题，并不意味着疾病，但也需要家长去弄清具体原因。

一旦发现了问题，那就应该研究如何帮孩子解决这些问题。有些家长在发现这些问题之后不以为意，觉得小孩子都这样，这是一种错误想法。并不是所有的小孩子都这样，所以不能过于乐观和大意。过度乐观只是大人图省事的一种逃避借口，并不能真正帮到孩子。这些家长会认为：等孩子大了自然就不会这样了。当然，孩子大了是会有改观，但是在这个过程当中，所存在的问题本身却会给孩子带来不好的影响。

"为什么孩子喜欢顶撞父母？当前我们可以帮孩子解决哪些问题？是不是平时我们对待孩子的态度有问题？"无论是哪种情况，通过观察一旦发现了问题，就应该严肃并坦诚地对待。

每天 10 分钟，作为家庭全员自省时间

一个人容易冲动，这与平时的自我反省是否到位有很大的关系。如果平时不懂得自我反省，那么暴怒的情况会频繁发生。我曾经接待的一位学生家长，在咨询过程中一直在说班主任老师的坏话。这位妈妈说，孩子确实也有问题，但是因为老师，加重了这些问题，并愤愤不平地说："这哪里是老师该做的事情？""要是老师对孩子能再上点心，也不至于这样。"家长的心情我完全能理解。老师在这件事情上处理得不够得体、到位，令人遗憾，但孩子的问题加重，不能全怪老师一个人。孩子当前经历着这些问题和困难，家长肯定也有责任，平时给了孩子这方面的影响。

我提醒这位家长，可以回顾一下是否在某些环节有做得不妥的地方。这位妈妈直接回答："没有问题。""这我没觉得。"其实

我的意图是提醒这位妈妈，可以反思一下自己的问题，结果对方根本就没有理解到这一点。不懂自我反省的家长，才会经常把责任推到孩子或别人身上。

想要解决问题，就先去改变自己。毕竟我们无法改变环境或别人，所以审视自我更为有效。当问到孩子们，试图引导他们自我反省时，孩子们的回答也基本上差不多。"嗯，确实你也有很多值得肯定的优点。但是人无完人，谁都会有缺点。你认为你身上需要改一改的缺点是什么？"三成的孩子会回答自己没什么需要改的。

"我并不是说你不好，或者做错了什么。我们都不可能完美无瑕。如果自我反省一下，会发现有不对的、不太成熟的地方和缺点。院长也不例外。我们要学会退一步审视自我，这样才能有所成长和提高。"提醒到这里，有不少孩子还是表示："这个嘛，我也不清楚。"或者说："我没这些问题。"

一个不懂得常常自我反省的人，对世界会有太多的不满和气愤。自己永远是对的，别人永远是错的。如果不想让自己总是发脾气、满腹牢骚，就要有意识地让自己经常自我。如果不想把孩子养成容易发脾气的人，从小就应该教孩子自我反省的方法。一家人每天都应该拿出一点时间做自我反省。

晚上最适合和孩子一起回顾一天发生的事情，一起感恩和反省。可以从开饭前对于食物的感恩开始。与是否信奉宗教无关，这种感恩是必要的，无论是对于食物提供者，还是辛苦制作的人。晚餐后则利用餐后甜点时间，开始小小的反省环节。可以从爸爸妈妈开始，比如："妈妈今天说话时态度不够友好，大声喊叫，是妈妈不好。

以后一定会注意说话语气。"父母先带头开始真诚反省时，孩子也会有模有样地回顾这一天的事情，然后做简单的小总结。这就是最简单也最有效的自我反省教育。也可以让孩子在入睡前对一天中做错的或者后悔的事情小小回顾一下。最好是在爸爸妈妈陪同下进行。其实养成在生活中常常自我反省的习惯，不但可以减少暴怒的行为，对于自我发展也是十分有益的。

每天的这 10 分钟时间里，一家人除了进行简短的自我反省，还可以进行全家共读、冥想等。这都可以有效缓解大人和孩子的急躁脾气。现在的孩子不怎么喜欢阅读。上小学前还能读一些绘本，但是入学后对阅读的兴趣就大大降低了。阅读，是透过图书与世界沟通，静静地审视自我内心世界的一个过程。热爱阅读，才能养成思考的良好习惯。

听听音乐，或者闭上眼睛冥想 5 分钟也是值得推荐的方式。懂得安静独处，才能练就忍受力和耐力。安静独处的能力一旦壮大，情绪的承受能力会变得强大起来，自然也会大大减少暴怒的行为了。

现在的孩子们喜欢追求刺激，根本不太可能安静地去看窗外那片变幻莫测的云飘过眼前，没有发呆、天马行空胡思乱想的时间，片刻的安静也会忍受不了。这与情绪的承受能力有很大关系。孩子在情绪上的承受力下降时，对一些细微的情绪刺激也会感到痛苦和难以忍受，于是会试图通过行为来发泄和解压。这时表现为乱发脾气，或者乱打乱踢，折磨别人。近年来无论是大人还是孩子的情绪承受能力都越来越差，因此在社会上或家庭里暴躁、冲动的事情常有发生。

不是无条件忍耐，而是无条件等待

其实育儿过程中，如果能做到耐心等待，就能避免很多生气的事情。因为暴脾气就是控制力不足导致的。不仅是育儿，其他事情也是一样。如果人们比现在再多一点点忍耐心，不但会避免暴脾气，看待世界的视角也会大有改变。

专家在心理工作室、讲座课、电视节目上每次都会强调多一些耐心等待孩子。奇怪的是家长们总把这句话理解为压住火气，忍气吞声。家长之所以会有这种误解，是因为把对孩子多一些耐心当作是对孩子网开一面（睁一只眼闭一只眼）。养育孩子时多一些耐心是理所当然的事情，但如果总是把"耐心"当作"隐忍"，家长会瞬间脾气暴躁。"隐忍"得越久，爆发时就越强烈。"隐忍"会让人有一种为孩子牺牲自己的感觉，所以家长从忍了又忍发展为忍无可忍。

在育儿中，"等待孩子"并不等于"隐忍"，而是"陪伴孩子成长的过程"。就是在这个等待过程中，亲情萌芽，亲子之间产生亲昵感，孩子得以茁壮成长。等待并不是什么都不做，这时家长有个很重要的任务，那就是"观察"，在一旁静观。观察几次，就不难发现孩子身上存在的行为问题，然后就可以在恰当的时候介入。对于平时喜欢发脾气的孩子，家长可以告诉他："宝宝好好说，咱不发脾气。"每次可以说得平淡自然一些，且不必期待立竿见影。欲速则不达，如果急于求成，难免会对孩子苛刻、强硬，一旦这样就会物极必反，得不偿失。育儿就是这样一件事情，要有很多耐心。

给过很多机会和耐心对待孩子却依然没有改善时，就应该出面挑明问题行为本身。比如孩子每次跟妈妈说话时，都显得不耐烦，耍小性子。家长可以说："智秀啊，为什么每次跟妈妈说话都要耍脾气呢？妈妈很想知道是什么原因。"这就是直接点到了问题行为。当孩子因为不知道该怎么处理情绪而做出某种行为时，家长要教孩子如何正确处理情绪。

"妈妈观察了一下，发现你这也不是偶尔一两次，而是每次都发脾气。你如果直接说出来，让妈妈知道是什么原因，可能会对我们都有帮助……"

"不知道。"

"你好好想想。总这样发脾气肯定是有原因的啊。"

"因为妈妈总不听我的话。"

"如果是合理的要求，妈妈肯定会满足你的要求，不可能不听你的话。不过妈妈不可能什么要求都满足你。有些要求肯定不能顺着你，如果不合理的要求也听你的，万一出大问题呢？"

这样交流时，孩子就会说"知道了，妈妈"表示认可。

耐心对待孩子，前提是懂得观察，必要时自然地介入。难就难在要等多久，要怎样自然、恰到好处地介入才显得不突兀。

为了能更好地阐明这个道理，我举一下我家孩子的例子。我的儿子上小学时，一到开运动会的那天早上，都会哭鼻子，说真希望天能下大雨。

这孩子讨厌运动会。他上三年级时，我去学校观看过一次运动会。100 米短跑时，别的孩子都像箭一样往前跑，唯独他却慢悠悠地走着回来。

运动会结束后我问他："跑步时人家都在拼命跑，你为什么走呢？"

"要是在跑的过程中摔倒，不是我自己吃亏吗？"这话听得我顿时傻了眼。

"可是，就算不跑，同样也有可能会摔倒啊。"

"但是你说过，只要坚持到最后就行啊。"

这话我是说过："我们不是为了当专业运动员，只要开开心心跑完全程就行，就算最后一名也没关系。"

我突然想起儿子在小学二年级前，因为胆小，连扶梯都没敢自己乘过；下台阶时也会因为紧张，小腿颤悠悠的，显得过于小心翼翼。从那以后，我开始有意识地让他每周做两次或三次运动。大约5年后，孩子的小身板也结实了，在运动这方面也变得自信了许多，不会畏畏缩缩生怕自己被磕碰到。从我下定决心要帮助孩子改变胆小、不喜欢运动的性格开始，到他一点点改变并自信起来，用了整整5年时间。如果当年没有让孩子去加强锻炼，恐怕一直到现在，孩子对待运动和其他事情还是胆小懦弱，不会改变。

爸爸妈妈们首先要观察自己的孩子，了解自己的孩子。当意识到有必要帮孩子纠正一些问题时，就要合理介入和干预，并且用足够长的时间来践行这个计划。孩子不可能一下子就蜕变。如果家长一味地想要立竿见影，注定会对孩子没耐心，总发脾气。

CHAPTER 4

第四章

孩子缺乏耐心，
如何培养情绪控制力

过于纵容不可取，过于强势也不宜

　　孩子没什么耐心，有点儿小固执，喜欢哭唧唧，有时带有攻击性……怎样才能避免孩子长大后变成暴脾气的人呢？育儿真的不能太纵容孩子，也不能过于强势。小时候在强势氛围下长大的孩子，长大后很容易变成暴脾气；而在过于放纵环境下长大的孩子，长大后同样很容易变为暴脾气的人。

　　在强势环境下长大的孩子，可能一辈子都会有着不能被认可的心理缺陷和遗憾。所以一旦得不到他人的善待，或者不被理解时，就会暴怒、易怒，变成自私的人。由于孩子小时候未能得到别人的接纳，所以向来以自我为主，很少理解他人的立场，很难共情，很容易和人产生矛盾，无法妥善解决冲突。在应该体谅对方的情况下，也会觉得对方的做法不合乎常理，于是暴脾气又冒上来。由于成长过程中所看到的大多是硬碰硬的强势态度，所以遇到一些状况时也只能做出同样强硬的反应了。就算明明知道这不是最好的解决方法，也终究只会用暴脾气来回应。

放纵式育儿，看似挺包容、挺美好，但却是甜蜜的"毒药"。纵容式父母对于小问题一律放任不管。一旦这样，孩子就无法得到练习克制自我情绪的机会，一旦超越自我情绪的底线就受不了。小时候父母一直在包容自己，所以过得还算一帆风顺。但这世上并不是所有人都像父母一样惯着自己，有时候需要由自己来充当那个包容和忍受的角色。在过度纵容的环境下长大的孩子，一旦面临需要自己忍受和包容的情况时，就会变得无法接受，缺乏耐心。所以一直压抑的情绪某一天会突然爆发，即便是在过度包容的环境下，如果内心不能得到满足，也会因为承受不了那种情绪而变得容易发脾气、冲动。

以前有很多孩子是在强势的家庭环境下长大的，脾气也很冲。现在这局面却刚好相反，父母过于放纵孩子，脾气暴躁的孩子反而变得更多。有一个前来咨询的孩子，拿着蔬菜和水果玩具玩。玩了半天后，孩子拿出一个白菜模型玩具，开始扯白菜叶。我想到那孩子才2岁多，可能在家看过妈妈像这样收拾菜，也就没怎么干预，虽然那个玩具并不是为了揪叶子而设计的，但就算扯下了白菜叶，也可以继续玩，所以也就算了。但是没想到这孩子又把白菜叶横着撕开，那个玩具基本上就没法再玩，等于废掉了。当时孩子的妈妈刚好在旁边，按理说可以提醒孩子："宝宝，不可以这样撕开，玩具是大家一起玩的。"但那位妈妈却无动于衷。

这位妈妈之所以没有及时制止孩子，可能是因为一旦不让孩子撕开它，会使孩子被激怒、不高兴。家长认为坏掉的玩具可以用钱赔偿，重要的是让孩子随便玩，确保孩子的自由和幸福感。这是纵容型家长最为普遍的想法。

不管是哪种类型，都要本着普遍的、常识性的标准来看待，没必要原本可以满足孩子的也不去满足，让孩子感到不痛快。这些不愉快的因素，对孩子来说是一种折磨。但如果是原则性问题，哪怕让孩子承受短暂的不愉快，该管教的还是要贯彻下去。对于不应该的行为，家长应明确告知孩子这种行为不对。有些长辈认为，让孩子哭闹，容易助长孩子的坏脾气。这也不是完全没有道理，但是这句话的意思是不必故意让孩子一直哭闹，而不是说，绝不能让孩子哭。有些孩子撒泼时哭起来，可不是做做样子那么简单，仿佛把吃奶的劲都使了出来，哭得要虚脱一样，让大人看着于心不忍。但如果是涉及教育问题，即便孩子哭也不能心软。让孩子哭，哭到自己平静下来。如果家长因为孩子太遭罪，就中途妥协，满足孩子要求的话，反而更不利于孩子成长。如果连基本的抗压能力都没有，孩子面对任何事情都会毫无承受能力，变得很脆弱。

到了 3 岁，
就应该教会孩子调节和控制情绪

我们没必要故意为难和折磨孩子。作为父母，能满足孩子的尽可以去满足，但不是无原则地一味地满足。在 3 岁以前，孩子会开始表现出固执和任性的一面，但家长可以口头上告诫孩子哪些行为不可以做。

孩子在 3 岁前，大脑不是很擅长调节和控制情绪。在这个年龄阶段，相比习惯的养成，更重要的是亲子间的纽带关系，父母可以把关注点放在纽带关系的形成上。等 3 岁之后，孩子才能在生理和心理上都具备可承受"父母管教"的能力。我制定的"父母管教论"，事实上对于太小的孩子也不适用。因为在管教过程中，有时候需要亲子面对面坐着持续 1 个小时左右，而这种训练量，3 岁前的孩子显然是承受不了的。由于孩子的身体结构原因，很难一直保持端正的姿势坐好。孩子出于自身原因无法做到的，家长去苛求的话，孩子不但学不好调节和控制情绪，反而会引发其他问题。

我曾在百货商场看到一个孩子在婴儿车上哭，哭得让人心疼，引得周围人投来关切的目光。孩子还不到 1 岁，一直哭闹不停，人们开始不友好地瞟向孩子的妈妈，希望那个妈妈能哄哄孩子。这个妈妈应该感受到了人们的眼光，却不去把孩子抱起来哄。一位奶奶实在是看不下去，对孩子妈妈说："哎呀，这孩子再哭下去都得岔气了，赶紧抱抱啊。""不能抱，省得惯出毛病来。"这位妈妈说完就推着婴儿车从老奶奶眼前一阵风似的走过去。

这个时候先抱抱孩子才是对的。如果担心把孩子抱起来会助长孩子的坏习惯，至少也要等到孩子有了足够的心眼，试图用哭来达到自己的目的时，才可以拒绝去抱孩子。比如父母管教孩子，但是孩子不肯听父母的话，只顾着让爸爸妈妈抱，这时就可以拒绝孩子的要求。因为此时孩子的行为背后，是试图在自己能控制的范围内，让父母满足自己的要求，以此来结束当前的这种情况。通常这是一些倔脾气或者耍赖的孩子，为了战胜爸爸妈妈惯用的方法。

如果孩子是因为喜欢爸爸妈妈，或者太累了需要爸爸妈妈抱时，就应该去抱抱孩子。像这个案例里的孩子，还不到 1 岁，哭闹不停时就需要把孩子抱起来。婴儿车里的孩子到了陌生地方，或者像公园、广场这种空旷的地方时，会因感到不安和害怕而哭闹。孩子因情绪不安而哭闹时，必须抱起孩子，及时给予安慰。

孩子一旦过了 3 岁，如果去做一些不该做的行为时，就应该明确告诉孩子什么可以做、什么不可以做。如果不界定行为规则，会引发很多问题。3 岁的孩子接触的人已经不限于爸爸妈妈了，他们会融入一些集体中，也会开始和别人互动。如果不懂得调节和管理自己的情绪，在最基本的日常学习中也会面临困难。因为孩子凡事都喜欢固执己见、耍性子、为所欲为，无法安心学进东西。学习是吸收知识的行为。 $2 + 2 = 4$，总不能因为自己喜欢 7，就把答案写成 7 吧。

孩子一旦过了 3 岁，就要开始集体生活，跟同龄孩子一起相处。无法遵守最基本的行为规则，就无法跟其他小朋友相处，最基本的社会交际也会出现问题。所以孩子一旦过了 3 岁，家长就要明确告诉孩子什么可以做、什么不可以做。

如果父母与孩子有着良好的纽带关系，即便没有严厉管教，也能够顺利地把孩子教育得有教养。如果家长在管教孩子的过程中感觉不顺利，不妨回想一下当前自己和孩子之间的纽带关系是否良好。如果这种纽带关系不稳定，即便方法再得当，孩子也会听不进去。

强化这种亲子纽带关系，才是当务之急。

无论是孩子还是成年人，对于亲近的人说的话，大多能欣然听进去。就像我们，如果是平时关系好、对自己很照顾的领导对自己说一些犀利的批评和建议，也能毫无怨言地听进去。但如果是关系不怎么样的人，或者是自己讨厌的人对自己说教，会很反感："还是管好你自己吧。"

孩子也是如此。亲子关系稳定，父母给孩子足够的信任感时，孩子也愿意听进去父母的批评和建议。当父母指出"这样做不对"时，孩子唯有在信任父母时，才会想到："既然是我信任的父母在告诫我这样做不对，那我肯定要听他们的建议。"如果亲子间没能形成良好的纽带关系，孩子对父母没什么信任可言，或者父母过于宠溺孩子，导致孩子意识不到这世上有些行为界限是绝对不可以越过的，那么孩子会变得不懂得忍耐。孩子以为只要自己一开口就能得到满足，所以一旦不能如愿时就会变得急躁易怒。

不要总是"孩子第一位"

现在很多孩子都是独生子女，父母围绕着孩子转，并且过度呵护孩子，一切以孩子为第一位。尊重孩子和凡事以孩子为主，当然是两个不同的概念。尊重孩子，不仅意味着尊重他作为一个独立的人的尊严和特性，还意味着教授孩子作为一个社会成员理应遵守的基本规则，为他规范行为底线，并且让他理解和接受这些行为准则，让孩子能够学会自我调节，具备自控力和责任感。尊重孩子是一个非常大的范畴，但家长似乎对此有个误解，认为尊重孩子就是以孩子为主，凡是孩子想要的都满足他。

举个例子。孩子跟妈妈出门扔垃圾，遇到了小区邻居。邻居告诉妈妈，昨天小区业主会上有人建议维修电梯，妈妈就仔细打听起来。这时孩子在旁边一直喊："妈妈！"

这个时候要具体分析当前的情况。如果孩子本以为会马上回去，只是套了件单薄的衣服出来，现在感到凉意，于是喊妈妈求助，那么妈妈可以把外套脱给孩子："你先穿上。"

但如果不是什么急事，妈妈可以告诉孩子："妈妈跟阿姨说一些重要的事情，你等妈妈一下。"很多年轻的妈妈，不太会做到这一点。这样一来，孩子就学不会基本的待人礼仪，也不会学到替人着想，很容易变成凡事以自我为中心。于是，尽管妈妈已经做得很细致周到，孩子还是会感觉不到妈妈的关爱。

人的需求百分之百得到满足是不可能的。过于宠溺孩子的后果是，十次中有九次对孩子做到了有求必应，但是因为拒绝了一次，孩子就偏偏记住这一次的被拒绝，感到受伤和委屈。

过犹不及，育儿也是同理。虽说没必要刻意为之，但偶尔可以让孩子经历一下坎坷和挫折，让孩子懂得有时候有些事情确实是不尽如人意，让孩子懂得理解和等待。天变冷，就让孩子体验下挨冻；天气热，让孩子感受下如何忍受和克服酷暑环境；如果突然下雨，让孩子用书包遮住头发，用力奔跑……这样孩子才能长得不娇气、不柔弱。试图把孩子伺候得舒服安逸，其实就是宠溺孩子。

有些家长给了孩子足够的关爱和保护，但孩子却总有缺失感。这通常有很多原因。如果问题出在家长身上，那么需要家长先自我改正。如果是孩子的问题，那么家长需要给孩子合理有效的帮助。如果这种倾向一直未得到改善，孩子长大步入社会，也会变得动不动就生气。应该让孩子明白，即便有时候是对方导致自己不高兴了，对方也不一定是带着恶意故意针对自己的。孩子如果学不到这一点，就会动不动生气、闹情绪，认为所有人都应该对自己客客气气的。

更夸张的是，孩子如果得不到特殊待遇，就会心里不舒服。如果孩子的能力达不到要求，哪怕是靠撒谎也想得到特殊待遇，心理会变得扭曲。家长应该从小教孩子懂得行为界限，该等待时要等待，不能总让孩子一直被特殊对待和优先照顾。

让孩子感受到自己在父母心目中很珍贵，这是应该的。确实是要让孩子对于父母的爱深信不疑，坚信"任何时候爸妈都是最爱我的"。但这并不表示任何时候都要做到"孩子第一位"。过了3岁的孩子，就已经能够体会到原来自己并不总是能享受至高无上的待遇。成年人的世界更是如此。无论是能力方面，还是财力方面，不可能永远都是第一。

如果我们一味地对孩子呵护、恭维，一旦孩子在外面受到不一样的待遇，便会忍受不了那种落差。

韩国发生过这样一个案件。有个人毕业于一流大学，住着人人羡慕的公寓，却残忍地杀害了全家人。尽管存款余额有3亿多韩元，他却觉得让一家人跟着自己过得太卑微、寒酸，于是结束了一家人的性命，然后打算自杀。我是通过报纸看到的消息，所以对当事人的状态了解得不太详细，但是以我的分析，大概是这个家庭一直都给孩子最好的物质条件，才导致这个结果。如果是普通人，银行账户里有着3亿多韩元，完全可以换个小点的房子，或者减少日常开支，依然能过上衣食无忧的生活，不可能会想到让全家人一起死。但是对这个男子来说，这样的情况无疑是一种生不如死的痛苦。

家长让孩子小时候在各种赞美和夸奖里长大，在第一时间满足孩子的各种需求，导致孩子没机会经历挫折。所以即使面对很小的挫折，孩子也会觉得像天塌下来一样，看不到希望。父母曾经给了孩子全世界最好的一切，却也因此害了孩子。

如果总是拿着最高的评价去对待孩子，会让孩子看不到自己的界限。这里所说的界限，并不是"能力只能达到这个水平"的意思。其实每个人都会有自己的能力极限，应该认清自己的能力。如果不懂得这种界限，很容易形成错误的自我认知。比如，就算公司福利再好，毕竟是职场生活，难免会有不开心的时候和不如意的事情。但有的人却因为忍受不了这些挫折，辞职走人。他们由于高估自己的能力，所以总觉得走到哪里都会有好的职位，但社会并不是这样。基本上可以断定，这些人的父母也有"我不应该在这种岗位受到这样廉价的待遇，在这里简直是屈才"的想法，总觉得自己怀才不遇，自己最不幸。看似可悲，其实是不懂得最基本的感恩。人应该认清自己的能力极限。这不是屈服，而是自知之明。

所以父母在养育孩子时，不能一味地去赞美和夸奖孩子，过于抬高孩子，很容易让孩子对自己有歪曲的认识。如果孩子考了第一，可以鼓励孩子："考得不错，妈妈也看得出你比之前更加用功。果然是一分耕耘一分收获。"有时候孩子可能付出了努力，但是不一定考第一，这时没必要沮丧。培养和提高自己的能力固然重要，但考第一不是唯一重要的事情。

如果父母平时不给孩子灌输这些，只是一味地说："我的孩子最棒了！"那孩子会误以为得第一才是自己该有的样子，一旦考不了第一，就会觉得自己没有被认可，得不到重视和关爱。因此，孩子明明已经做得不错了，却觉得自己很差劲，没有自信心。

自尊心强的孩子，在等待和忍耐力方面也出色一些，而且抗挫力也很好。在体谅他人和关心别人方面，也显得情商高、社会交际能力强。最关键的一点是，不会成为冲动、暴脾气的人。自信心并不是源于凡事都以孩子至上的育儿方式。给孩子最好的爱，且让孩子懂得行为界限时，孩子才会增强自尊心。家长在给孩子提出行为界限和指南时，应注意两点。第一，如果孩子因为压力大，表露不满或发牢骚时，家长不应该用攻击性或者过激的反应来回应孩子。第二，就事论事，不要动不动就翻旧账和扣帽子。"你平时能做好什么？"像这样的话一定不要说。

人格教育上的忠言逆耳

想要避免缺乏忍耐力的孩子变成冲动的人，当前最需要用心的就是"人格教育"。人格教育是指教授孩子有尊严而体面地生存的基本技能。人之所以区别于其他动物，在于人懂得关心他人，有着理解和共情能力，在需要让步时让步、有所歉意时找机会表明歉意、受恩时表达感恩，从而和他人和谐相处。帮助孩子形成良好的素质和品性，就是人格教育。人具有良好的人格时，既能确保自己受到保护，同样也能顾及他人的利益。这样才能创建更安全的社会，成就每个社会成员的幸福。

人格教育并不是单纯的礼仪教育。出门时孩子遇到小区里的老奶奶，说话不够礼貌时，家长训孩子："怎么这么没礼貌？说话要文明礼貌啊。"这并不是人格教育，只是礼仪教育而已。礼仪是社会成员根据身份地位需要遵守的行为规则。不同的国家、不同的时代可能都会有所不同。而人格教育是比礼仪教育更为宽泛的概念，是更为首要的教育。当然，礼仪教育很重要，但是在这之前首先要做的是人格教育。有些人彬彬有礼，遵守各种礼仪道德，但却口是心非，并不是发自内心地尊重对方。

一位老奶奶用小推车装满行李，费力地爬着坡。如果这时你能想到："看起来好吃力。"于是伸手去帮一把，这就是善良的人格。

现实中大部分家庭都把重点放在了孩子学习上，而忽略了如此重要的人格教育。按照这些家长的说法，学习比人格教育更重要。这是很大的误解。

第一，家长觉得只要给孩子足够的爱，孩子的人格自然也不会差。能够在子女学习上投入精力的家长，肯定是深爱孩子的家长。舍得投资子女教育、不惜辛苦接送孩子上补课班，这些都是爱的体现。如果对孩子没有爱，是做不到这些的。家长认为自己爱孩子，给了孩子全部的爱，所以孩子在人格方面肯定不会有问题。

第二，人格教育是润物细无声的慢工程。学习上的投资效果较为明显，直接体现为具体的分数，或者孩子是否考上了更好的学校。但人格教育一时半会儿看不出成效，所以坚持起来需要极大的毅力。如果能像学习一样，短时间内提分，效果一目了然，家长就觉得吃了定心丸，心里平静许多。但是由于人格教育无法用肉眼直观地看出效果，所以把这种无形的努力坚持下去，持续专注培养孩子，对家长来说是一个很难的课题。这些其实都可以理解。但无论如何，人格教育万万不能放弃。

具体要怎样进行人格教育呢？前面强调的三个道德价值应该从小就灌输给孩子：任何人无权殴打他人；我们无权把自己一团糟的情绪发泄给任何人；别人的权利也很重要，即使与自己的利益相违背，也应该给予尊重。父母要在孩子面前起到良好的示范作用，平时在生活中践行。而其中最好的人格教育，就是家长不在孩子面前乱发脾气。

如果家长也控制不住自己经常发脾气，那么建议接受心理治疗。不单单是简单的心理咨询，而是正规的心理治疗，这样才能解决问题。人靠自己的能力接纳内心深处的自我非常难，而且也很难以客观、中立的视角看待自我。即便是无限走近自我，也会有相当程度的曲解成分，无法抵达核心情绪。因为那种无限靠近，是令人无比痛苦、无比恐惧的事情。无意识间日积月累的那些情绪要一一剖析出来，令人无比痛苦。所以这件事靠自己的能力是很难办到的。专家可以在尽量降低痛苦和误差的前提下，帮助我们抵达核心情绪。所以如果家长意识到自己的问题严重，建议去接受专业治疗。

礼仪和人格是两个概念，但礼仪教育和人格教育都源自父母。孩子是模仿天才，如果孩子没礼貌、品德差，有可能是从父母的日常生活中学到了那一面。身教重于言教，家长平时怎么做，孩子就会怎么学。一次偶然的行为不可能让孩子立刻学会，肯定是日积月累的长期行为，才让孩子耳濡目染学到了骨子里。

家长不能靠一次心血来潮的说教试图教育孩子，要在每天的生活中，让孩子潜移默化地去研习。

千条万条，最重要的是给孩子足够的爱

如果您在阅读这本书的过程中，发现了自己脾气暴躁的原因，也明白了如何调节这种暴脾气，我将会倍感欣慰。哪怕还只是处于"懂是懂，但还不明确该怎么做"的状态，那也是有所收获的。"理解了但一时做不到"和"干脆不知道"，是有着质的差别的，所以不必过于心急。

可能有些读者在阅读本书的过程中会一直纠结"依赖需求"，犹如芒刺在背般令人不安。一想到"那应该怎么办？孩子的依赖需求是不是正常的"就会忧心忡忡。其实家长不必对依赖需求那么害怕，只要按照孩子的年龄和发育阶段，扮演好自己的角色，就不会出现那些称得上问题的心理缺陷。用爱养育孩子，很多问题能迎刃而解。

满足孩子的依赖需求，并不是对孩子的需求都一一满足。当孩

子提出情绪上、心理上、身体上的依赖需求时，最关键是要给出符合孩子年龄阶段的回应。1岁前好好喂养孩子、及时给孩子清洁身体和确保孩子睡眠充足，尽可能给孩子完完整整的呵护。孩子生病时，尽快带孩子去看医生；孩子的尿不湿需要更换时，及时给孩子更换；孩子感到害怕、困倦时，及时安抚孩子。

孩子长大一些，变得稍微独立时，家长要帮助孩子发挥自主性，满足孩子这方面的依赖需求。孩子能独立完成的事，家长没必要代劳，也不能按照自己的意愿强硬地压制孩子的主张，否则孩子的依赖需求将得不到满足。

等到了3岁，就要让孩子懂得不可能事事如自己的心意。如果孩子在该学习某个技能的阶段却学不到，就会出现依赖需求得不到满足的问题。比如孩子已经可以独立吃饭了，但是家长觉得："反正我也没别的事情，现在有时间，我来喂好了。"这并非满足孩子依赖需求的正确态度。育儿的终极目标，是帮助孩子健康成长，成为人格健全的大人。家长要时刻清醒地记住这个目标。

依赖需求和是否感受到父母足够的爱也有很大关系。有个爸爸收入不高，家里条件很差，孩子想要的练习册也买不起。这位爸爸从二手店买来旧的习题集，用橡皮擦干净后，给孩子做。这时，孩子的依赖需求得到了满足，因为孩子感受到了爸爸的用心良苦。另一个家庭的爸爸，平时收入很高，家里也很富裕。但是这个爸爸每天回家就喜欢发脾气和抱怨："为了支撑这个家，我在外面累死累活。你们根本就不懂我为这个家操了多少心。"尽管这个家庭经济上很富有，什么都不缺，但孩子的依赖需求却无法得到满足。

确切地说，相比物质因素，依赖需求与情感因素有更大关联。孩子在再富有的家庭中成长，如果得不到情感的滋润和满足，就会有很大的缺憾。如果父母能够及时察觉孩子的情绪变化，小心呵护，即便是物质方面稍微欠缺，孩子在成长中也不会产生缺失感。

在对待依赖需求这个问题时，我们需要注意的一点是，往往在我们刻意地去想"我绝不会跟我的父母一样，做那样的父母"时，反而很容易走向另一个极端。在情绪上过于放纵孩子，结果孩子成了脱缰之马，而这时自己反而成了暴怒的家长或者是对孩子过于严厉的家长。无论是哪种做法，都会让原本没有耐心的孩子长大后成为暴脾气的大人。

我们能不能完美地满足孩子的依赖需求呢？做不到。在育儿这个问题上，完不完美不是重点，而是在每一个情境中，我们都要尽力做好。

在这个过程中必然会存在不完美或不和谐，但这些对孩子是一种学习的机会，可以让孩子从中得到成长和锻炼。

很多家长读一些育儿书，每每读到有所共鸣的段落，都忍不住懊悔不已："对孩子做了太多不应该的事。"但是过度的自责反而不利。我希望我们的家长朋友不要对育儿这件事过于悲观。"你怎么对待孩子，孩子就变成什么样子。"这句话的本意是家长必须注意自己的言行，并不是说一次的育儿失败会毁掉孩子。无论在育儿中犯下何种类型的错误，我们都有机会随时纠正过来。如果之前一些必要的管教没有到位，导致现在孩子身上出现一些问题行为，看着令人担心，那么现在干预也不算晚。在育儿这件事情上，我们猛然醒悟的那一刻，是最为重要的时刻。从这一刻开始去教就可以。

如果问我，怎样才能教育好孩子，父母如何做才能给孩子正面的影响？我建议父母每天早晨睡醒后，告诫自己三点：

第一，无论如何，今天都不可以暴躁、发脾气。

第二，孩子本来就是千方百计地不肯听话的。

第三，借着管教的名义训斥孩子，并不是管教。

只要记住这三句，那么这一天的育儿任务就可以完成得很顺利。这样日复一日，年复一年，父母就会发现已经给了孩子润物细无声般的良好教育。

给暴脾气降降温！

有些人的暴脾气有些年头了，一时半会儿也改不掉，想要彻底改掉，肯定也是需要相当长的一段时间。我们可以先去改掉平时发脾气时表现出来的一些行为。改变行为就会改变习惯，习惯一旦改变，思维也会改变，继而情绪也会得到有效管理。

控制冲动的黄金 15 秒

人在发脾气时，身体会分泌出肾上腺素、皮质醇等和愤怒相关的激素。这些激素达到顶峰的过程约为 15 秒。也就是说，从我们被激怒到冲着孩子吼叫的时间间隔为 15 秒左右。这个激素数值在达到高峰的 2 分钟后开始逐渐降低。过了 15 分钟，则恢复平静。所以，家长只要忍耐 15 秒，就可以安全度过危机。对于那些平时没耐心，动不动就撒泼、耍脾气的孩子，家长需要让他从小进行 15 秒的忍受训练，否则孩子长大后很容易变成暴怒的人。以下是在最初的 15 秒至 2 分钟内帮我们有效控制情绪的几种方法：

咬嘴唇

冲动是远比想象中更快速的情绪反应，大多在当事人完全没有意识到"我在冲动"的情况下瞬间、本能地出现。想要避免这一点，就要先做到紧闭嘴巴，这个方法有些蠢笨，而且要施加痛感，唤醒意识。所以如果你感觉到自己会冲动，就赶快紧咬嘴唇，并冷静思考："我这么激动，到底是因为控制不住自己的脾气，还是因为孩子？肯定是自己气不过才会这样。"

深呼吸，学会闭嘴

如果感觉自己即将爆发，就立刻深呼吸，然后闭嘴，默数 30 下，再大口地吐气。

强迫自己反着做

当你意识到自己被激怒，即将做出冲动行为时，就要告诉自己往反方向去努力。比如很想大喊着发泄时，那就试着轻声细语地说话；想恶狠狠地瞪大眼睛时，就索性闭着眼睛放过自己；暴跳如雷，想要指着对方的鼻子大骂时，就试着握住双手。

做些无厘头的事情

能够缓解冲动和暴躁的，一是幽默，二是风趣。如果不小心冲着孩子大吼一声"喂"，那么在觉察到自己失态后马上说"哎呀——"。感觉自己下一秒会发脾气时，就大声哼歌。实在是气愤不过时，那就高喊："万岁！"虽然略显幼稚和滑稽，但是这些出其不意的小技巧会让人很好地避开愤怒的燃爆点，化险为夷。

治疗经期综合征

有不少妈妈反映，在经期前后一周的时间，自己会变得异常敏感，经常发脾气，而且烦躁起来火气也很大。如果是这样，一定要接受治疗。不是说单单接受治疗就可以，要承认自己在经期前后经常对孩子发脾气这一事实。不仅仅是想想，还要看着镜子里的自己，大声告诉自己："每次在经期前后，我很烦躁，可能在一些小事上都容易发脾气，应该尽量少说话。"并且可以在这段时间里少和孩子进行语言沟通。

跟随内心的节奏，在房间小跑

如果预感到自己可能即将发脾气，可以跟上内心的节奏，"一二一二"小跑起来。如果担心噪声会影响楼下住户，也可以用踏步来代替。对急性子的朋友，我经常会推荐这个方法。内心的急躁平时不容易觉察，但在运动时，便可立刻感受到。跑起来会气喘吁吁，大汗淋漓。"原来我内心的节奏这么急。如果以这种速度催促孩子，怎么能不出问题？"急性子平时还可以练习快步走。

写情绪日记

心平气和时，不妨记录一下平时自己容易冲动的瞬间，例如让自己易怒的状况、主要对哪些类型的事情发脾气等，为自己的情绪写日记。除了暴怒，其他情绪也可以详细记录下来，这样可以有效调节情绪。可以随身带个小本子，每当感觉心情不好时，记录一下这究竟是怎样一种情绪。一旦熟练了，就算不记录下来，也能很容易了解自己当前的情绪。

及时关注当前的情绪状态

有一点儿不舒服的感觉，情绪都会爆发，这就是冲动。想要不冲动，就需要常常确定当前自己的情绪状态。"我最近总在发脾气，很容易变得冲动、暴躁。我应该有意识地减少发脾气。"哪怕只是这样提前有意识地自我提醒和加以注意，也能够减少发脾气的次数。

在平时用功

如果内心积攒的不愉快情绪增加，冲动的风险也会加大，所以平时要让自己的情绪保持在稳定的"低温区"。其实情绪积攒到一定程度时，自己是能够察觉到的。这就像高压锅里满满的压力，需要适当地提前放放气。可以问问自己："明明要给孩子最好的教育，我怎么可以这样暴躁呢？"

"冲动是恶魔。我要是发脾气，就是打开了不幸的大门，所以我一定要控制好脾气，不能爆发。"自己平时懂得适当地发牢骚解解压是非常必要的。我们如果能常告诫自己不能冲动，那么在生活中发脾气的次数就会减少许多。